U0503684

古文字形意研究

国光红　著

文物出版社

图书在版编目（CIP）数据

古文字形意研究／国光红著．—北京：文物出版社，
2013.9（2018.1 重印）
ISBN 978 - 7 - 5010 - 3839 - 8

Ⅰ.①古… Ⅱ.①国… Ⅲ.①汉字–古文字–字形–
研究 Ⅳ.①H123

中国版本图书馆 CIP 数据核字（2013）第 227550 号

古文字形意研究

著　　者：国光红

封面题签：孙学峰
责任编辑：王　媛　许海意
封面设计：周小玮
责任印制：张道奇

出版发行：文物出版社
社　　址：北京市东直门内北小街 2 号楼
邮　　编：100007
网　　址：http://www.wenwu.com
邮　　箱：web@wenwu.com
经　　销：新华书店
印　　刷：北京京都六环印刷厂印刷
开　　本：880mm×1230mm　1/32
印　　张：10
版　　次：2013 年 9 月第 1 版
印　　次：2018 年 1 月第 2 次印刷
书　　号：ISBN 978 - 7 - 5010 - 3839 - 8
定　　价：38.00 元

本书版权独家所有，非经授权，不得复制翻印

古文字形意研究

自　序

　　国人对前朝古文字的考释远在甲骨文发现之前，早在宋朝，对青铜器铭文的识读考释即已蔚成风气。更早的则有汉代的张敞，《汉书·郊祀志》说他"好古文字"。汉宣帝时候，美阳出土了一件带铭文的"周鼎"，有司议将此鼎迁之太庙以示祥瑞，张敞根据铭文确认此鼎乃是前朝大臣为铭功记赏而铸，不宜作为当今皇家尊荣。宣帝采纳了张敞的意见。这可能是史书记载后世识读前朝古文字的最早一例。

　　汉代通行的隶书与西周金文相去颇远，而张敞却能够识读"周鼎"铭文，这件事应当启发我们深入思考，或许能对我们的古文字研究有些帮助。

　　1899 年，一个偶然的机会让官居国子监祭酒的王懿荣成了甲骨文的发现者——他在一味号曰"龙骨"的药物上看到了契刻的文字，并且认出这些文字乃是更早于西周金文的殷商文字。王懿荣发现甲骨文的事，在当时并无异辞，只是后来，有的学者对王懿荣初次乍见即能认出甲骨文忽然心生疑窦，又因为此事良无佐证，可以作为长久的话题，所以至今还有人津津乐道。其实只要想到那个一见"周鼎"即能识读金文的张敞，对王懿荣的疑惑就完全不必久久不能释怀。

　　顺便说到，王懿荣曾经奉旨办团练，八国联军进京之际，自认

1

为有负朝廷，有负国家，遂投井自尽。王懿荣的想法可能比较复杂，但是这位国子监祭酒的爱国情怀应当是可以肯定的。

张敞和王懿荣凭借的是古文字方面的知识，这是无疑的，另外，他们都经典娴熟，文字学之外的功夫也十分了得，这是可想而知的。而除了本身的学养，他们都还沾益于汉字本身的优点，具体说：一是汉字的表意特征，二是汉字发展的幸运经历。

先说汉字的表意特征。相对表音文字而言，汉字的特点在于它的表意性。表音文字的字母（或组合）以及表意文字的单字（或组合），都是系统中的符号，它们都有文字符号意义（也就是这些符号记录的词的意义），这是两者的共同之处。两者的不同在于：表音文字除了文字符号意义而外，它本身是没有意义的；而表意文字除了文字符号意义，它本身还另有意义。专就汉字来说，汉字除了它所记录的汉语中的语素和词的意义（也即所谓"字本义"），另外尚有意义，这个意义就是段玉裁针对《说文解字》的"同意"术语所下的那个注解——"字形之意"，或曰"制字之意"。也就是说，"字形之意"才是作为表意文字的汉字的特点。汉字有"字形之意"，"字形之意"是与字形伴生的，因此，即使汉字失去了作为文字的符号意义，或者说，即使汉字与它所记录的汉语言中的词脱节，它仍然是有意义的。所以前朝的古文字是可以解释，可以识读的。

再说汉字发展的幸运经历。汉字的幸运在于虽然屡经更革，却自始以来没有缺环断链，其变化轨迹一脉相承。研究中国古文字的学者们其实都沾益于汉字的这点幸运，汉字的幸运使得学者们有可能斟酌今古，识儿孙而考其父祖。

也就是说，汉字的"字形之意"决定了古文字可以解释，可以认识；汉字发展过程的了无脱环缺口，决定了古文字可以识读（在认识其"字形之意"的基础上识读）。

再就是天缘凑巧：前朝的古文字凑巧遇上了张敞、王懿荣，他们都是物来能名的博物君子，具备踏实有效的文字学知识，所以从未谋面的前朝古文字经他们斟酌之间就被认识，被识读了。

"字形之意"的名目可能是段玉裁首先提出来的，而"字形之意"的概念则是许慎著《说文解字》之前早就存在的。我们可以推论，早在殷商人契刻卜辞的时候，甚至早在他们创制甲骨文的初始阶段，这个概念已经是深入人心了。通常说，甲骨文是十分成熟的文字，主要标志是其"六书"规模已经成就。这当然不错，但是这个说法忽略了一个更为重要的事实，一个更为本质的要义：甲骨文的成熟性，其实主要是表现在那些契刻龟甲的殷商人对甲骨文的"字形之意"早就具备成熟的认识了。

"字形之意"与字本义是两个不同的概念。字本义，是汉字作为文字符号系统的符号意义，也就是汉字所记录的词本义，它因记录汉语的词而获得，也因记录汉语的词而存在，因此它是属于汉语言的。换言之，"字本义"其实并不真正属于字形。而"字形之意"则是汉字笔画与间架等字形因素自身固有的意义，即使脱离了文字符号系统，脱离了汉语言，"字形之意"也会伴随字形永远存留。

从另外一个角度来看，"字形之意"是与字本义不同层面的概念：字本义是语言层面的概念；"字形之意"则是未曾进入语言层面的意义，虽然它似乎天然具备了随时进入语言层面的趋势。

笔者认为，文字只有两种体系：一种是表音文字，一种是表意文字。因为无论将貌似超脱于表音文字和表意文字之外的"文字"另取什么名堂（叫"表形文字"吗），它总是能够归于表音文字或者表意文字的范畴。

汉字是表意文字。表意文字区别于表音文字的特点，就在于前者有"字形之意"，而后者没有"字形之意"。

"字形之意"与字本义是分别属于文字和语言的不同层面、不同范畴的概念。只是因为文字用于记录语言，这两个概念往往具有相同的所指，而相同的所指又往往使人们将这两个不同的概念混为一谈。这种概念混淆，从理论上会影响人们对汉字实质的认识，在实践上会阻碍人们对古代汉字的正确认识。既然是不同的概念，两者就不可能完全一致，在"字形之意"与字本义两者参差的时候，就会导致人们误解字本义，而体现两者参差的古文字表面上看来虽然为数不多，却正是古文字，尤其是甲骨文字研究的难点所在。

清代的古文字学家从许慎的"同意"术语推论出"字形之意"的概念，是符合许慎本意的。但是这个概念并非由许慎发明，而是许慎继承的古来师传，这师传可能更早于贾侍中。而且从《说文》对字本义的诠释有时阑入"字形之意"内容的事实来看，这个重要概念经过几代传递而终于被许慎拜领的时候，其真谛精华其实已经并不完整，有些内容甚至业已失传了。

后来有些古文字学家，则更习惯将"字形之意"叫做"造字本意"，或者"造字本义"。如于省吾先生在《释臣》文中说"臣字的造字本意已湮没失传，遂成千古不解之结"，又说"臣字的造字本义，起源于以被俘虏的纵目人为家内奴隶"。"造字本意"与段玉裁注释的"制字之意"有些相似，但是"造字本义"就容易与我们常说的"字本义"混淆，所以，我们还是用"制字之意"。我们把"制字之意"视为对"字形之意"的诠释，而两者又各自有所侧重："字形之意"强调客观的既成字形，说这字形中有"意"，这"意"是与字形相伴生的；而"制字之意"则强调造字人的主观认识，强调造字之时赋予了此字以"意"，此"意"就是造字人的"意"，是造字人将自己心中的"意"（心意）灌注于字形之中的。

那么，进而应当追问：造字的古人会把什么样的"意"（心意）

灌注到字形里去呢？造字的古人灌注于所造字之中的内容，包括古人对自然世界、人类社会、自我周边，以及对神话世界的那些认识、理解，都可以用"文化"二字归纳，因此可以说，古人是把他们的文化思想灌注进他们所创制的古文字里去了。由此可以推论，所谓"字形之意"的"意"，肯定就是十分丰富的文化内容，反映了古人的文化思想。

如果我们能进一步想到那些造字人的身份，就会对上面的推论更加深信不疑。那些人基本上都是文化人，他们之中的出类拔萃者被称之为"文人"，后来又冠以"前"字，曰"前文人"（《尚书》就是这样称呼的，而被误抄为"宁人"、"前宁人"），由他们创制的古文字被灌注了他们的"意"。灌注了"文人"、"前文人"的"意"，此"意"岂能不在文化范畴？

国人自来认为，历史是真实的，至少它应当是真实的（所以才有"信史"的说法）。既然真实，自然也就应当排斥虚幻，远离假想，拒绝迷信，反对作伪，更容不得颠倒黑白。这就是人们常说的历史的真实性，或者应当说，这就是历史真实性的一个方面，一个重要方面。

就像历史具有真实性一样，文化也具有真实性，文化现象也都是真实的，而且文化的真实性要比历史的真实性更显得博大宽容——文化并不拒绝虚幻，不摈弃假想，也不排斥"迷信"。笔者说的这种文化，主要是指的神话，以及与神话伴生的巫事文化。神话和巫事都是先民思想意识范围以内的事，甚至就是先民生活中的事，所以作为文化的神话、巫事，尽管充满着虚幻，发挥了假想，麻醉于迷信，但它的真实性，却与历史的真实性一样，是不容怀疑的。

另外，除了博大宽容，较之历史，文化还有一个很大的优点：它往往不大受历史年代以及方国地域等的严格限制，有大得多的空间余地，因而也就更易于把握，但其证明力度却一点也不会因为空间余地的扩大而削减，而亚于历史资料。譬如殷商时期的战争，这属于历史范畴，我们要用殷商朝的战争证实甲骨文，就会涉及交战双方（殷商王朝与哪个方国）、作战地点（方国位置，行军路线）、具体时间（哪代商王）等，这些都必须经过严格考证；而文化则不然，一种文化思想会广泛而且长期存在，不分部落方国地域，也不拘于哪王在位，甚至改朝换代，它也会"改邑不改井"似的固守在人们的脑海里，迟迟不去。

生活于现代的学者，大多都知道文字是历史的产物，所以应当以历史唯物主义的立场、观点来认识、研究古文字。这自然是非常正确的。多年来对甲骨卜辞的历史唯物主义研究所取得的累累硕果，甲骨文商史研究的卓见成功，就是很好的证明。但是吾辈不能仅仅拘于纯粹的"史"的思路，而对文化的真实性估计不足，并从而忽略神话与巫事文化对卜辞研究、尤其对甲骨文字研究的巨大作用。

创制古文字的"文人"（后世称他们为"前文人"），差不多都有巫觋身份，至少是兼领着巫觋职分，他们都是所谓的"巫史卜祝"，而不甚分家。可以想见他们与神话、巫事的关系是极为密切的，或许神话、巫事就是由他们传播的主流文化，就是由他们施教的"显学"。更为重要的，神话与巫事作为主流文化，作为"显学"，肯定会通过他们这些"文人"施加影响于由他们创制的古文字，所以神话与巫事文化对古文字的影响，较之历史的影响一点都不会逊色。而且作为文化现象，神话、巫事表现的宽容（指它们不拒绝虚幻、假想、迷信而言）以及宽泛（指其不太受时、地限制而言），无疑会帮助我们拓宽古文字研究，特别是甲骨文字识读的思路。

一百多年来，为甲骨学奠基的先哲们，以及继往开来的时贤先生们，为我们斩伐榛莽，开拓了后继通途，创造了研究认识甲骨文的有利条件。但是当我们怀着感激和崇敬的心情接受这些条件之后不久，却发现我们要做的甲骨文字识读工作，其难度反而比以前更大了许多。我们看到，易识易读以及难识难读的字，都已经被识读了，剩下来的未曾释读或者虽经释读而尚容可议的古文字，其难识难读的程度更是十倍于前，而且逐渐的，我们就将面临最为难识难读的古文字了。我们的学问、学养不及先贤，却不得不面对更难识读、最难识读的古文字，令人感到仿佛无路可走。

笔者乏才少能，却又痴迷古文字。痴迷令我走上研读古文字的道路，乏才少能又令我时常仿佛面临穷途绝境。穷而思变，于是想到从大文化角度，从先民的主流文化——神话与巫事——角度去研讨甲骨文。

这本《古文字形意研究》以近百个古文字作为研究对象。笔者对它们的研究，有的是识前人之所未曾识或者正前贤之误释者，如释甲骨文字偏旁的“弓”为“歌”之本字，识甲骨文字为怀孕的鱼（以及字、字为怀孕的虎、鸟），识金文字为羿字，识金文为治理之本字，识金文字以及、、诸字为夸父形象，正前贤误释为“师”的甲骨文字为“魂”字，正前贤误释为“维”的金文字为“获”字，释比簋图形文字为“瑚琏”的瑚字，释莒县陵阳河大汶口文化陶文字为“汤谷”的汤字，皆其例，斯为少数。有的是前贤既已识其字，而未遑说其字形之所以然，或者说其字形之意未确者，如鬼字、由字、白字、梦字、冀字、解字、字、归字、遣字、官字、亚字、臣字、帚字、今字、化字、风字、大字、天字、舞字、五字、八字、九字、字、公字、豢字、乙字、申字、水字、周字、画字、南字、凡字、同字、用字、子字、御字、午字、屰字、逆字、欮字等，斯为多数。这些古文字多数是甲骨文，其次是金文，也有少量是所谓“古文”，就是《说文解字》明确说“古文某作某”的“古文”，亦即战国时期与秦系文字相对并提的“六国古文”。

在被笔者锁定的近百个古文字中，有的只是对其字形进行了简单的随文说解。这些随文说解的字形，主要是许慎说解过的字形，而笔者的见解与《说文》的解说颇有不同。譬如《说文》中的小篆名字、丈字、胤字、肖字、骨字、胏字，古文嗣字（𤔲）、礼字（𥘆）；另外还有甲骨文阳字、金文夙字（𠃨）等字形。

对这近百个古文字形，笔者都给出了相应的解读，提出了与前修时贤不同的独到见解。前贤既已识其字而未遑说其字形之所以然者，以及虽说其字形之意而未确者，斯例甚多，而以笔者拙见，如果没有从"字形之意"角度将某字说清楚，那么，这个古文字就没有被我们彻底认识。这就是为什么为了区区一个"玄鸟也"的一画乙字，笔者竟然不惜涂鸦万言了。

于是说其字形之所以然，解释其"字形之意"，就成了本书的一个重要特点。

本书分上卷、下卷、附卷。上卷十三篇，下卷八篇，附卷两篇，共二十三篇。上卷、下卷考释古文字。"附卷"两篇，一篇论"魌头"面具，讨论古代"魌头"的形制及其文化内涵，因为本书所论不少古文字都与这个古老的面具有关；另一篇探讨"六书"理论，在"字形之意"理论的基础之上讨论"假借"、"转注"造字法，因为笔者对许多古文字的释读，都得益于"字形之意"理论。

读了这篇序言，读者可能已经明白这本探讨古文字的书何以要用"形意研究"命名了。

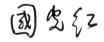

2013 年 9 月 17 日

目　录

上　卷

下　卷

附　卷

上　卷

一 释鬼①

《说文》②："鬼，人所归为鬼，从人象鬼头。"许慎所说的"鬼头"，《说文》也有其字，就是甶字。《说文》云："甶，鬼头也，象形。"说的就是这个字。许慎既然以鬼魂解释鬼字，那么释义为"鬼头"的"甶"自然就是鬼魂的脑袋了。只不过许慎如此这般解释的鬼字、甶字，都是引申义，而并非本义。卜辞云"今夕鬼宁"（《合集》③ 8 卷 3157 页 24987 片），"鬼亦得疾"（《合集》1 卷 31 页 137 片正），"多鬼梦"（《合集》6 卷 2371 页 17450 片），"亚多鬼梦"（《合集》6 卷 2370 页 17448 片）。鬼能"得疾"，能做"梦"，可见并非鬼魂，许慎以鬼魂解释鬼字本义肯定是错误的。

卜辞鬼字像人顶戴"田"形，戴"田"之人或立，或坐，或左向，或右向，作ᛞ、ᛟ、ᛠ、ᛡ诸形（图一）。陈梦家先生说："卜辞鬼……象头上魌魌然盛

图一

<hr />

① 本篇内容曾以《鬼和鬼脸儿》为题发表于《山东师大学报》1993 年第 1 期，此次收入本书，内容略有增添，文字略有修改。

② 本书所引《说文》凡无特殊说明者均引自大徐本，标点为笔者自己理解，特此说明。

③ 郭沫若主编：《甲骨文合集》（本书引用概简称《合集》），中华书局，1989 年。

大，即方相氏之蒙魌头。"① 陈梦家先生所说的"方相氏"，见于《周礼·夏官》，云："方相氏掌蒙熊皮，黄金四目，玄衣朱裳，执戈扬盾，帅百隶而时难，以索室驱疫。"郑玄注："蒙，冒也。冒熊皮者，以惊驱疫疠之鬼，如今魌头也。"据陈先生说，"鬼"是殷商时候职有专操的巫觋，《周礼》称为"方相氏"；写作"甶"的"鬼头"，汉代人称为"魌头"，就是《周礼·夏官》方相氏的巫觋面具。陈先生的见解是正确的，只是没有说明方相氏的四目面具（"黄金四目"）在卜辞里为什么一定要以"田"形象之。

根据《周礼·夏官·方相氏》以及郑玄注，可以知道方相氏有三大特征：四目、执戈、扬盾。根据这三大特征而考之商周青铜器铭文，我们有幸得识了古老的方相氏形象。

比簋（《三代吉金文存》②卷六中罗振玉名为"白帛彝"）有图形而兼文字者，作 (图二)。青铜器多见有类似的图形纹饰，作 、作 者（图三，分见于且丁尊、己且觚），手中所持之物与 形人物所持相同（都是戈、盾），说明 并不孤立。 和 的身份与比簋的 应当是相同的。

图二　　　　　　　　　　　图三

比簋之 象人"执戈扬盾"，方相氏三大特征此具其二，唯独顶戴之"⊕"，未可遽定其为四目魌头。虽然未可遽定，但笔者还是

①　陈梦家：《商代的神话与巫术》，《燕京学报》第 20 期。
②　罗振玉：《三代吉金文存》，中华书局，1983 年。

倾向认此"⊕"为魁头，认比簋的这个"执戈扬盾"之人（）
为方相氏。比簋的这个"方相氏"形象又是个图形字，对这个图形
字究竟如何释读，笔者另有专篇论述①。不妨且把眼界放宽，看与
比簋图形文字意义相近似的且己簋、🯅爵的图形纹饰以及甲骨文
🯅字。

　　且己簋（《三代吉金文存》卷六中罗氏名为"且
己彝"）有脸谱图形纹饰🯅（图四），上出一角，四
纵目（臣字）之间插画盾牌（干字），方相氏三大特
征此具其二，唯缺所执之戈。《说文》释干盾之盾：
"瞂也，所以扞身、蔽目。"可见干盾用于扞身，用于蔽目。且
己簋图形为脸谱，而干盾有"蔽目"之用，故缘"蔽目"而及
"蔽目"之盾，戈则不宜插画于脸谱，所以且己簋图形虽然没有
"执戈"，也是可以确定其身份为方相氏的。

图四

　　🯅爵（《三代吉金文存》卷十五）以图形纹饰命名，
图形纹饰🯅（图五）与且己簋的🯅示意相同而更趋抽
象：干盾上出之角抽象为菱形图案，四臣字目则抽象为
"井"（与行字偶然同形，但并非行字），即双线虚廓之
"十"字。以且己簋图形纹饰证之，这个用以命名其爵的图形🯅也是
方相氏形象。

图五

　　甲骨文有🯅字（图六），有四目（井），有干盾
（Y），与🯅爵图形示意相同，唯缺干盾上的角，四臣
字目抽象为井，也是虚廓之"十"字。这个甲骨文字
应当也是方相氏形象。

图六

----

① 参见本书第十四篇《金文笔记五则》。

古文字单线与双线虚廓，其示意往往并无区别。这个认识屡经前辈学者言及，而今笔者也如此说，却是另外有所强调：古文字单线与双线虚廓示意往往无别，是就其"字形之意"说的，并不是说其字本义无所区别。字本义的基础是"字形之意"，在一般情况下，字本义就是"字形之意"，但是有时候，"字形之意"并不是字本义。譬如甲骨文牛、羊字，字本义分别是牛、羊，而其字形之意却是牛头、羊头。

就眼前的单线"十"与双线虚廓的"芈"、"伞"来说，却更加特别：说它们示意无别，就只是指其"字形之意"而言，而与字本义无涉。原因很简单，作为例证的"十"、"芈"、"伞"，都只有"字形"，却并非"字"：出现于比簋的㓟，其脸谱中的"十"既非十字，亦非甲字、七字（甲骨文甲字、七字均作"十"形）；出现于㢱爵脸谱中的"芈"以及甲骨文㠯字中的"伞"，也并非"行"字（甲骨文行字作芈、伞形）。因为不是字，所以没有字本义；因为只有"字形"，所以只有"字形之意"。

有了这个认识，我们来看比簋人物形象究竟是何示意。

以且己簋的四目纹饰（㒼）与㢱爵纹饰及甲骨文㠯字相比较，可知四目是可以用芈、伞示意的，既然四目可以如此示意，自然也就可以用"十"来示意，那么比簋"执戈扬盾"的㓟所顶戴的"⊕"，其中间的"十"形是可以表示四目的。"十"形既然表示四目，那么"⊕"自然就是四目魌头，比簋人物㓟确实就是方相氏了①。

我们是用且己簋、㢱爵的图形，以及卜辞的㠯字，证成比簋人

---

① 于省吾先生释此人为"武士"。于省吾：《释甲》，《甲骨文字释林》，中华书局，1979 年。

物图形的确是方相氏。这不过是出于行文方便的考虑，其实完全可以用比簋人物图形来证明且己簋、爵的图形（甚至卜辞的字）为方相氏形象，因为比簋、且己簋、爵的图形（以及卜辞的字），原本都是方相氏形象，它们本来就是可以互相证明的。

甲骨文鬼字像人顶"田"，以比簋图形字证之，"田"即四目魌头，鬼字从方相氏取形确然无疑。

汉代的方相氏是专业掌管傩祭驱疫的巫觋，卜辞鬼字本义就是职有专操的巫觋，从卜辞的"鬼"，经《周礼》直到汉代的方相氏，有一脉是相承的。卜辞也有巫字，原是一种祭祀的名字，并不是巫觋。卜辞中巫祭的"巫"后来成了巫觋，原来以"鬼"为名的某项专业巫觋，却被永远误解为鬼魂，"鬼"原是某种巫觋就鲜为人所知了。

甲骨文有字（图七），象正面人形而头面戴"田"，旧不识，《甲骨文编》①说此字"从甶、从大，《说文》所无"。甲骨文又有字、字（图八），于"鬼"之四目面具的四周各出一短画，旧亦不识，《甲骨文编》收入《附录》。李孝定先生《甲骨文字集释》②识其字为鬼字异体，但是没有说明这个"鬼"字形中的"囗"是何示意。总之，大家对这个"鬼"字脑袋外围的"囗"的字形之意皆莫名其妙。

图七　　　　　图八

---

①　中国社会科学院考古研究所：《甲骨文编》，中华书局，1982年。
②　李孝定：《甲骨文字集释》，中央研究院历史语言研究所，1965年。

《西阳杂俎·梦》说："方相氏四面，逐送恶梦至四郊也。""逐送恶梦"在《周礼·春官·占梦》叫"赠恶梦"："季冬聘王梦，献吉梦于王，王拜而受之。乃舍萌于四方，以赠恶梦。"可见《西阳杂俎》的说法还是有根据的。这又说明方相氏不仅有四目，而且有四面，也就是说，方相氏有四副脸面，而且每副脸面上还都各有四只眼睛。方相氏有四副脸面，可能是传自先秦的古老说法，到汉代就已经失传了。

明确了这些，那么甲骨文左、右向的鬼字（𢁉、𢁌）之所以皆以正面"鬼头"示人的问题就解决了：因为"鬼"有四副相同的面孔，故从前后左右四个方向都能看到他的四目面具。明确了这些，那么甲骨文像正面人戴"鬼头"的𢁕字乃是鬼字异体，也就确然无疑了：一般鬼字是跪坐而以侧面让人看，而这个鬼字不过是站立而以正面看人罢了。明确了这些，那么从鬼、而于"鬼头"之四周各出一短画的𢁖字、𢁗字，无疑也是鬼字异体之一，只不过更显特殊罢了：它是以其一面（侧面）露脸，而以"口"示意这个"鬼头"原来有四副这样的脸面，而且可以向四方观看，以便于"舍萌于四方以赠恶梦"，并"逐送恶梦至四郊也"。

卜辞常见"多鬼梦"，《周礼》又有"占梦"一职，那么卜辞的"鬼"就应当是掌管"占梦"之类行当的巫觋才是①。

殷商人称巫觋为"鬼"，楚人继承殷商风气，直到汉代仍然沿用这个名称。《汉书·地理志》说楚地风俗"信巫鬼，重淫祀"，同书《武五子传》说"楚地巫鬼"，这些都是用楚语说楚俗的话题，话题说到"巫"而自然连带了"鬼"，可以证明楚地方言是把巫觋叫做"鬼"的。

---

① 参见本书第二篇《释"鬼梦"》。

《淮南子·人间训》说孙叔敖将死，"谓其子曰：'吾则死矣，王必封女，女必让肥饶之地，而受沙石之间。有寝丘者，其地确石而名丑。荆人鬼，越人禨，人莫之利也。'"孙叔敖教他儿子选择瘠薄之地，这是为其子孙谋长久之计：古代巫坛多设在沙丘，以免占据农田影响农事，这"沙石之间"的"寝丘"就是巫觋举行巫事活动的地方，瘠薄而"人莫之利"，正好可以传之久远而不被侵夺。

古代谓性爱之事曰"丑"，所以《诗经·鄘风·墙有茨》说"中冓（媾）之言，不可道也，所可道也，言之丑也"。古代降神活动的实质，就是以巫觋向神灵示意性爱许诺，以引诱神灵降临。孙叔敖说的"名丑"，正是说这里（"有寝丘者"）是举行巫事活动之地，而巫事活动不免涉及性爱，因此这"寝丘"之地就蒙受了"丑"名。

"寝丘"为巫觋行事之地，而楚国人将此地用一个"鬼"字标目（"荆人鬼"），这是楚地方言把巫觋叫做"鬼"的又一证据。

与"荆人鬼"相关联的是"越人禨"，是说越国人将此地用一个"禨"字标目。上古鬼、禨二字双声叠韵，都是见纽、微韵字，所以"禨"也，"鬼"也，只不过是楚国人与越国人对同一个词的读音略微有些不同而已。可见不仅楚国人，越国人也把巫觋叫做"鬼"。

《史记·陈胜世家》有一段陈胜问卜，而占卜者暗示陈胜造反的情节。占卜者说："然足下卜之鬼乎？"这句话的"鬼"字义有双关：一是楚方言巫觋义（这是本义），这层意义可以公开说道，因为古代巫史卜祝四者分工，各自以其不同方式而行占卜，所以占卜者劝陈胜另向巫觋问卜以为己说之参验，这是很正常的；二是通语鬼魂义（这是引申义），这层意义不可以公开说道，因为劝人问卜于鬼神，就有惑众倾向，涉嫌教人造反。占卜者已经知道了陈胜等人想干什么（"卜者知其指意"），欲坚定陈胜信心而不敢明言，所以才在劝陈胜另向巫觋问卜的掩盖下暗示了一条借鬼魂以"威众"的路。陈胜果然也就在"念鬼"之后悟出了占卜者的真正用意："此教我先威众耳"。这是太史公以楚言状楚人行事的典型例句，是楚地方言把某种职有专操的巫觋叫做"鬼"的另一个证据。

可见鬼字本义为专项巫觋，引申而为鬼魂，源流清晰可辨。

卜辞鬼字早为研契家认识，说其本义则是陈梦家先生的创见。卜辞从鬼、而于"鬼头"之四周各出一短画的字，旧不识，李孝定先生确认其为鬼字异构而缺乏证据，本文则为鬼字及其种种异构之所以各得其形提供了证明。

二　释"鬼梦"①

甲骨文鬼字像方相氏之蒙魍头面具，本义为某种职有专操的巫觋②，由此而看卜辞的"鬼梦"，也就了然可解了。

卜辞屡见"鬼梦"：

（1）庚辰卜，贞：多鬼梦，不至祸？（《合集》6 卷 2371 页 17451 片）

（2）庚辰卜，贞：多鬼梦，叀疾见？（《合集》6 卷 2371 页 17450 片）

（3）卜，贞：多鬼梦，叀言见？（《合集》6 卷 2371 页 17450 片）

（4）贞：亚多鬼梦，亡疾？（《合集》6 卷 2370 页 17448 片）

丁山先生首释甲骨文 字、字（图一）为梦字，又将卜辞的这些"鬼梦"读为"畏梦"，认为这些读为"畏梦"的"鬼梦"就是

图一

---

① 本篇曾发表于《殷都学刊》1997 年第 1 期，此次收入本书对个别字句略有修改。

② 参见本书第一篇《释鬼》。

"《周礼》所占之'惧梦'也"①。

今案丁先生释👹、👺为梦字，与事实甚为契合，而说"鬼梦"为"畏梦"、"惧梦"，则很是不妥。

《周礼·春官·占梦》职云："掌其岁时，观天地之会，辨阴阳之气。以日月星辰占六梦之吉凶：一曰正梦，二曰噩梦，三曰思梦，四曰寤梦，五曰喜梦，六曰惧梦。"明确说"六梦"各有吉凶。既然"六梦"皆有吉凶，当然"惧梦"之中也得有吉、凶之分别，所以"惧梦"未必全是凶梦。

《左传·僖公二十八年》记晋楚城濮之战，战前，"晋侯梦与楚子搏，楚子伏己而盬其脑，是以惧"。晋侯于战前梦见被楚子压倒在地，楚子按住他的脑袋吸他的脑浆，这是典型的"惧梦"，真够恐怖，而城濮之战却以晋国大获全胜收场，这场"惧梦"反倒是吉兆。既然"惧梦"也可能是吉兆，那么为什么卜辞涉及"鬼梦"的占卜多系以"疾见"、"言见"、"至祸"与否之类针对不祥的贞问呢？而且，即使假定卜辞的"鬼梦"就是"惧梦"，此"惧梦"也只不过是《周礼》"六梦"之一，为什么卜辞屡见"惧梦"，却绝不见《周礼》其他五梦的名字呢？

可见"鬼梦"并非"畏梦"、"惧梦"。现在既然知道鬼字的本义就是巫觋，那么"鬼梦"就应该照本字读，理解为"鬼"做梦，就是巫觋做梦，而完全没有必要以用字之通假说事。

《周礼·春官·占梦》职云："季冬聘王梦，献吉梦于王，王拜而受之，乃舍萌于四方，以赠恶梦，遂令始难（傩）驱疫。"卜辞有做梦的"鬼"，《周礼》有做梦的"占梦"，可见卜辞的"鬼"就

---

① 丁山：《释梦》，《历史语言研究所集刊》第 1 本 2 分，中央研究院历史语言研究所，1930 年。

是《周礼·春官》的"占梦","多鬼梦"就是许多的"占梦"做"梦"。所以卜辞的"多鬼梦"应该读为"多鬼－梦":"多鬼"之后读出停顿,就是许多的"占梦",好比卜辞别处说的"多臣"、"多帚"、"多毓"、"多工";"梦"为动词,作"多鬼"的谓语。

为什么"梦"要由"多鬼"来做呢?这是因为一个"鬼"未必有梦,一旦有妖祥示兆而恰巧一宿无梦,岂不误事?而且一个"鬼"的梦也有可能不准,不足以确定吉凶,所以需要"多鬼"参与其事,以便三占从二。《周礼·春官·序官》云:"占梦中士二人,史二人,徒四人。"可见"占梦"并非一人所职,正好与卜辞说的"多鬼"吻合。

对"多鬼"所梦内容进行占卜以定其吉凶,吉梦则归祥于殷王,凶梦(《周礼》叫做"恶梦")则行巫事厌胜以驱逐之,这就是《周礼·春官·占梦》职所说的"献吉梦于王","以赠恶梦"。

以"占梦"职解释上所引证涉及"鬼梦"的卜辞,就都文从字顺了:

第1条是贞问:诸多"占梦"做梦,其梦该不会是灾难的征兆吧?第2、3条是贞问:诸多"占梦"做梦,其梦会是疾病的征兆吗?会是流言的征兆吗?

有时"多鬼"之梦呈现疾病征兆,就需要举行禳祀以逐疫,就是对疾疫采取厌胜巫术,把它们赶跑。这套厌胜巫术,《周礼》叫做"赠",卜辞曰"𡆥"。但是"赠"(𡆥)的范围较宽泛而侧重于疾疫,所以卜辞又有专门针对恶梦而行厌胜的措辞,曰"亚"①。所以第4条的"亚多鬼梦"是贞问:对众"占梦"之梦行厌胜(亚),就不会有疾病发生了吧?

---

① 参见本书第三篇《释魌头相关字》。

为占卜吉凶而做梦，这是"鬼"的专职。从另外一个角度看，也可以说，专职做梦而且专职占卜梦之吉凶的人就是"鬼"。所以"鬼梦"的鬼字有时可以省略，而只说"多梦"：

（5）贞：多梦，叀见？（《合集》6 卷 2371 页 17450 片）

《说文》释觋字："能齐肃事神明者①，在男曰觋，在女曰巫。从巫、从见。"但觋字为什么"从见"，许慎没作解释。徐锴《系传》云："能见神也。"段玉裁《注》云："见鬼者也。"《国语·楚语下》韦昭注："巫觋，见鬼者。"《史记·魏其武安侯列传》："武安侯病，专呼服谢罪。使巫视鬼者视之，见魏其、灌夫共守，欲杀之。""巫视鬼者"就是巫觋——能看见鬼的人，"巫"与"视鬼者"是同位结构。魏其侯窦婴与灌夫之鬼魂向武安侯索命的这段故事，是古人认为巫觋能见到鬼的一个生动实例。原来因为巫觋能见到鬼，能见到常人之所不能见，所以觋字才"从见"的。

《左传·文公二年》记载了发生在鲁国的一件大事，当时管事的夏父弗忌把刚刚去世的鲁僖公的牌位摆在了去世多年的鲁闵公的牌位之前，《春秋经》说这是"跻僖公"。夏父弗忌还为他的做法找到了理由，《左传》是这么记载的："於是夏父弗忌为宗伯，尊僖公。且明见曰：'吾见新鬼大，故鬼小。'"说"明见"，说"吾见"，都是以巫觋的眼光为根据，是说"我（用巫觋的眼光）看见新鬼个头大，旧鬼个头小"。不过后世说的"鬼"（包括夏父弗忌说的"新鬼"、"故鬼"）与卜辞的"鬼"不同：卜辞的"鬼"是巫觋中的一个门类，后来演变为方相氏，分职为占梦；后世的"鬼"是鬼魂，是一般人见不到、只有巫觋和特殊眼界的人才能见

---

① 此据段注本，大徐本作"能斋肃事神明也"。

到的鬼魂，乃是卜辞“鬼”的引申义。

“鬼”（巫觋）能见到常人不能见到的事物，所以“鬼”之所见其实就是神示的征兆。从“鬼”的角度说，是鬼“见”到征兆；反之，从征兆角度说，就是征兆“见”于鬼。第二种意义后来写作“现”。《说文》灵字或从巫，或从玉，作靈，作霊，释云：“灵巫以玉事神。”玉是巫觋侍奉神的工具，自然也就沾带了神灵之气，所以神示征兆的“见”字后世从玉作“现”。

以上所引卜辞诸“见”字皆为神示之征兆，读为“现”：“疾见（现）”就是神示疾病之征兆，“言见（现）”就是神示流言之征兆。

从梦示人以疾病征兆角度说，是“疾见（现）”，而从“占梦”见及疾病征兆角度说，应当说“见疾”。但是，似乎卜辞的“见”并不用于主动意义，所以凡是主动意义的“见疾”皆曰“得疾”：得，就是发现，就是看见，就是主动意义的“见”；“得疾”就是看到“疾”的梦兆了。

卜辞有云“鬼亦得疾”（《合集》1卷31页137片正），研契诸家有的认为这是说的“鬼也得病”、“鬼也生病”，其实大谬不然。疾字固然可以说是生病，但是卜辞表示“生病”的意思常说“有疾”，或者只用一个“疾”字。有时涉及疾病的部位，就说“疾某”，譬如说“疾止”是脚的病，“疾齿”是牙齿的病，却唯独不用“得疾”表示生病。说者受现在日常口语的影响，用今语“得病”对译卜辞的“得疾”，岂能中肯？今将这段卜辞全部移抄于下，以利分析比勘：

（6）癸丑卜，争贞：旬亡（无）祸？三日乙卯（允）屮嬉（有艰）：单方……登尿于录……丁巳马子登尿……鬼亦得疾。

（《合集》1卷31页137片正）

卜辞于"三日乙卯允有艰"之后说"艰"之表现：单方如何登尿于某地，乙卯后的第二天丁巳，马子登尿如何。由此推测，登尿（也叫"马子登尿"）必然是贵族或者商王的亲信，所以才在王的卜旬辞之验辞里说灾祸而涉及他，至于"鬼"（占梦）之生病与否，想必是没有资格列入商王的卜旬内容的。所以卜辞的"鬼亦得疾"肯定不是指"鬼"之生病，这大概是针对"占梦"早已有"疾"之梦兆说的。既然早有梦兆于先，本来应该按照一般卜旬辞例记于"允有来艰"之前，但是此梦之为凶兆，虽然"鬼"于事情发生之前已经面临梦兆提示而有所觉悟，却没有就梦兆而当机立断做出预言，所以只能附带追记于验辞。"得疾"就是见及疾病的梦兆了（只是当时拿不准，没敢肯定预言而已），不过卜辞于"录"字下残缺，所以"得疾"的具体内容（"鬼"看见什么"疾"了）就不可得而知了。

"见"是神灵显示的征兆，而神灵向"鬼"显示征兆常常是借梦境来实现的，所以"鬼"的"梦"也就有了神示征兆的意义。

"鬼"之"梦"又往往与祖庙之"祟"连言，说"有祟有梦"：

（7）王占曰：𦥑（俞）Ψ（有）祟有梦。（《合集》4 卷 1532 页 10405 片正）

（8）王占曰：Ψ（有）祟有梦。甲寅允有来嬉（艰）。（《合集》1 卷 31 页 137 片正）

（9）王占曰：Ψ（有）祟有梦，其有来艰？七日己丑允有来嬉（艰）。（《合集》1 卷 32 页 137 片反）

一般卜辞梦字作𩓋、作𩓥，示意人（𦣻，或𦣻）在床上（爿，或反向作爿）做梦。这两条卜辞的梦字，是在一个一般的梦字（𩓋、𩓥）的旁边添加"攴"，作𩓋（图二）。丁山

图二

先生曾经援引过8、9两条卜辞，释🐾为"梦父"二字；该卜辞屮（有）字，丁山援孙诒让释为"之"；祟字，丁氏误释为"求"；又第9条卜辞屮（有）字，丁氏漏读——于是这两条卜辞的"有祟有梦"就成了"之求之梦父"、"求之梦父"了。丁氏进而推测："梦父应作人名解。""梦父岂犹伊尹之称保衡，师保之称保父，亦傅说之尊称与？"①

典籍并没有商王武丁尊称傅说为"梦父"的说法，所以这个出自丁氏的"梦父"说实为悬度猜想，不足为训。

《甲骨文编》② 援引丁氏误说，认同此梦字（🐾）为"梦父"合文。李孝定先生《甲骨文字集释》③ 于梦字收此字形，说明李先生是把这个字形视为梦字异构而非"梦父"合文，李先生的这番理解是正确的。但是李先生对丁氏"梦父"的说法引而无论，对此字之所以从"攴"作也未作说明，事实上是对这个从攴作的梦字的形意未做任何解释，也就更谈不到证明了。

笔者认为以上所引的7、8、9条三条卜辞的"有祟有梦"，梦字（🐾）皆从攴作，是表示"赠恶梦"之意。

上引《周礼·春官·占梦》职于"聘王梦，献吉梦于王"之后，又说"舍萌于四方，以赠恶梦"，郑玄注："赠，送也，欲以新善去故恶。""梦"之外，"赠"的对象也包括时疫，叫做"堂赠"。《周礼·春官·男巫》职云："冬堂赠，无方无算。"杜子春云："堂赠谓逐疫也。"郑玄注："冬，岁终，以礼送不祥及恶梦皆是也。"

---

① 丁山：《历史语言研究所集刊》第1本2分，中央研究院历史语言研究所，1930年。

② 中国社会科学院考古研究所：《甲骨文编》，中华书局，1982年。

③ 李孝定：《甲骨文字集释》，中央研究院历史语言研究所，1965年。

《周礼》之"赠"，金文作"曾"，甲骨文则作曾，这是于省吾先生早已说过的①。"赠"的对象就是恶梦和时疫。

梦境可以言传，但造字却很难用象形的方法表示梦境，所以殷商人就借于床上做梦的人来示意梦境，这就是一般不从支的梦字——梦。一般的梦，其吉凶不能确定，而"有祟有梦"的"梦"却一定是"恶梦"，正是"赠"的对象。卜辞的契刻者希望这里的"梦"字字形更准确地表达"恶梦"之意，所以使之从支作梦——以"支"击之、逐之的"梦"肯定就是恶梦了。

甲骨文疾字作疒、作疒（图三），甲骨文学家们一般倾向隶定为"疒"。疒、疒（疒）象人辗转卧病之形，示意一般的疾病（后来写作"疾"），与一般梦字的造字思路相同。

图三 　　　　　　　　　　图四

疫为时疫（《说文》"疫，民皆疾也"），与一般的"疾"（疒）不同。时疫也是"赠"之对象（郑玄注引杜子春"堂赠谓逐疫也"），故小篆疫字从疒、从殳②作疫（图四），与"有祟有梦"的梦字（梦）之从支作，思路亦相同。

一般梦字与一般疒（疾）字皆不从支（殳），是因为一般的梦和疾病都不是巫术厌胜驱逐的对象；恶梦的梦字和"民皆疾也"的

①　于省吾：《释曾》，《甲骨文字释林》，中华书局，1979年。

②　从殳与从支，示意无别，《说文》认为疫字所从之"殳"是"役省声"，不确。

疫字皆从支（殳）作，是因为恶梦与时疫都是“赠”（“堂赠”）的对象。以上这两者是可以互相印证的。

卜辞称“占梦”为“鬼”，而卜辞梦字不从“鬼”作，这是因为“鬼”戴四目魌头，是他们举行“赠”祭以驱逐恶梦时的形象，而当他们履行“占梦”之职而睡乡觅梦的时候，却是得除却四目面具的。梦字形中的“占梦”并不像四目之“鬼”，却往往特画出这“占梦”的眉毛，可能是以此眉毛之张扬示意向外渗透发散之梦——这位“占梦”已经进入梦乡了。

《说文》释祟字为“神祸”，卜辞之祟为祖先考妣所示之祸兆①，而每借梦境以示之，所以卜辞恒言“有祟有梦”。祟、梦皆为祸兆，故卜辞于“有祟”、“有祟有梦”之后恒有“其有来嬉（艰）”，“嬉（艰）”就是祟、梦所兆之灾难祸殃了。

---

①　参见本书第十三篇《关于伏羲氏的几个古文字》。

三 释魌头相关字①

（一）释甶

甲骨文鬼字像人而头戴"田"，此"人"就是职有专操的巫觋，当其头脸的"田"就是四目之面具②，汉代人称之为"魌头"，后世则称之为"鬼脸儿"。

魌字，《说文》作𩴲，释云"醜也"，这个"醜也"大概是针对巫觋逐疫、逐梦的行当说的③。

甲骨文单独表示魌头的字是甶，《说文》也有其字，释为"鬼头"。许慎此说肯定有古来口耳相传的师承根据，只不过许慎仅得"鬼头"其辞，而未得"鬼头"其神，遂把"鬼头"误解为鬼魅之脑袋了。其实这个自古口耳相传的"鬼头"并不是鬼的脑袋，而是后世所谓"鬼脸儿"，现在通常说的面具。

甲骨文甶字有二体，一作菱形⊕，一略作三角形⊕，后一字形为《说文》小篆甶字所本。

---

① 本文曾发表于《殷都学刊》1999 年第 4 期，原题《魌头相关字试释》，此次收入本书改为此名，并对部分内容有所修改。
② 参见本书第一篇《释鬼》。
③ 参见本篇第三节"释亚"。

20

独体由字或作菱形，或作三角形，皆与甲骨文鬼字所戴之"田"形魁头不尽相同，这自然有避免与田地之田字相混淆的用意（鬼字所戴之"田"与"鬼"之躯体相连，故不致混淆），但并不是主要原因。

《史记·天官书》："舆鬼，鬼祠事，中白者为质。"张守节《正义》云："舆鬼四星，主祠事，天目也，主视，明察奸谋……中一星为积尸，一名质，主丧死祠祀。""舆鬼"即南宫朱鸟七宿之鬼宿，作菱形。《集解》引晋灼："舆鬼五星，其中白者为质。"《开元占经·南方七宿占》引石氏："舆鬼五星……中央色白如粉絮者，所谓积尸气也。"晋灼、石氏谓"舆鬼五星"，而《正义》说是"四星"，其实是一回事，只不过前者是连其中间的"质"星也数上了，而后者却只数了轮廓四角的星罢了。

将舆鬼五星以线联之，成✦形，就是甲骨文菱形由字（✦）；稍变其形以求简单，就是三角形由字（△）。

魁头由字为什么像舆鬼星形呢？

《周礼·夏官·方相氏》说："掌蒙熊皮，黄金四目，玄衣朱裳，执戈扬盾，帅百隶而时难，以索室驱疫；大丧先柩，及墓入圹，以戈击四隅，驱方良。"方相氏即专职巫觋，顶戴魁头出场傩祭（逐疫，逐恶梦）、丧葬；而舆鬼星掌管"鬼祠事"，"主丧死祠祀"，可见方相氏的部分职司与舆鬼星相同。

又《太平御览》卷五五二引《风俗通》云："俗说亡人魂气浮扬，故作魁头以存之。"根据这个说法，魁头又另有寄存死者"魂气"的功能，而为《周礼》失载。魁头的这项功能恰巧又与《开元占经》引石氏所说舆鬼星中有"积尸气"吻合——"积尸气"就是"亡人魂气"。

古人常常用人间品物比拟天上的星宿，譬如以世间的斗、箕、井、毕来命名天上的星宿，就是证明。方相氏与舆鬼星的职司相同，魌头面具与舆鬼星所寄存者无二，可见古人是以人事魌头比拟天上的舆鬼。质言之，舆鬼就是魌头之星。舆鬼为魌头之星，所以魌头由字可以从舆鬼星取象作菱形（这就如同以井宿八星形象写井字），既合乎情理，又避免了与田地之田字相混淆；菱形稍变而下体浑圆以图省简，就是由字三角形之一体（⊕）。

（二）释白

甲骨文白字也有两种形体，也是一作菱形⊖，一略作三角形⊖，与二体由字外形相似。

《说文》："白，西方色也。阴用事，物色白，从入合二，二，阴数。"许慎肯定是根据早已经讹变失形了的小篆立说，而验之甲骨文，其说之误自然立马显现。郭沫若先生则认为白字是"拇指之象形"："拇与白同属唇音，古音之、鱼二部亦每通假①，是拇、白一音之转也。拇又名巨擘，擘、白亦一音之转也。拇为将指，在手、足俱居首位，故又引申为伯仲之伯，又引申为王伯之伯，其用为白色字者乃假借也。"②

研契诸家多不满意许慎旧说，而郭沫若之新说亦未能切中腠理，因为无论怎么发挥想象，也看不出甲骨文白字（尤其菱形⊖字）会是"拇指之象形"。

殷商人崇尚白色，有种种表现。《礼记·檀弓上》云："殷人尚白：大事敛用日中③，戎事乘翰④，牲用白。"这是说殷商人于丧事

---

① 拇字为上古之部字，白字为上古铎部字，主二分法的音韵学家视鱼、铎为一部，所以郭沫若说白字为鱼部。

② 郭沫若：《金文丛考》，人民出版社，1954年。

③ 日中，犹后世言日当午。

④ 郑玄注："翰，白色马也。《易》曰：'白马翰如。'"

（"敛用日中"）、军事（"戎事乘翰"）以及牺牲（"牲用白"），皆崇尚白色。

《礼记·明堂位》云："夏后氏尚黑，殷白牡，周骍刚。"又云："有虞氏之旂，夏后氏之绥，殷之大白，周之大赤。""殷白牡"、"殷之大白"是说殷商人于牺牲以及旗帜皆崇尚白色，与《礼记·檀弓上》所说正好吻合。

殷商人于众色之中唯独"尚白"，一定是有其原因的。

《论语·八佾篇》记宰我答哀公问社，云："夏后氏以松，殷人以柏，周人以栗，曰：使民战栗。""殷人以柏"是说殷商人独选柏树为其社木，而与夏后氏以松为社木者不同。柏从白声，柏、白上古同音，所以"殷人以柏"也应当与"殷人尚白"有某种关系。不过，"殷人以柏"也说明殷商人所"尚"之"白"并不仅仅是颜色皮相，而应当另有深意寄托，因为"柏"只是与"白"同音而已，而"柏"之为树却大多并不是白色的。

《说文》释霸字："月始生魄然也。承大月二日，承小月三日。"紧跟大月以后的那个月份的初二，以及紧跟小月之后的那个月份的初三，傍晚时分新月出现在西方天穹，这时候的新月"魄然"。"月始生"时的颜色是白色的，而形容"月始生"的形状说"魄然"，就是像"魄"的样子。这说明古人认为魄之为物其色白，也就是说，古人认为魄是白色的。

《黄帝内经·素问》有多处说到肺与魄、与白色的关系。《阴阳应象大论》："金生辛，辛生肺……在藏为肺，在色为白。"这是说五藏中的"肺"与五色中的"白"相通。《六节藏象论》："肺者，气之本，魄之处也。其华在毛，其充在皮，为阳中之太阴，通于秋气。"这是说五藏中的"肺"与五神中的"魄"相通。肺与"白"、与"魄"俱相通，所以"白"与"魄"自然也相通。"白"与"魄"相通，证明上面的推论——古人认为魄之为物其色白的推论，是正确的。

古人不仅认为魄之为物其色白，有时甚至直接用"白"表示"魄"。《素问·调经论》："气有余则喘咳上气，不足则息利少气。血气未并，五藏安定，皮肤微病，命曰'白气微泄'。""气有余"、"不足"云云是针对肺说的，"皮肤微病"是反映肺气微泄的毛病（肺的毛病表现在皮肤，因为肺"其充在皮"），也就是反映"魄"的毛病的（因为肺是"魄之处"）。"皮肤微病"反映肺气微泄，也就是魄气微泄，而叫做"白气微泄"，说明古人有时直接用"白"表示"魄"，直接把"魄"叫做"白"。

魄是白色的，以尚鬼重祭祀闻名于后世的殷商人又恰巧崇尚白色，并且也崇尚并不是白色的柏树，这说明殷商人之"尚白"，寄托的是他们崇尚魂魄（崇尚鬼神）的深意。殷人主要以"尚鬼"（崇尚鬼神）著名，那么所谓"殷人尚白"、"殷人以柏"，应当都是从殷商人的尚"魄"来的——"尚白"就是"尚魄"，崇尚魂魄，也就是"尚鬼"。可见"柏"是因为与"白"（魄）同音才被殷商人选中为社木的。

《说文》："魂，阳气也。""魄，阴神也。"这是以"阳气"、"阴神"分别解释魂、魄，是交互言之，实际上魂、魄二物虽分阳、阴，却都是"气"，也都是"神"。魂、魄都是"气"而分阳、阴，人活着的时候，这股"阳气"、"阴神"常驻于人之身心①，人死之后它们另有寄存之地。这另外的寄存地，在世间的，就是《风俗通》说的保存"亡人魂气"的魌头；在天象的，就是象征魌头而中有"积尸气"的舆鬼星。

魄之色白，而"积尸气"亦"白如粉絮"，正因为"积尸气"是白色的，所以才以"质"名之——质者，素也，白也②。可见

---

① 传统中医典籍，如《素问》，认为肝藏魂，肺藏魄。
② 《说文》："素，白緻缯也。"

"积尸气"就是魂魄之象。

星之色很难辨别黄白青灰，其色如"质"的星又何止千万，而占星书却毅然凿言位于舆鬼星中的这一小撮"质"的颜色是白的，古代的占星家们这样说有什么根据呢？他们果真就能够分辨出这一小撮"质"的颜色吗？恐怕未必。古代的占星家们必定是既已心知"质"为魂魄之象，才根据魄之色白的传统认识而说"质"的颜色的。如此看来，古人原本就认为魄是白色的。

甲骨文白字与由字都有两种字形，而且两种字形的轮廓分别完全相同，这应当不是偶然巧合，可以启发我们从由字的字形之意认识白字——白、由二字的字形之意应当相去不远。

魂魄之为物本来无形可象，但是魂魄寄存于魁头，魂魄之象的"积尸气"则常驻于舆鬼星，所以如果让我们替殷商人设计魂、魄之字形，则借舆鬼星之形实乃现成而可行之法。殷商人正是这种思路：画菱形（或省变为三角形）以象舆鬼四星轮廓，作◊（或省变为△），中间画"一"，以象"积尸气"，作◈（或作◬），正好就是甲骨文白字——甲骨文白字就是魄之本字。

当然，殷商人既然知道根据舆鬼星形造魁头由字，那么，从二体由字减笔会意——减去一竖，也正是甲骨文二体白字：◈→◊；◈→△。这两条思路本质上是一样的。

魄之去留关乎人之生死，而月亮又有生死之相①，两者相似，所以古人以魄类比月相，并进而以"魄"为月相之名，曰"生魄"、

---

① 《楚辞·天问》："夜光（按：夜光，月也）何德，死则又育？"《孙子兵法·虚实篇》："月有死生。"又《说文》释朔为"月一日始苏"，释晦为"月尽"，民俗犹称阴历大月曰"大尽月"，小月曰"小尽月"，"尽"都是对"死"的婉言。此皆可证明古人认为月有生死之相。

"死魄"（金文作"生霸"、"死霸"），其实就是"生白"、"死白"。月之色白，殷商人既然以月与魄相比，从月之色白自然会产生魄为白色之物的想象，于是无形影、无声色可象的"魄"就在殷商人的类比想象中成为白色的了。

先秦典籍中白字用本义者不多见，《素问·调经论》的"白气微泄"，是难得一例（见于《素问》的"白汗"，亦在斯例）；另有《庄子》两用之，而为学人忽略。

《庄子·天地》云："有机械者必有机事。有机事者必有机心，机心存于胸中则纯白不备，纯白不备则神生不定，神生不定者道之所不载也。"这里说的"纯白"就是"纯魄"——纯然无所杂染之魄也。《天地》篇的这番话是说，人的"阴神"，也就是魄，居于胸中，而为"机心"所不容。"阴神"（魄）染于"机心"，故影响"神性"[1]，而使之"不定"，也就是使得"阴神"（魄）不安，不得安定的"阴神"（魄）是不能够承载"道"的。

《庄子·人间世》云："瞻彼阕者，虚室生白。"王先谦《庄子集解》引司马彪："阕，空也，室喻心：心能空虚，则纯白独生也。"根据司马彪的注解，"虚室"就是空虚之心，也就是无"机"之心，无"机心"则能够生"白"，这与《天地》篇"纯白（魄）"不容于"机心"的说法两相吻合，所以"虚室生白"就是"虚心生魄"。

可见白字本义为魄，确然有典籍证据。

总之，甲骨文二体由字、二体白字，皆从与鬼星取形，由为魌头，白为魄，此为本义；魄之色白，故白又为白色，此为引申；魄之去留关乎人之生死，而月亮有生死之相，且月之色如魄之白，故

---

[1] 王先谦《庄子集解》："生、性同。"所以"神生"就是"神性"。

白又为月相之名（生魄、死魄），此为缘比喻之引申；白、伯、百同音，故白又为伯仲、王伯之伯，又为千百之百（卜辞有假借白为百者），此为用字假借。卜辞白字已经是白色义。当鬼字由巫觋之本义引申出鬼魂义之后，就造了从鬼、白声的魄字，后又为伯仲、王伯的假借义造了伯字。沿袭日久，竟然忘记白字本义为魄了。

（三）释亚

《说文》："亚，醜也，象人局背之形。贾侍中说以为次弟也。"许慎的意思是：亚字的本义为"醜"（至于"醜"是什么，则另当别论），贾侍中（贾逵）说亚字又假借为"次弟"之义。根据许慎的这番说解，我们现在常说的亚军、亚于的"亚"，就是贾逵说的"次第"之义，是亚字的假借义。

甲骨文亚字亦有二体，一作 ✛，一作 ✛，金文略同。

宋人多释金文亚字为庙室形。清代钱坫《十六长乐堂古器款识》认为亚是古韍字，像两"己"相背。阮元《积古斋钟鼎彝器款识》则认为亚字像两"弓"相背之形①。前代学者都是仅仅根据形似而敷衍立说，并无证据，姑且不论。丁山先生对甲骨文的二体亚字另有解释，他认为：其一，"象区田一方缺其四角"（✛形亚字）；其二，"颇似艹、伜而联其外缘成方阵形（✛形亚字），疑商周文献所见'亚旅'初象卒伍之形"②。

亚字虽然形体有二，其实还是一个字，一字之二体取象不同，

---

① 阮元对宋人及钱坫说有批驳，说见其《积古斋钟鼎彝器款识》卷一"虎父丁鼎"释文。

② 丁山：《说多田任亚》，《甲骨文所见氏族及其制度》，中华书局，1998年。

倒是有其可能，但是一字之二体居然示意各异，就很令人费解了。⊞形亚字固然颇似䒑"而联其外缘成方阵形"，因此可以怀疑"商周文献所见'亚旅'初象卒伍之形"，但是甲骨文行字多作䒑，却绝不见⊞形亚字，又是怎么回事？而⊕形亚字是无论如何联系不到"亚旅"上的——哪有这样找着挨打的"方阵"？两个字形既然示意不同（其一勉强可以示意"亚旅"，其二完全不具备示意"亚旅"的条件），还会是异体字关系吗？所以丁先生的说法自相矛盾，很难取信于人。

于省吾先生则根据纳西族文字，以为"亚字象隅角之形，昭然若揭"[①]。但是麽些文字与古汉语文字是两种文字，各成体系，试图以这种似是而非的偶然相似来证明古代汉语的亚字与麽些文字的"隅角"有共同的字形之意，就如同试图证明青铜器上特写其双目的饕餮纹与英语大写的"EYE"有共同的字形之意一样。于先生尽管持论不疑，其实却是说错了。

甲骨文鬼字像巫觋戴"田"，"田"就是四目魌头，魌头外廓以"口"象之，"口"内的"十"则示意四目[②]。示意四目的"十"字双线虚廓作⊕，就是甲骨文亚字之一体，可见⊕形亚字乃是从魌头四目取形。

甲骨文鬼字异体作𤰈，于魌头"田"之四围外各著一短画（即于"田"外著"冂"），示意魌头尚有前后左右相同的四副嘴脸[③]。"十"字也可以双线虚廓作䒑，仍然示意魌头之四目。在示意四目的䒑形之四周各添一线——上、下各添一横线，左、右各添一竖线，示意四面（冂），作⊕，就是甲骨文亚字之又

---

①　于省吾：《释亚》，《甲骨文字释林》，中华书局，1979 年。

②③　参见本书第一篇《释鬼》。

一体。

可见二体亚字都是从魌头取形。既然亚字二体皆可以认为是从魌头取形，当然也就没有必要往两歧方向理解，也就可以避免陷入丁山导向的矛盾了。

《说文》魌字作䫏，释云"醜也"，与对亚字的解释相同。魌字与亚字同以"醜"训，说明亚字的本义可能与魌头有关。巫觋方相氏头戴魌头面具以逐疫、逐梦①，而亚字以魌字的"醜"为训，可见亚字本义应当与逐疫、逐梦之类厌胜巫事相关。

而典籍证明亚字有厌胜义。

古人兄弟的名字，其意义往往相因相似，斯例甚多。如《左传》郑庄公子，长曰忽，次曰突，而"忽"与"突"在某种意义上是相同的。《说文》释𠫓字云："不顺忽出也，从到（倒）子。《易》曰'突如，其来如'，不孝子突出，不容于内也。"以"不顺忽出"释𠫓字，又云"不孝子突出"，"突出"变言"忽出"，就是以"忽"释"突"、释"𠫓"，所以"𠫓"即"突"之本字。《说文》之以"忽"释"𠫓（突）"，证明郑庄公二子之名"忽"、名"𠫓（突）"，意义是相同的。

郑庄公二子名"忽"、名"突"而意义相同，周勃二子的名字也有类似的情况。《史记·绛侯世家》记周勃二子，长名胜之，次名亚夫。胜（胜之）字自然可以理解为厌胜，可见亚（亚夫）字也应当有厌胜义，此其证一。

《太平御览》卷一三五《皇亲部》引《纪年》云："后桀伐岷山，岷山女于桀二人……而弃其元妃于洛，曰末喜氏。末喜氏与伊

---

① 参见本书第一篇《释鬼》。

尹交，遂以间夏。"①《史记·殷本纪》亦记此事，云："伊尹去汤适夏，既丑有夏，复归于亳。"伊尹是殷商人派往有夏的间谍（"遂以间夏"），他在有夏的作为大概就是对有夏施行厌胜巫术，这些厌胜巫术主要是通过与末喜的性行为实现的（"末喜氏与伊尹交"）②，《史记》则另措其辞曰"丑"（"既丑有夏"），而"丑"即"亚"也（《说文》："亚，丑也。"）。可见亚有厌胜义，此其证二。

《礼记·檀弓下》："君临臣丧，以巫祝桃、茢，执戈，恶之也。"郑玄注："为有凶邪之气在侧……桃，鬼所恶，茢，萑苕，可扫不祥。"《礼记·檀弓下》所说就是巫觋厌胜的事，而云"恶之"，可见"恶之"就是厌胜，而"恶之"与"亚之"上古同音（恶从亚声），其意义当然是贯通的。亚字有厌胜义，此其证三。

《管子·四时》："是故日食则失德之国恶之，月食则失刑之国恶之，彗星见则失和之国恶之，风与日争明，则失生之国恶之。"又《三国志·魏书·明帝纪》载景初二年秋八月："癸丑，有彗星见张宿。"裴松之注引《汉晋春秋》云："史官言于帝曰：'此周之分野也，洛邑恶之。'于是大脩禳祷之术以厌焉。""大脩禳祷之术以厌焉"，而云"恶之"，犹云"亚之"也。是亚字有厌胜义，此其

---

① 《太平御览》卷一三五《皇亲部》"遂以间夏"之"间"字，原误作"闻"字。

② 《国语·郑语》记夏后氏时代褒之二君化为二龙"以同（通）于王庭"，即以性爱对夏后氏行厌胜。周厉王发二龙之漦，"漦流于庭，不可除也"，厉王乃令"妇人不帏而噪之"，即以裸女（"不帏"即裸体）以示性爱而行厌胜。又后世有"裸女厌兵"之陋俗，鲁迅《朝花夕拾》之《阿长与〈山海经〉》借阿长的话说："我们也要被掳去。城外有兵来攻的时候，长毛就叫我们脱下裤子，一排一排地站在城墙上，外面的大炮就放不出来；再要放，就炸了！"皆可证明上古或有以性爱行厌胜巫术之事实。

证四。

《周礼·春官》有"占梦",说其职云:"季冬聘王梦……乃舍萌于四方,以赠恶梦。"这是说的巫觋对恶梦行施厌胜巫术,这种厌胜行为就叫做"赠"。《史记》范增,又称"亚父",后人以为这"亚父"是项羽对范增的尊称,就像齐桓公尊称管仲为"仲父"一样,其实不然。称范增,称亚父,恐怕应当是称名、称字的不同。增读为"赠恶梦"之赠,就是厌胜。古人名、字相应,那么名"增"而字"亚",正合于古人名、字相应之例("亚父"之"父",读为甫,男子之美称也,与其名不必相应)。是亚字必有厌胜义,此其证五。

卜辞云:"亚多鬼梦,亡疾?"(《合集》6 卷 2370 页 17448 片)卜辞之"鬼"即掌管"聘王梦"、"赠恶梦"之巫觋,与《周礼·春官》之"占梦"相当。对恶梦须行厌胜巫术以逐之,《周礼》的措辞是"赠",而卜辞的措辞则是"亚","亚多鬼梦"即对"多鬼"之恶梦行厌胜巫术以逐之①。卜辞与《周礼》对同一行为的不同措辞(亚、赠),适可与范增字亚父互证。是亚字必有厌胜义,此其证六。

亚字有厌胜义,关乎巫觋,而其字从魌头取形,字形、字义正相吻合,证明亚字本义就是厌胜。

亚字之本义为厌胜,厌胜而去其"凶邪之气",便是吉祥,因此"亚"又成了吉祥的象征(此与"泰山石敢当"原本为厌胜而设,而亦以为吉祥之物一样)。商周青铜器铭文多见"亚"字图案,其中又多见以"亚"字包容人物的图案,学者大多认为是族徽,其实并无根据。妇好墓呈"亚"字形,上古宫室庙寝亦

① 参见本书第二篇《释"鬼梦"》。

呈"亚"字形（故宋人多释金文亚字为庙室形）①，此与商周青铜器铭文之"亚"字图案应当有相同的用意，都是建立在厌胜意义基础之上的吉祥意义，是遇难呈祥的象征。

（四）释巫、癸、甲

改 亞（亚）字中间的 卅 为单线，作 田，就是甲骨文巫字。卜辞巫字为祭名，巫祭由巫觋出场，故巫字从魌头取形。

令巫字倾斜45°，作 メ，就是甲骨文癸字。

甲骨文甲字亦有二体，其一体作十，其二体作 田，象口中套"十"之形。"十"即魌头四目之示意，"口"则为面具轮廓，为了不与田地之田字相混淆，口中之"十"脱离四边框。

天干字癸、甲皆从魌头取形，说明有的天干字盖源于巫事。

---

① 王国维：《明堂庙寝通考》，《观堂集林》第一册，卷三，中华书局，1959年。

四　释臣①

《说文》："臣，牵也，事君也，象屈服之形。"甲骨文、金文臣字皆象竖目形，作 ，作 ，或反向作 （图一），以往研契诸家多释其本义为奴隶，但殷商人何以必用竖目形示意奴隶，诸家说

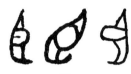

图一

则不能一致。郭沫若先生认为"人首俯则目竖，所以'象屈服之形'者，殆以此也。"②于省吾先生则认为："臣字的造字本义，起源于以被俘虏的纵目人为家内奴隶，后来既引申为奴隶的泛称，又引申为臣僚之臣的泛称。"③今验之常人动容，人首俯并不能导致目竖（脑袋倾侧倒是可以导致目竖），可见郭沫若先生的说法不足以服人；又验之人种学与考古发掘，迄今并无发现所谓"纵目"人种，于省吾先生的说法当然也就陷于无据了④。

---

① 本文曾发表于《殷都学刊》1998 年第 4 期，此次收入本书对个别字句有所修改，又补充卧、监、临、望等字例。

② 郭沫若：《甲骨文字研究·释臣宰》，《郭沫若全集·考古编》，科学出版社，1982 年。

③ 于省吾：《释臣》，《甲骨文字释林》，中华书局，1979 年。

④ 典籍有"竖目仡佬"，乃缘其竖棺（木）埋葬而致讹。参见国光红《仡佬二事考辨》，《文史知识》1993 年第 11 期。

且己簋（《三代吉金文存》卷六）有脸谱图形，
即《周礼》方相氏形象（图二）①。这个方相氏的脸
谱示意以干盾遮蔽四只竖立的眼睛，而这四只竖立的
眼睛正好就是以四个臣字表示，所以臣字竖目之意正

图二

应当从这个方相氏脸谱索解。也可以说，臣字作竖目形，其字形
之意应当从方相氏形象索解。

方相氏首戴之魌头面具乃是仿效诸神形象：外蒙熊皮以及四
面是仿效黄帝②；四目、牛角③是仿效蚩尤；而其竖目则另外有
所仿效。

《左传·文公十八年》："少皞氏有不才子，毁信废忠，崇饰恶
言，靖谮庸回，服谗蒐慝，以诬盛德，天下之民谓之穷奇。"穷奇与
浑敦、梼杌、饕餮合称"四凶"，"四凶"各有其"族"，"四凶"被
执政于帝尧朝廷的舜处死，而其"族"则被驱逐流放。《左传》记
其事云："舜臣尧，宾于四门，流四凶族：浑敦、穷奇、梼杌、饕
餮，投诸四裔，以御螭魅。""四凶"被处死于四门，而云"宾于四
门"，"宾"作为状其事的特殊措辞，它所包含的信息量已经远远超
出了现代人理解的范围。

弗洛伊德在他的《图腾与禁忌》（《Totem and Taboo》）一书中
说过澳洲以及印度尼西亚诸岛土著保存至晚近的一种远古风俗，他
们对猎获的人头施行某种巫术，从而使死者的灵魂变成他们的朋友、
恩人，甚至保护神。换句话说，他们通过巫术仪式化生前之敌人为

---

① 参见本书第一篇《释鬼》。

② 《周礼·方相氏》云"掌蒙熊皮"，而黄帝号"有熊氏"；《酉阳杂
俎·梦》云"方相氏四面"，而《尸子》云"黄帝四面"。

③ 《周礼·方相氏》有云："黄金四目。"牛角仿效蚩尤可见本书第
五篇《释蚩尤相关字》。

死后的朋友。舜对"四凶"的做法可能与弗洛伊德所说的这种土风极为相似："四凶"在四门被杀死，他们的头颅接受了舜施行的巫术仪式，灵魂就变成了舜及其臣民的客人，所以才说"宾于四门"——"宾"，就是客，用如动词，指化敌为"客"、为友的巫术行为而言。

既然化为宾客，"四凶"的灵魂就成了舜的"客卿"，就得为舜及其臣民服务了。"四凶"之一的穷奇后来在驱疫的傩祭以及"驱方良"的丧事厌胜中派上了用场①。

《后汉书·礼仪志》记载汉代的傩祭风俗，说过"伯奇食梦"（唐人段成式《西阳杂俎》有相同记载）。伯奇"食梦"，所食之梦当然是"恶梦"，与《周礼·占梦》说的"赠恶梦"两相吻合。《后汉书·礼仪志》还说："穷奇、腾根共食蛊。"穷奇"食蛊"，所食之蛊就是导致疫疠的鬼物，与《周礼》说的"时难"②及"始难"③，亦相吻合。

《周礼》将"赠恶梦"与驱疫之傩祭一并行之（故《占梦》于"乃舍萌于四方，以赠恶梦"后继云"遂令始难驱疫"），说明"食蛊"、"食梦"的营生，并不需要分工。《后汉书》虽然以穷奇食蛊，以伯奇食梦，似乎是分别说的两个人、两件事，但是既然"食蛊"、"食梦"的营生并不需要分工，所以也就没有必要将穷奇、伯奇视为两人。质言之，穷奇与伯奇应当是一个人的两个称谓。

人们只知道历史上有一个"伯奇"，就是西周尹吉甫的孝子。但是这位"食梦"的"伯奇"不像是尹吉甫的长子，因为我们从先秦

---

①②　《周礼·夏官·方相氏》："帅百隶而时难，以索室驱疫；大丧无枢，及墓入圹，以戈击四隅，驱方良。"

③　《周礼·春官·占梦》："遂令始难驱疫。"

典籍中没有看到过这位孝子还有这么离奇的表现，所以可以想见，那个"食梦"的"伯奇"肯定另有其人。尹吉甫的这位孝子称"伯奇"，"伯"是就其排行说的，好比现在说老大、大哥，如果少皞氏的后裔穷奇也是排行老大，那么穷奇也可以称为"伯奇"。所以穷奇又称"伯奇"是不足为怪的。能够"食梦"的"伯奇"很可能就是人们在其他场合称之为"穷奇"的那个少皞氏的"不才子"。

《左传·昭公二十九年》："少皞氏有四叔：曰重，曰该，曰修，曰熙……该为蓐收。"这里的"叔"是少子之称，与"伯"为长子之称正好互相对照。都是少皞氏的裔脉，穷奇为长子，故曰"伯"，蓐收为少子，故为"叔"，是完全可以说得通的。

《吕氏春秋·孟秋纪》："其日庚辛，其帝少皞，其神蓐收。"高诱注："少皞氏裔子曰该，实有金德，死讬祀为金神。"五行以金配西方，"金神"就是西方之神。《楚辞·大招》："西方流沙，漭洋洋只。豕首纵目，被发鬤只。长爪踞牙，诶笑狂只。"王逸注："此盖蓐收神之状也。"这说明神话传说中的蓐收可能是以纵目向人——眼睛是竖立的。

纵目之神并不多见①，同为少皞血脉，蓐收纵目，则穷奇有可能也是纵目。

而典籍似乎对穷奇纵目的推论十分支持。《史记·五帝本纪》张守节《正义》引《神异经》说穷奇之秉性云："闻人斗辄食直者，闻人忠信辄食其鼻，闻人恶逆不善辄杀兽往馈之。"穷奇之奖惩有其是非曲直的根据，而其奖惩举措却又是非曲直颠倒，说明从他的眼

---

① 《华阳国志》云"有蜀侯蚕丛，其目纵"，但蚕丛之"目纵"其实是"目耸"，即眼珠耸出。广汉三星堆出土的蚕丛神像正作眼珠耸出之形，与此"纵（竖）目"如臣字形者不是一回事。

睛里看到的曲直是非，正好与众人相反——别人看是曲，他看是直；别人看为是，他看为非。与众不同的目验说明穷奇与"横目之民"①大不同，可见原始神话中确实有穷奇纵目的情节。

黄帝的后裔（或者自认是黄帝后裔的）祭祀蚩尤，以蚩尤为战神"兵主"，魌头仿效蚩尤之四目、牛角形象，这些情节皆与弗洛伊德所描写的某些偏远土著的"猎人头"古风有完全相同的用意（化敌人之灵魂为朋友）。以蚩尤之身份、遭际例之，更参以后世以穷奇食蛊、食梦的风俗，可以推断魌头之纵目乃是仿效穷奇：包括穷奇在内的"四凶"被舜杀死，其亡魂接受了舜所施行的化敌为友的巫术（"宾"），以"客卿"的身份为舜所驱使，这就是"臣"——奴隶而官者也。

"四凶"死后为"臣"，从"四凶"推广开来，则举凡臣服而为我方供职一官的敌对势力的酋长皆可称之为"臣"。"四凶"是殷商人记忆中最早的"臣"，取"四凶"之最具特征的形象以写"臣"字，穷奇之纵目正好入选。所以，甲骨文、金文臣字之作纵目形，应当就是画的穷奇的眼睛。

《说文》释臣字曰"事君"，乃是说其为官的身份；而又曰"牵"，曰"象屈服之形"，乃是说其被俘而后臣服于征服者的奴隶身份。可见《说文》释臣字尚存古风遗意，可惜的是，这古风遗意没有被后人完全看懂。

方相氏纵目（且己簠纹饰是其证），而出场丧事（《周礼·夏官·方相氏》），所以后世根据方相氏之纵目特征而把助丧巫觋也叫做"臣"。孔子病重，弟子为他准备后事，子路教弟子先行操练

---

① 《庄子·天地》："夫子无意于横目之民乎？"王先谦《集解》引成玄英："五行之内惟民横目。"

《周礼·夏官·方相氏》所谓"大丧先柩，及墓入圹，以戈击四隅，驱方良"的丧事仪式，扮演助丧"方相氏"的角色。《论语·子罕篇》记其事，云："子疾病，子路使门人为臣。"据《周礼》，一般人并无使用助丧"方相氏"的资格，故《方相氏》职云"大丧先柩"——"大丧"者，天子、王后之丧也。子路之所作所为虽然是出于对孔子之尊敬，却有违于周礼（周礼颇袭殷礼，所以有违于周礼，往往也就有违于殷礼），而使孔子不免乎"僭越"，所以孔子病愈后批评子路的行为是"无臣而为有臣"，是"行诈"，是"欺天"。

助丧巫觋义，是臣字的引申义，而与本义（奴隶而官者）十分相近。臣字的助丧巫觋义，是臣字取形于穷奇纵目的一个有力旁证。

《说文》有从二臣相背的𦥑字，释云："乖也……读若诳。"《周礼·夏官·序官》："方相氏狂夫四人。"则方相氏又名"狂夫"，可能是因为他们举措猖狂，才这么叫的。诳从狂声，所以"读若诳"也就是读若"狂夫"之"狂"。𦥑字以方相氏之双纵目为形，而读若"狂夫"之"狂"，皆关乎方相氏，可以证明臣字之形意确实与方相氏有关。狂夫之颠狂，与穷奇之颠狂十分相像，两者可能就是因果关系，所以臣字才从穷奇之纵目取形。

于省吾先生《释臣》文中说到甲骨文常见的从𦥑、从（跪）人的🝅字（图三），以及"𪓣乙觯"上画眉的𩠐字（图四，《三代吉金文存》卷十三，此觯为商器，《金文编》正其器为觯），皆应当视为穷奇形象，而当读若"狂夫"之"狂"也。商器上画穷奇形象为纹饰，是取其食蛊、食梦之意。

图三

除了穷奇，世俗之人也有"纵目"示现，如在侧卧其身，或者倾侧其首的时候，就有这样的表现。

图四

《说文》释卧字："休也。从人、臣，取其伏也。"卧字本义是现在说的卧床，从字形看，是以侧面人形示意侧卧。在站立的人看来，侧卧之人正是倾侧其首，是以"纵目"看人看物，所见当然与平时不同（这是在我们的经验之中的）。也就是说侧卧于床的人与站立的穷奇，其所见是相同的。所以卧字从臣，是取纵目之意，示意以这样上下纵向的两目所见，必然与平时不同，而与"牵也，事君也"无关，所以许慎说"取其伏也"。

《说文》卧部有监字、临字，释监字为"临下"，释临字为"监临"。其实监字、临字皆有从上向下看的意思，"临下"、"监临"义都与"休也"的卧字无关。监字、临字还是应当从人、从臣，而从臣也与"事君"无关，只是取臣字的"纵目"字形之意：居高临下而看，必然倾侧其头，以确定方位、距离、辨清形状、面目。而倾侧其头，双眼自然就倾斜，就接近"纵目"了。

《说文》有望字，释云："月满与日相望，以朝君也。从月、从臣、从壬，壬，朝廷也。"下出从臣、从壬的望字，云"古文望省"。甲骨文望字作 、作 、作 （图五），金文望字作 、作 ，或从月作 （图六，分见于保卣、折觥、臣辰盉）。古文望字是从甲骨文望字来的，望，就是举目望远，望高。望远、望高都需要仰面举目，仰面举目每每伴随头项倾侧，所以甲骨文及古文"望"字从臣，只是取臣字的竖目之意，而与臣服（"牵也，事君也，象屈服之形"）义无关。

图五　　　　　　　图六

总之，卧字、监字、临字、望字之从臣，是取臣字的字形之意，这与官宦的宦字之从臣字者不同。宦字从臣，是从其本义（《说文》以"仕也"释宦字），宦字从宀、从臣，是一般的会意字。如卧字、监字、临字、望字者，虽然也被视为"会意"，其实却是真正"六书"意义上的"转注"字①。

① 参见本书附卷《论转注、假借为造字法》。

五　释蚩尤相关字

（一）释冀

令簋有冀字，作（图一），象人顶戴面具投足而舞，这是很容易认识的。但是冀字所象究竟是何人物，说者却每置之不论，或说之未允。

图一

《尔雅·释地》云："两河间曰冀州。"《周礼·夏官·职方氏》谓"河内曰冀州"，与《尔雅》略同。《说文》释冀字为"北方州"，与《尔雅》措辞颇见差异。《尔雅》专事训诂，无须牵涉字形，所以只需指明冀州之位置即可；《说文》专释本义，必须强调字形，冀字本义为冀州而地处北方，所以许慎以"州"字释之而冠以"北方"，以说明小篆冀字何以从北。但是金文冀字形中并没有"北"字，许慎根据既已讹变了的小篆字形以成其说，自然是说不通的。

今谓冀字确实是为冀州而造，但其字形却是与蚩尤密切相关，而与"北方"毫无关系。

在诸多神话人物中，只有蚩尤的生平业绩与冀州有不解之缘。《史记·五帝本纪》云："黄帝乃征师诸侯，与蚩尤战于涿鹿之野，遂禽杀蚩尤。"《索隐》引"或曰"："黄帝斩蚩尤于中冀，因名其地曰'绝辔之野'。"任昉《述异记》云："今冀州有'蚩尤川'，即涿鹿之野。汉武时，太原有蚩尤神昼见……其俗遂为立祠。"又云："今冀州人掘地得髑髅如铜铁者，即蚩尤之骨也。今有蚩尤齿，长二寸，坚不可碎。"《梦溪笔谈》卷三："解州盐泽方百二十里……卤色正赤，在阪泉之下，俚俗谓之'蚩尤血'。"

涿鹿、解州都是古冀州地。古冀州是蚩尤与黄帝征战之主战场，也是蚩尤殒命之地（"绝辔之野"），故冀州多见关乎蚩尤的神话遗迹，上引资料中的"绝辔之野"、"蚩尤川"、"蚩尤之骨"、"蚩尤齿"、"蚩尤血"诸事，皆其例。

《述异记》又云："涿鹿今在冀州，有蚩尤神，俗云人身牛蹄，四目六手……秦汉间说，蚩尤氏耳鬓如剑戟，头有角，与轩辕斗，以角抵人，人不能向。今冀州有乐名'蚩尤戏'，其民两两三三，头戴牛角而相抵。汉造'角抵戏'，盖其遗制也。太原村落间，祭蚩尤神，不用牛头。"蚩尤殒命于冀州，故冀州人根据蚩尤神话传说如此这般纪念蚩尤，可见蚩尤与冀州关系之密切。

蚩尤"牛蹄"而"有角"，冀州人弄"蚩尤戏"必得"头戴牛角"，而且对蚩尤的祭祀"不用牛头"，说明蚩尤氏乃是以牛为图腾的远古部落首领。

从冀州民俗可以看到蚩尤形象的两大特征：四目，牛角。今考金文冀字，恰与蚩尤形象特征吻合无间："田"象四目面具①，上出牛角双笋，与"头有角，以角抵人"的蚩尤戏完全吻合。可见金文冀字是从蚩尤取象。以蚩尤形象写冀州字，体现字形之意（蚩尤）与字本义（冀州）之间既有联系，又有区别。此于"六书"为假借，也就是真正造字意义上的"假借"造字法②。

_____

① 见本书第一篇《释鬼》。

② 参见本书附卷《论转注、假借为造字法》

（二）释解

甲骨文有解字，作（图二），从牛、角，双手以搏之。说者多据《庄子·养生主》"庖丁解牛"典故，释其本义为解牛，而不知此字也是从蚩尤神话取形的。

图二

《路史·后纪四·蚩尤传》云：黄帝"传（转）战，执尤于中冀而殊之，爰谓之'解'。"而《梦溪笔谈》又说过"解州盐泽……卤色正赤，俚俗谓之'蚩尤血'"。这说明"解州"是因为于此地肢解蚩尤而得名的。

《山海经·大荒北经》："有人衣青衣，名曰'黄帝女魃'。蚩尤作兵伐黄帝，黄帝乃令应龙攻之冀州之野。应龙畜水，蚩尤请风伯、雨师纵大风雨。黄帝乃下天女，曰'魃'。雨止，遂杀蚩尤。魃不得复上，所居不雨。叔均言之帝，后置之赤水之北。"

黄帝与蚩尤战争的神话情节在汉代画像中屡有表现。汉画像有"应龙、熊、女魃阉割蚩尤图"（图三）[1]，图中"熊"即黄帝，黄帝号"有熊"[2]，即远古以熊为图腾的部落首领；"应龙"就是"畜水"以与蚩尤战斗的那条龙；首戴尖帽，跪于牛后持刀阉割者就是女魃；而三面受敌的"牛"当然就是蚩尤了。

图三

---

① 此图转自王建中、闪修山《南阳两汉画像石》图216（文物出版社，1990年），原作者目为《阉牛图》。

② 《史记集解·五帝本纪》引徐广。

以往说者或据阉牛者首戴之尖帽而把"他"视为"胡人"，其实女魃不是"他"，也不是胡人，只是因为女魃后来居于"赤水之北"，汉代民俗遂因其地理位置而以"胡人"形象画之而已，所以此人的"胡人"装束正可以作为其人即女魃的绝好证明。

《山海经·大荒北经》只说对战胜蚩尤起了关键作用的"黄帝女魃"不能再回天界（"不得复上"），而未详说其原因。现在对照汉画像，可知"黄帝女魃"不能再回天界乃是因为阉割蚩尤而蒙受了亵渎的缘故。汉代画像石透露了女魃阉割蚩尤的信息，可据以补《山海经》等上古蚩尤神话资料之未备。

女魃给了蚩尤致命的打击，导致蚩尤被擒，被肢解，这些情节决定了此地以"解"命名。这些神话情节给古人造成的印象极为深刻，当殷商人为肢解义造字时，便很自然地想到蚩尤，于是撮取蚩尤之死的神话情节梗概，造了从牛、角，双手以搏之的🐂（解）字。当然，搏击只是肢解的前奏，阉割才是实质性的肢解，是肢解蚩尤的第一刀。但是女魃操刀阉割的情节有伤"风雅"，所以如此这般的示意没有在甲骨文的"解"字形中出现。

（三）释🐚

甲骨文有🐚字，亦作🐚；又有从上下二🐚、从上下二臣的🐚字（图四），金文则又有从曾、从上下二臣的🐚字（图五，《三代吉金文存》卷二《🐚鼎》）。

图四　　　　图五

于省吾先生释🐚为"曾之初文"，释🐚、🐚皆为🐚字异体，说："甲骨文言🐚，金文言曾，《周礼》言赠，此殷礼与周礼可资互证者也。"[①]

①　于省吾：《释🐚》，《甲骨文字释林》，中华书局，1979年。

于先生引《周礼》关乎赠祭的经、传作为证据，今移抄于下：

> 《周礼·春官·占梦》："季冬，聘王梦，献吉梦于王，王拜而受之。乃舍萌于四方，以赠恶梦。遂令始难驱疫。"又《春官·男巫》："冬，堂赠，无方，无算。"杜子春云："堂赠谓逐疫也。"郑玄注："冬，岁终，以礼送不祥及恶梦皆是也，其行必由堂始。"

于先生首识岜字为曾，为赠祭，至为正确，然而未暇说其字形之所以然，所以对岜字之形义还是缺乏确证。

《周礼·春官·占梦》云"赠恶梦"，又云"始难驱疫"，又郑玄引杜子春注《春官·男巫》云"堂赠谓逐疫"，可见所谓"堂赠"，乃是兼恶梦、时疫两者为驱逐对象，所以郑玄才概括其事说"以礼送不祥及恶梦皆是也"。

《春官·占梦》云"始难"，《夏官·方相氏》则云"时难"（"帅百隶而时难，以索室驱疫"），盖"始难（傩）"、"时难（傩）"用各有当："始难"是说行于季冬"聘王梦"并"献吉梦于王"之后的"赠恶梦"和"驱疫"，此时正当旧年大寒、新年立春之际，新年行将开始，所以是"始难"；"时难"谓行于四时、按季节进行的针对恶梦、时疫等"凶恶"之事的驱逐之祭，所以郑玄注云："四时作方相氏，以难却凶恶也。"

"索室驱疫"就是"乃舍萌于四方，以赠恶梦"，即在四达之途涂抹牲血以祓除不祥，所以郑玄注概括曰"以礼送不祥及恶梦皆是也"。可见《周礼》虽然于《占梦》言"赠恶梦"，其实"占梦"之本分乃是"掌其岁时，观天地之会，辨阴阳之气，以日月星辰占六梦之吉凶"，以及"聘王梦，献吉梦于王"；至于"舍萌于四方，以赠恶梦"，则是"方相氏"之职了。"占梦"所司诸事不过是"舍萌于四方，以赠恶梦”营生的铺垫而已。

“赠恶梦”为“堂赠”之一端，应当是“方相氏”职分，而《周礼》于《男巫》亦言“堂赠”，自然也是顺势捎带之辞。《男巫》职云：“掌望祀、望衍，授号，旁招以茅。”郑玄注：“二者皆诅祝所授类、造、功、说、禬、禜之神号，男巫为之招。”“望祀”、“望衍”所“诅祝”的六神号中有“禜”，而“禜”就包括疫疠，《说文》释禜字云“设绵蕝为营，以禳风雨雪霜水旱疫疠于日月星辰山川也”，就是证明。

“堂赠”也以“疫”为对象，其事由“男巫”先行“旁招以茅”，所以《周礼·男巫》才因“旁招以茅”顺势说到“堂赠”，其实真正在“堂赠”中“执戈扬盾”大打出手的，既不是《春官·占梦》职的“占梦”，也不是《春官·男巫》职的“男巫”，而是《夏官·方相氏》职的“方相氏”。

方相氏顶戴四目面具，甲骨文以鬼字象之，鬼字形表现“人”（人或站或坐，是站人，是坐人）上顶“田”，“田”即四目面具之抽象示意①。今审字形中有“田”，与“鬼”同意：方相氏出场赠祭，所以“堂赠”、“赠恶梦”之赠（）以四目魌头为字形。

图六

且己簋有方相氏形象（图六），四目作四臣字形，证明魌头之四目为纵目，斯可补《周礼·方相氏》之未备。魌头四目，且为纵目，故作为字异体的字形中有同方向的上下两个纵目形的“臣”字（或），以表示另有两只反向的纵目“臣”与之左右相配而省略。魌头有前后左右四副脸面，故字异体又有从上下二“”者，作，示意这样的面目不止一副。且己簋于四臣字目上出翘然一角，证明魌头有角，

① 参见本书第一篇《释鬼》。

𤕦字既以"田"示意四目面具，"田"上又有物耸然歧出，正是双角之意，与且己簋的方相氏之有角者亦吻合。且己簋图形之"角"肥硕粗壮，非若羊角之单细修长，必为牛角无疑。今审𤕦字形中之"角"也实为牛角。甲骨文凡羊字，其角皆觥然外向下弯；凡牛字，其角则或直出，或少内逗，个别或略呈外弯之形而绝无作下折之形者①。魌头四目上有双牛角，此亦可补《周礼·方相氏》之未备。

以甲骨文𤕦字与金文冀字相对较，两者颇有相似之处：皆有四目面具（田），又皆有双牛角，唯冀字之牛角以双线画其轮廓，而𤕦字之牛角则多是以单线画其走势（亦有以双线画轮廓作𤕦形者）。

冀字缘蚩尤而造，𤕦字缘魌头造，既已说如上，𤕦、冀二字何以示象相似乃尔呢？古人并非无端无据造魌头，魌头诸特征乃是仿效在天诸神，所仿诸神之中就有蚩尤，具体说，其四目、牛角者，就是仿效的蚩尤②。因此，𤕦字缘魌头造，归根到底，也就是缘蚩尤造，所以𤕦字与缘蚩尤造的冀字之大段有完全相同的示意。𤕦字早已为于省吾先生所识，本文本节只是为于先生说提供证据，而详说𤕦字及诸异体得形之由而已。

冀、解、𤕦三字之字形皆关乎蚩尤，故一并说之。

---

① 甲骨文羊字作〔图〕，牛字作〔图〕。

② 参见本书附卷《魌头上的历史文化信息》。

六　释 &

甲骨文有 & 字，或下端浑圆作 &，或又反向作 &，作 &。罗振玉先生隶定其字为𠂤，以为"即古文师字"①。郭沫若先生则认为："𠂤，古堆字，然多用为屯聚之屯。此亦当以读屯为适，言作左中右三营以屯聚三军也。"② 当代诸家多信从罗氏说，而笔者认为罗氏、郭氏两家之说皆嫌证据不足，并非定论。

设想，殷商人既然借魌头𠂤字造魂魄的魄（白）字③，魂、魄原是两个相近相似的概念，他们会不会由此想到借魌头𠂤字造魂魄的魂字呢？此事不宜揣测，姑且看古人对魂之为物是怎么认识的。

《楚辞·招魂》："有人在下，我欲辅之，魂魄离散，汝筮予之。"这是说的招魂之事。古人行文经常由魂顺势说到魄，所以所谓"魂魄离散"者其实是专就"魂"言，而与"魄"关系不大。《风俗通》云："俗说亡人魂气浮扬，故作魌头以存之。"此言魂之为物"浮扬"，与《招魂》所说"离散"者可以互相印证。

甲骨文有二体𠂤字，就有二体白（魄）字与之相应。而 & 字则有四体，适与二体𠂤字、二体白字相应。𠂤字分左右向，左右向又各

---

① 罗振玉：《增订殷虚书契考释·中》，东方学会，1927 年。
② 郭沫若：《殷契粹编考释》第五九七片，科学出版社，1957 年。
③ 参见本书第三篇《释魌头相关字》。

有下体尖锐者（􀀀、􀀀）及下体浑圆而无尖者（􀀀、􀀀）。令反向的两个下体或尖锐或浑圆的自字分别上下聚拢，而后两相左右合并，就是甲骨文由字。

这当然不会是偶然巧合。涉及两个字（魌头􀀀字与灵魂的􀀀字，加上中介的魂魄的􀀀字，就是三个字），而字形上"巧合"到似乎是出于某种意志之掌控的程度，这就只能是造字人的思路使然了。

魂、魄之为物皆无形可象，而魂以"离散"、"浮扬"有别于魄，所以欲借魌头由字以造白（魄）字，可以直接取由字减笔会意。而借由字造魂字，既欲表现其与白（魄）字的密切关系（《说文》释魄为"阴神"，释魂为"阳气"），又欲表现其有别于魄，就得在由字的基础上进行一番改造：将魌头由字（􀀀、􀀀）中剖其半以示"离散"（􀀀、􀀀、􀀀、􀀀），再令这由字的半体开张以示"浮扬"（􀀀、􀀀、􀀀、􀀀），就是甲骨文自（魂）字。借由字造魂字的思路如下图所示：

􀀀（􀀀）→􀀀、􀀀（􀀀、􀀀）→􀀀、􀀀（􀀀、􀀀）

造􀀀字以象魂，即使用最挑剔的眼光来看，也会为造字人的聪明睿智和奇思妙想大声喝彩。从殷商人的知识范围、文化思想的角度考虑，这的确是最能准确达意的艺术构思，而且绝对是最佳选择——殷商人果然是借魌头由字造的魂魄的魂字。

甲骨文有曹字，从􀀀、从双手，作􀀀或作􀀀（图一）；或又于􀀀（􀀀）下加"一"、加"口"，作􀀀、作􀀀，或作􀀀、作􀀀（图二）。《说文》："曹，商小块也。从阜，从臾。"今案甲骨文自有阜字，而且甲骨文从阜之字甚夥，独体的阜及作为偏旁的阜皆作􀀀，或作􀀀，与曹字所从的􀀀迥然不同，而《说文》云曹字从"阜"，显然是根据既已讹变之小篆字形牵强立说。而且"曹商小块"形同梦魇谵语，不知所云，应是字误所致①。所以对许慎所说**曹**字的字形、字义，都应当仔细审视，重新考虑。

图一　　　　　　　　　　图二

金文**曹**字作（图三，见于大保簋），又有遣字，从、从辵作，或作（图四，分见于小臣速簋、遣小子簋）。不从辵的字，与从辵作的字、字，盖为古今字。典籍多见遣字，则**曹**字之本义或许可以根据遣字而得以考实。

图三　　　　　　　　图四

古代王及王后的丧礼有"遣车"。《周礼·春官·巾车》职云："大丧，饰遣车。"《周礼·春官·冢人》云："及葬，言鸾车、象人。"郑玄注："鸾车，巾车所饰遣车也，亦设鸾旗。"可见"巾车"并不是说的某种车辆，而是指从事某种职分的人。"巾车"们负责装饰"大丧"（王及王后之丧）所需的遣车，他们装饰的遣车，因为建树鸾旗，也叫"鸾车"。

《周礼·夏官·虎贲氏》职云："及葬，从遣车而哭。"郑玄注：

---

① 段玉裁《说文解字注》以"**曹**商"断句，而云"此盖古语"，是段氏也已经不知道《说文》所云何事了。

"遣车，王之魂魄所冯依。"《周礼·天官·内竖》职云："王、后之丧迁于宫中，则前驱。及葬，执亵器以从遣车。"贾公彦《疏》云："谓朝七庙讫，且将行，在太祖庙中为大遣奠，苞牲取下体……以其遣车载牲体，鬼神依之，故使执亵器从之，若生时亦执亵器从也。""遣车"是王及王后丧事的专用车，上载空腔的牲体（"苞牲取下体"），古人认为，王及王后之亡魂就依附在这空腔牲体里（"鬼神依之"）。可见此车之所以名"遣"，是与"魂"有关的。

《周礼·春官·大史》职云："遣之日读诔。"郑玄注："遣谓祖庙之庭大奠，将行时也。"郑玄注所谓"庭大奠"，以及贾公彦《疏》所云"大遣奠"，都是对王及王后丧礼中的"遣"礼的解释："遣"就是在祖庙内为亡者所行的奠魂之礼，也就是安魂之礼，与后来的"奉安大典"颇有些相似之处。

今审甲骨文𢎛字（ 、 、 、 ），正是"安魂"之意：双手（ 或者 ）安抚亡魂（ ）于"一"或"口"。"一"即地，"口"即遣车所载之牲体，这牲体就是王或者王后的亡魂凭依之所，而牲体空其腔，故以"口"象之。系魂于地（"一"），或者寄魂于牲体（"口"），皆所以"奠"之、安之也。可见𢎛字本义为奠魂、安魂。

𢎛为奠魂、安魂，施于王、后之亡魂辞庙之时，而将送往寝陵，就是郑玄注《周礼·春官·大史》职"遣之日读诔"的那句"将行时也"。后世称刚刚去世的皇帝曰"大行皇帝"，就是从这"将行时"的"庭大奠"、"大遣奠"礼来的。由此"大行"，后来𢎛字遂引申出派遣，遣往之义，于是又加辵作遣。

𢎛为奠魂、安魂，汉代对丧事则又专措其辞，曰"奠"，故贾公彦《疏》云"大遣奠"；𢎛（安魂）行于祖庙庭中，故郑玄注云"庭大奠"。由此可以省悟《说文》释𢎛字之所以费解了。

上古奠、殷二字叠韵（文韵）而声转①，故"奠"字或可能音讹为"殷"，再由"殷"而讹为"商"②。《管子·轻重戊》有一句说"道四泾之水以商九州之高"，戴望校正云："泾当为渎，商当作奠，皆字之误。"这是"奠"字误为"商"字的现成例子，可见《说文》误"奠"为"商"并非孤例。

块、魂二字形中皆有"鬼"（块从鬼声，魂从鬼）。"大"或缘一念之差而误抄为"小"，再因其义不可索解而与"奠"错位。这一切都是可能的，而且其中一步讹错就可能导致其他各步连锁讹错。然则《说文》解释**甴**字的"商小块"，其实是"大奠魂"展转讹读误书的结果。

甴字的奠魂义可证**ᕠ**字之本义为魂。

卜辞**ᕠ**字有用本义者，而为研契诸家误释，如：

（1）贞：乎（呼）**ᕠ**，见，屮（侑）**ᕠ**？（《合集》3 卷 846 页 5806 片）

（2）丙口卜，殼贞：勿乎**ᕠ**，往见，屮**ᕠ**？（《合集》3 卷 846 页 5805 片）

（3）丙辰卜，刚（?）于朋大甲**ᕠ**，于昱丁步？（《合集》10 卷 3979 页 32487 片）

（4）戊辰贞：刚于大甲**ᕠ**朋，……三牛？（《合集》10 卷 3978 页 32486 片）

---

① 上古奠字定纽，殷字影纽，舌音定纽与喉音喻纽的关系密切，从而也就与喉音的影纽字关系密切。

② "殷"称"商"，犹"楚"称"荆"、"魏"称"梁"，异名同实，故容易相讹。

（5）贞：𠂤亡，其工。（《合集》2卷671页4246片，4247片）

（6）丙子卜，争贞：𠂤亡，祸？十一月。（《合集》2卷671
页4249片）

第1条云"乎（呼）𠂤"者，叫魂也，招魂也。"见"即见到
鬼魂，或鬼魂出现，此有典籍确证。《左传·文公二年》记鲁国宗伯
夏父弗忌于太庙祭祖时升僖公位于闵公之上，云："秋八月丁卯，大
事于大庙，跻僖公，逆祀也。於是夏父弗忌为宗伯，尊僖公，且明
见曰：'吾见新鬼大，故鬼小。'"曰"明见"，曰"吾见"，都是以
巫觋之见鬼魂为据。鬼魂能为巫觋所见，故《说文》觋字从见，而
后世称巫觋为"见鬼人"①。"𠂤𠂤"即"侑魂"，就是给鬼魂以黍稷
馨香、鬯酒之祭。"呼魂"而后魂出现（见），继而"侑魂"，颇合
于巫事降魂、礼魂之程序。

第2条是问：不要叫魂，不要招魂吗（"勿乎（呼）𠂤"）？直
接前往，魂就会出现（"往见"）吗？就可以侑魂吗（"𠂤𠂤"）？

第3条是问：于"朋"（地名）对"大甲𠂤"举行"刚"祭吗
（其字从网、戌声，非刚字，姑从众），第二天（昱）又行"步"祭
吗？然则"大甲𠂤"者，先王大甲之魂也。

第4条是问：对"大甲𠂤"举行"刚"祭于"朋"地吗？以三
头牛作牺牲吗？

第5条是问：魂亡佚（逃亡）了吗？需要对既已亡佚的魂举行
"工"事吗？

第6条是问：魂亡佚了吗？会造成灾祸吗（魂亡，祸）？或者是
问：魂没有灾难吧（魂亡祸）？

---

① 参见本书第二篇《释"鬼梦"》。

第5、第6两条皆问"〔亡"。师旅不可能整个亡佚（或逃亡），所以这"（逃）亡"的"〔"不是师旅，而是亡魂。魂已亡去，故需"其工"（第5条）。《诗·小雅·楚茨》云"工祝致告"，《楚辞·招魂》云"工祝招君"，都是"工祝"连言，而且都是用于巫事场合。而《说文》释工字云"与巫同意"，释巫字云"与工同意"，巫与工既然字形之意相同，说明其本义也可能相同相似，至少是相关，可见"工祝"就是从事降魂、招魂的巫祝。所以《楚辞·招魂》的"工祝招君"，是说招魂者招君之魂，"工祝"就是招魂者。第5条于"〔亡"后说"其工"，证明所亡之"〔"就是魂，所以才需要"工祝"进行招魂的事。"工"（工祝）是名词，"工"所行施的招魂之事，也叫"工"，是动词。卜辞的"其工"是动词，是由工祝进行招魂之事。

又卜辞屡见"今夕〔亡（无）震"、"今夕〔亡（无）咎，宁"，"〔无震"、"〔无咎，宁"规律性的发生在"今夕"环境，应当是就灵魂不惊、灵魂安宁而说的。

卜辞〔字，有周金文作〔。金文有用〔而适可证其本义为魂者，而为诸家忽略。

《大盂鼎铭》① 云："佳（唯）殷边侯田雩（与）殷正百辟，率肆于酉（酒），古（故）丧〔巳。"《大盂鼎铭》类似《尚书》之《酒诰》，所谓"故丧〔巳"，是说殷人因为狂饮而丧魂：丧魂而云"丧魂巳"者，魂为"阳气"，而巳字义与阴阳二"气"都有牵连。

巳为四月，于消息卦为六阳爻的《乾》卦，六阳爻示意阳气鼎盛，满溢欲出；午为五月，于消息卦为《姤》卦，五阳爻在上、一

---

① 吴式芬：《攈古录金文》卷三之三。

阴爻在下示意一阴初生，气弱而欲藏。所以《说文》释巳字云：
"巳，巳也。四月阳气巳出，阴气巳藏，万物见，成文章。故巳为
蛇。""阳气巳出"就是阳气鼎盛欲出，"阴气巳藏"就是一阴初生
而欲藏。四月阳气之欲出，同时也奠定了阴气欲藏之势，所以于阳
气之"出"、阴气之"藏"皆冠之以"巳"，曰"巳出"、"巳藏"。
可见"巳"是指阳气、阴气的转化而言：阳气之出，阴气之藏，皆
是"巳"。所以大盂鼎的"𠂤巳"就是说的灵魂，"丧𠂤巳"就是说
殷商人的灵魂已经从阳气渐泄，发展成溃决之势。阳气由渐泄而终成
溃决之势，用现代汉语说，就是"丢了魂"，有周人则说"丧𠂤巳"。

　　认𠂤字为"师"的学者读不通"师巳"，于是就读为"纯祀"，
结果是𠂤字既是"师"，又是"纯"（姑且不论"纯祀"是什么），
反不如释𠂤（𠂤）为"魂"，而假借为"军"（说见下），倒是音义
贯通，理出一元。大盂鼎铭之"𠂤巳"，是𠂤（𠂤）为魂之本字的有
力证明。

　　卜辞之𠂤多见仿佛假借为师旅字者，而其实却是假借为"军"。
《合集》11卷4061页33006片云："王乍（作）三𠂤，右中
左。"说者皆据罗振玉先生之释𠂤字，而读这段卜辞为"王作三师"，
其实此"三𠂤"正可作为𠂤（魂）假借为军字的绝好证明。

　　《论语·子罕》云"三军可夺帅也"，《述而》云"子行三军"。
"三军"、"×军"之类措辞话语亦屡见于《左传》、《国语》及先秦
诸子书（甚至汉代人的著作，譬如《淮南子》）。仅举《国语》二三
例以示意，如：《周语中》之"夫三军之所寻"、"四军之帅，旅力
方刚"，《鲁语下》之"季武子为三军"，《晋语一》之"十六年，公
作二军"，《晋语八》之"三军之士暴骨"等。而"三师"一语则绝
少见。然则释"王乍三𠂤"为"王作三军"，较之"王作三师"更

合乎古人措辞习惯。

上古军字见纽、文部韵，魂字匣纽、文部韵，差可同音，故军、魂二字可以通假。浑、郓、晕、运诸字皆上古匣纽、文部韵，与魂字同音，而从军声，可以为魂字假借为“军”提供依据。又《史记·李将军列传》有“典属国公孙昆邪”，《集解》云“昆音魂”，昆、军古音差可相同（上古昆字见纽，旧音古浑切，与举云切的军字只是开口度略有大小），而昆字有魂音，所以军字亦当有魂音。然则卜辞之𠂤，就是魂之本字，而与军同音，适可假借为军字。

金文亦多见𠂤（𠂤）字为魂之本字而读为“军”者，如“殷之六𠂤”、“×𠂤”等。《周礼·夏官司马·序官》：“凡制军，万有二千五百人为军。王六军，大国三军，次国二军，小国一军，军将皆命卿。二千有五百人为师，师帅皆中大夫。五百人为旅，旅帅皆下大夫。”金文常见的“殷之六𠂤”正与《周礼》的“王六军”吻合，所以见诸青铜器铭文的“殷之六𠂤”、“×𠂤”等皆不应当读为“师”，而应当读为“军”。

𠂤、𠂤长久假借为“军”，而其本义（魂）久不用，西周人又误认为𠂤之本义就是“军”，所以金文又有了一个从𠂤、从帀的师字（𠂤帀），这是错把𠂤当“军”字而用为“师”字偏旁了。《𢿋卣铭》云：“𢿋从𠂤帀淮父戍古𠂤，蔑历……”这段铭文显然不能释读为“𢿋跟从师（𠂤帀）淮父戍守古师（𠂤）”。金文有师字，另有𠂤字，而且𠂤帀、𠂤二字出现在同一篇铭文里的事实，证明𠂤即使在金文中也并非师字。

《诅楚文》：“拘圉其叔父，寘者（诸）冥室椟棺之中。”作为棺字声符的“官”，从宀、从𠂤（所从𠂤或反向作𠂤），所从之𠂤（𠂤），不作自。《诅楚文》：“饰甲底兵，奋士盛师，以偪（逼）吾边竟（境）。”师字亦从𠂤，并非从自。这证明直到战国时代的秦国大篆，官字、师字偏旁的𠂤，仍然与甲骨文的𠂤相似，而与《说文》小篆的𠂤字不同。

释𠂤为魂，则有一系列古文字形得其解，上举“遣”字就是极佳一例。尚有官、追、归、薛字可解。

甲骨文官字从宀、从𠂤，作⿱宀𠂤。官即棺椁本字，棺为灵魂栖息之所，故官字从𠂤（魂）栖于宀会意。后世用为官吏义，其实是假借。甲骨文另有⿵冂𠂤字，旧不识，《甲骨文编》列入《附录》。今审此字示意以冂藏𠂤，冂有容物覆盖之象，正好可以盛亡人魂灵，能够证实⿵冂𠂤即棺椁本字，而⿱宀𠂤则是⿵冂𠂤之异体。甲骨文棺椁之棺多见作⿱宀𠂤形者，而罕见作⿵冂𠂤形者，所以⿵冂𠂤字不易识读。

甲骨文追字从𠂤、从止，作⿱𠂤止、作⿰𠂤止，金文从辵作⿺辶𠂤（见于召尊）。追之本义为追孝，即追祖先之魂灵而孝享之。《诗经·大雅·文王有声》云“遹追来孝”，《尚书·周书·文侯之命》云“追孝于前文人”，均是此义。故追字从𠂤（魂）、从止以“追”之。

甲骨文归字从𠂤、从帚，作⿰𠂤帚，金文作⿰𠂤帚（见于毓且丁卣），或又从彳作⿲彳𠂤帚（见于满簋）。归之本义为招魂。以现在的眼光来看，古代似乎有两种“招魂”：一种行于人刚刚死去，亲人手拿亡者的衣服在屋顶上向北呼喊，其目的在于使刚刚死去的人复活①，现在看来这就是“招魂”了，而其实先秦古人把这种行为叫作“呼魄”（汉代训诂家以今释古，则曰“招魂呼魄”）；先秦称之为“招魂”的，是打着无烛火而外蒙亡者生前衣服的“灯笼”，行于旷野呼唤“魂兮归来”，其目的不是使死去的人复活，而是使魂灵归来享受黍稷馨香。《楚辞》有《招魂》篇，说的就是古代的“招魂”，“招魂”而屡言

① 参见《仪礼·士丧礼》。

"魂兮归来"的"归"就是其本义用法。

顺便说到古代用于招魂的"灯笼",这盏"灯笼"古代名曰"簝"。《楚辞·招魂》:"工祝招君,背行先些。秦簝齐缕,郑绵络些。招具该备,永啸呼些。魂兮归来,反故居些。""秦簝"就是招魂时用的那盏"灯笼",此物以秦国出产者为佳,故曰"秦簝"。这种"簝"外编竹批或竹篾,内置瓦盆可以燃香料,原本是用以熏衣的。瓦盆里面也可以点火以照明,叫"簝火",《史记·陈涉世家》说"簝火狐鸣",伴随"狐鸣"的"簝火"也是指的这盏"灯笼"。可见后世的"灯笼"原是从用以熏衣的"簝"演变来的。

古代凡"招"必以物,如望祀招之以茅①。行于人刚刚亡故、而以使亡人复活为目的的"招魂(呼魄)",是站在屋脊上面向北方高呼"皋,某复"的同时,招之以亡故者生前穿过的衣服。目的在于使魂灵归来享受黍稷馨香的招魂仪式,则是招之以"帚"。帚,就是芦花,古人曾经用它来"扫不祥"②。对于生人来说,亡魂也是不祥之物,所以招之以芦花,先祛其凶邪之气,故归字从"帚"以招"𠂤(魂)"。

归的本义为招魂,使魂来归,故引申为归来、归还,又引申为娶妻。《诗经·邶风·匏有苦叶》云:"士如归妻,迨冰未泮。"《周易·归妹》六五爻辞云:"帝乙归妹。其君之袂不如其娣之袂良。月几望,吉。""归妻"、"归妹"都是娶妻,又引申为女子出嫁(《诗经》屡言"之子于归"),《说文》遂释归字本义为"女嫁",而说其字"从止、从妇省,𠂤声",归字本义为招魂的事实就鲜为人知了。

甲骨文薛字从𠂤、从𠂤,作𡭗,金文作𧽸(见于克鼎)、作𧽸

---

① 《周礼·春官·男巫》:"掌望祀、望衍,授号,旁招以茅。"

② 参见本书第七篇《释帚》。

（见于毛公鼎）。薛即孽之本字，本义是造孽，就是《尚书·太甲中》篇说的"天作孽，犹可违，自作孽，不可逭"的"作孽"。

甲骨文𡿧字，又有从口作的𡿧字，《说文》释为"语相诃距也。从口距辛，辛，恶声也。读若孽。"王国维先生认为𡿧即𡿧字繁文，就是"天作孽之孽之本字"。甲骨文𡿧字，从𡿧、从𠃬，王先生释为薛字。薛字，金文从𡿧、从止，作𡿧，止又讹变为中，作𡿧。《毛公鼎铭》云"薛我邦我家"，《克鼎铭》云"薛王家"、"保薛周邦"。王国维先生认为，铭文的薛字因为字形相近而讹为辥，后来又因为辥字与薛字不同音，又于辥下加声符乂，作𡿧，于是青铜器铭文中的"薛厥辟"、"薛我邦我家"，就成了经典中的"用乂厥辟"、"保乂王家"了。总之，薛就是"经典中乂、艾之本字"，"经典作乂、作艾，亦薛之假借"①。

王国维先生的见解并不可靠：第一，铭文中的薛很难讹变为辟；第二，薛字的字形并不支持经典中"保乂"、"保艾"的意义；第三，从铭文"薛厥辟"、"薛我邦我家"，到经典的"用乂厥辟"、"保乂王家"，其过程、原因不能令人信服。其实"天作孽之孽之本字"并不是甲骨文𡿧字、𡿧字，而是甲骨文𡿧字，也就是说，青铜器铭文"薛厥辟"、"薛我邦我家"的"薛"才是孽之本字。郭沫若先生根据《说文》释剞字为"剞劂，曲刀"，而从甲骨文𡿧字形落实了这把"剞劂，曲刀"②。郭沫若对𡿧字的解释是正确的。进而看甲骨文𡿧字，就是以这把"剞劂，曲刀"𡿧作用于灵魂𠃬，示意对灵魂的

---

　　①　王国维：《释𡿧上》、《释𡿧下》，《观堂集林》第一册，卷六，中华书局，1959 年。

　　②　郭沫若：《甲骨文字研究·释干支》，《郭沫若全集·考古编》，科学出版社，1982 年。

虐杀，就是作孽。所以从字形上看，薛才是孽之本字。铭文"薛厥辟"、"薛我邦我家"中的薛是假借乂字、艾字，后来典籍中用乂字、艾字，不过是放弃假字恢复本字而已。

官、追、归、薛等字皆从 𝄢，并且皆可以用 𝄢 即魂之本字的认识说其本义而贯通无阻，这可以证明，官、追、归、薛等字形中的"𝄢"都是从"魂"取义，都是魂字。

总之，罗振玉先生隶定为𦥑的字，不是"古文师字"，而是魂之本字，卜辞有用其本义者，亦有假借为军字者，罗氏就是因其假借军字而误释其义的。

本文的意义在于：其一，识甲骨文 𝄢 为魂之本字，纠罗氏之误；其二，释 𦥑 之字形（及本义）为奠魂、安魂；其三，涉及官、追、归、薛等字，释其字形之所以然。此皆前修时贤所思之未及，可补以往学术之未备。

七　释帚

《说文》："帚，粪也，从又持巾扫冂内。古者少康初作箕、帚、秫酒。"此处用以解释帚字的"粪"，是弃除之义（《说文》以"弃除"释粪字），古代也常说粪扫、粪除，就是现在说的打扫、扫地。箸帚、扫帚是粪扫（打扫）的工具，所以这是以帚的作用解释帚之品物本身，虽然相去不远，却是于《说文》之常例有违——应当援释口字、聿字之例释云"帚，所以粪扫也"（《说文》释口字"人所以言、食也"，释聿字"所以书也"）。又"巾"乃佩戴之物，并不用于扫地"弃除"，看来许慎解释帚字，于形、于义皆有所未安。

甲骨文帚字象植物形，作⺕，或反向作⺕，或从⼧作⺕、作⺕。罗振玉先生说帚字"象帚形，⺕，其柄末所以卓立者，与金文戈字之⺕同意。其从⼧者，象置帚之架，扫毕而置帚于架上倒卓之也。"[1]

唐兰先生则认为："帚字之形正象王帚一类之植物，以其可为扫彗，引申之，遂以帚为扫彗之称，习久忘本，遂不知帚字之本象树形矣。"[2] 至于帚字或从⼧作，唐先生认为此犹庚字或从⼧作，"乃字体之增繁"。唐先生又举了方字之横画或作⼧为证，说："古文字凡

---

① 罗振玉：《增订殷虚书契考释·中》，东方学会，1927 年。
② 唐兰：《殷虚文字记》，中华书局，1981 年。

直垂之笔，恒增一横画……横画或变为ㅂ……知ㅂ为繁画，本无意义也。"

李孝定先生赞同唐氏帚象植物形之说，却又认为帚象"秫秸"。李先生由《说文》释帚字云"古者少康初作箕、帚、秫酒"发悟，因谓："箕、帚、秫酒了不相涉，虽曰相传并为少康所作，故并及之，然意者古或有以秫秸为帚者矣，故因帚及秫，又因秫及酒耳。是亦可为唐说之一旁证。₹字象植物之形之说盖无可疑也（吾湘今犹编秫秸为帚）。"①

今谓诸家说皆似是而非。

罗先生说帚字"象帚形"，而验之今之扫帚，绝不见把端分义之例。罗先生又说"人其柄末所以卓立者"，然诚如唐兰先生所驳，"且一帚也，而必卓立何为哉"②？罗先生说"其从ㅂ者象置帚之架"，而"帚"既然是笤帚，笤帚并非贵重难得之物，古人虽然质朴，却也不至于为之置架而敝帚自珍乃尔，所以ㅂ必非置帚之架。可见罗先生显然是说错了。

唐兰先生释帚字形意为王帚，其说颇胜罗氏，但是也难以证明帚字形与其他植物绝无相似之处，故李孝定先生虽然赞成"帚字象植物之形"，却又以为帚字象"秫秸"，是此仿佛之形似不足以定古文字形意之是非。至于谓"ㅂ为繁画"，"字体之增繁"，亦未允当。唐先生举以为证的方字，其演变乃是由从ㅂ到从一横画，而非相反（说见下），然则方字不应由晚出字形"增繁"为早出字形。可见唐先生之说帚字，竟然是处处皆不恰当。

---

①　李孝定：《甲骨文字集释》卷七，中央研究院历史语言研究所，1965年。

②　唐兰：《殷虚文字记》，中华书局，1981年。

　　如果仅仅从形状看，李孝定先生说帚字象"秝秸"，倒是确实优于象"王帚"之说。李先生又以今湖南"犹编秝秸为帚"推论"古或有以秝秸为帚者"，其说亦近情理。但帚字分明是一株植物象形，看不出编以成束的意思，故李孝定先生之说亦未中的。

　　《礼记·檀弓下》："君临臣丧，以巫祝桃、茢，执戈，恶之也。"郑玄注："为有凶邪之气在侧……桃，鬼所恶；茢，萑苕，可扫不祥。""君临臣丧"之礼，先以巫觋向手把之桃枝、芦花施加咒语，就是所谓"以巫祝桃、茢"（"祝"读为"咒"，咒诅也）。《礼记·玉藻》："膳于君，有荤、桃、茢。"郑玄注："荤、桃、茢，辟凶邪也……茢，菼帚也。"《周礼·夏官·戎右》："盟则以玉敦辟盟，遂役之，赞牛耳、桃、茢。"郑玄注："桃，鬼所畏也；茢，苕帚，所以扫不祥。"郑玄在不同的地方将这个"茢"字随文解释为"萑苕"、"菼帚"、"苕帚"，说明萑苕、菼帚、苕帚实为一物。

　　《说文》释"萑"为"薍"，释"薍"为"菼"（《说文》作菿，或体作菼），释"菿（菼）"为"萑之初生"。又释"茢"为"苕"（《说文》作芀），释"芀（苕）"为"苇华"。《荀子·劝学》："系之苇苕。"杨倞注："苕，苇之秀也。"我们从这一系列关乎"茢"的训释资料中不期然看到了"芦苇"的影子——"苇华"、"苇苕"、"苇之秀"云云，其实就是现在所说的芦花。显然，"茢"不是我们通常理解的"箬帚"，而是芦花。

　　郑玄以"萑苕"、"菼帚"、"苕帚"注释"茢"，证明先秦典籍中的"茢"，以及汉代人所谓的"苕"、"帚"、"菼帚"、"苕帚"，其实都是芦花。但是只从字面上看，"萑苕"、"苕"、"帚"、"菼帚"、"苕帚"诸名色，"菼帚"，尤其是"苕帚"，却很像是扫除工具。所以汉代以后的学者、训诂家和现代的古文字学家（甚至包括唐兰先生），大多都将"芦花"意义的"茜"、"帚"、"茨帚"、"茜帚"，以及"苅"，误解为扫地笤帚了。

上古茜、帚二字都是幽韵字，同为舌音声纽：茜字定纽，帚字章纽。《诗经·卫风·河广》："谁谓河广？曾不容刀；谁谓宋远？曾不终朝。"这"容刀"其实就是"容舟"。"刀"与"朝"押韵而朝字从舟声，可见刀字以及从刀声的字（包括芀、茜字）应当是上古幽韵字。有的音韵学家将从刀得声的字归为宵部字①，恐怕未必允当。《说文》以芀（茜）为"萑苇"，而茜、帚二字古音略相同（茜、帚二字是双声、叠韵关系），又验诸甲骨文字形，帚字突出显示其花穗，宛然萑苇之形，所以茜、帚应该都是芦花。

汉语有以古今字作为同义语素构成的联合式合成词。如乌与鸦，舃与鷾（今作鹊，《说文》释舃为"鷾"，而以舃为鷾之古文），易与蜴，令与命，都是古今字关系，双音化的结果是乌鸦、舃鷾（今作喜鹊）、蜴易（今作蜥蜴）、命令之类联合式双音词的产生。而"茜帚"以"乌鸦"诸词例之，茜即帚，帚即茜，芦花也；双音化为"茜帚"，亦芦花也。

"君临臣丧"，用巫觋施加过咒语的桃枝、芦花，拂扫棺木以"恶之"（古人称"拂殡"），进膳于君用桃枝和芦花拂扫肉食以"辟凶邪"，歃血为盟由"戎右"用桃枝和芦花拂扫牲血以"扫不祥"。前者是针对亡灵鬼魂，后两者是针对遭受割烹的牲畜，于此三事皆用芦花，就是因为芦花有巫事之厌胜功效。

《说文》释爝字："苣火袚也，从火、爵声。吕不韦曰：汤得伊尹，爝以爟火，衅以牺豭。"《说文》释苣字："束苇烧。"苣即火炬

---

① 或以茜字及诸从刀得声之字为宵韵，则茜、帚二字宵、幽邻韵旁转，笔者说亦可通。

本字，"苣火祓"就是点燃芦苇火炬以祛邪。《风俗通义·祀典》引《吕氏春秋·本味》篇云："汤始得伊尹，祓之于庙，熏以萑苇。"① 引《黄帝书》云："上古之时有神荼与郁垒昆弟二人，性能执鬼……缚以苇索，执以食鬼。"《荆楚岁时记》云："正月初一日……帖画鸡户上，悬苇索于其上，插桃符其旁，百鬼畏之。"商汤对伊尹以萑苇"熏"之，是为了"祓"去他从桀妻末喜那里带来的邪气②。苇索用以缚鬼，苇索、桃符护门而"百鬼畏之"。这些都与《周礼》、《礼记》以桃、苅厌胜之礼吻合，可以证明古代有用芦花厌胜的风俗。

巫事多象征，殷商巫觋赋予"帚"以强大的巫事象征法力，却单单不用"帚"打扫庭除，是因为一株植物，尤其是像芦花这样荏弱难持的植物，很难用于实质性的粪扫（甲骨文帚字乃是一株植物象形）。实质性的打扫之具不是"帚"，而是"彗"。帚不是粪扫之具，却也用于"扫"（"扫不祥"），彗、帚因为所"扫"不同而有所区别，也因为皆用于"扫"而二名混淆，缘此混淆，后世粪扫之彗遂兼有了"帚"之名。粪扫之具兼有二名，曰彗，曰帚，原来用以"扫不祥"的"帚"遂改名称"苅"，就是上所引郑玄注《周礼》、《礼记》以"萑苕"、"莁帚"、"苕帚"释之的"苅"。

帚、彗二名之混淆亦导致其功能互相混淆，芦花之巫事法力便有渐渐向冒"帚"之名的扫彗转移的趋势。《荆楚岁时记》云："正月初一日……以钱贯系杖脚，迴以投粪帚上，云令如意。"③ 此"粪

---

① 今本《吕氏春秋》无"始"字及"熏以萑苇"四字，而于"祓之于庙"后，有"爝以爟火，衅以牺猳"。

② 《竹书纪年》记伊尹之事："末喜氏与伊尹交，遂以间夏。"

③ 谭麟《荆楚岁时记译注》（湖北人民出版社，1985 年）作"迴以投粪埽上"，"粪埽"不辞（埽、扫为异体字），"埽"字盖"帚"字之误。

帚"便是冒古"帚"（芦花）之名的扫彗，其巫事功效乃是从古之"帚"（芦花）转移而来的。

殷商人称"帚"，有周人为了避免混淆而专称"苅"，但是"帚"与"苅"都是指芦花而言。"黍穰"亦称"㭊"，所以《说文》释穰字为"黍㭊已治者"，释㭊字为"黍穰"。苅、㭊同音，芦花、黍穰皆为花穗而呈开裂状，所以皆以"列"为名，区别之，则芦花之"苅"从草（艸），黍穰之"㭊"从禾，它们是同源字关系。

芦花、黍穰皆以"列"（苅、㭊）为名，芦花之"苅"古名"帚"，而黍穰之"㭊"可为粪扫之"帚"（扫彗），所以学者又错把黍穰之"㭊"当成了芦花之"苅"。《左传·襄公二十九年》记楚康王死，楚人使鲁襄公"亲禭"，鲁襄公"乃使巫以桃、苅先，袚殡。"杜预注："苅，黍穰。"鲁襄公让巫觋先行，用桃枝、芦花象征性地扫过楚康王的尸体，就是用的《礼记·檀弓下》所说的"君临臣丧"之礼，所以楚国人本想使鲁襄公难堪，结果反倒自讨苦吃。郑玄注《礼记·檀弓下》之"苅"为"萑苕"，而杜预注《左传》之"苅"为"黍穰"，显然是错把"苅"当成是"㭊"了。

杜预的这一注释错误导致的后果十分严重，使得古代用于"君临臣丧"之礼的芦花变成了"黍穰"，变成了脱了粒的黍子穗儿。

杜预虽然错把"苅"当"㭊"，但是两者毕竟都是单株花穗，说明杜预尚知"苅"并非缚以成束的扫彗、粪帚。《左传义疏》云："杜云'苅，黍穰'者，今世所谓'苕帚'者，或用蒮穗，或用黍穰，是二者皆得为之也。"孔颖达说的"今世所谓苕帚者"，已经不是郑玄注《周礼·戎右》释"苅"的"苕帚"（芦花），而是实质性的粪扫工具了。

用于粪扫的"彗"既然冒了"帚"之名，进而也就可以冒"苕帚"之名，这样一来，原本用来"扫不详"的单株芦花"帚"、"苕帚"，就成了用于实际扫除而缚植物花穗成束的"帚"、"苕帚"了，后来又有了缚竹条的"笤帚"。"帚"、"苕帚"原为单株芦花而用于"扫不祥"的事实就鲜为人知了。

《尔雅·释草》："葥，王彗。"郭璞注："王帚也，似藜，其树可以为扫彗，江东呼之曰'落帚'。"唐兰先生释帚字曾举此条为重要证据（"帚之字正象王帚一类之植物"），但郭璞之注自然是以晋代名称解释古名。所以郭璞注所说的"王帚也"乃是今名，是由帚字之引申义得名，而《尔雅·释草》的"王彗"乃是古名，是由彗字本义得名。"王帚"的名堂出现于帚字的扫彗义产生之后，所以唐兰先生以"王帚"当帚字的本义，自然也就不得要领了。

古人象形以造字，但造字之象形并非若图画之惟妙惟肖，所以专据由"随体诘诎"而生发的想象，而无典籍传注之确凿证明，是不能确认某字象某形的。唐兰先生之误释帚字，特其一例而已。

帚字象芦花之形既已论证如上，再说甲骨文帚字或从⼢作的原因。

甲骨文鬼字（𢼄）象巫魃方相氏，"田"象四目面具。鬼字异体于四目面具"田"外以"囗"围之，作𤰃形，⊞示意四面。以⊞形示意的四面面具简化作卍，就是甲骨文巫祭的巫字。将卍字形中的四目符号（十）双线虚廓作卄，再用这巫字形里示意四面的囗围之，就是甲骨文亚字（䢴），亚，厌胜也①。典籍每以"工祝"连言，而《说文》释巫为"祝"，这说明巫、工意相近。甲骨文工字作工，或作吕，两个工字横直交叉，就是甲骨文巫字（卍）。而《说文》释工字云"与巫同意"，释巫字云"与工同意"，这说明工字形与巫字形示意相同。巫字取形于四面面具，工字形缘巫字形省简，

---

① 参见本书第三篇《释魌头相关字》。

说明工字形亦取形于四面面具，工形工字示意面具之两面，占形工字则特展其一面作"口"而已。

巫字以纵横两𢆡成字，所以巫觋面具可以省作𢆡，而甲骨文帝祭之帝作𢆡、作𢆡，方祭之方作𢆡、作𢆡，字皆从𢆡，这是因为帝、方之祭都有顶戴面具之巫觋出场的缘故。

方字，据于省吾先生考证，从𢆡作的𢆡和𢆡"属于第一期早期的自组卜辞"，"乃一般方字的初文"①。所以卜辞从"一"作的一般方字（𢆡、𢆡）乃是由从𢆡作的"初文"（𢆡、𢆡）而变，而不是相反，唐氏"𢆡为繁画"之说就彻底动摇了。

以上事实证明：𢆡乃"鬼头"四面面具之省写（工形工字也是），义关乎巫觋祭祀厌胜之事，帚字或从𢆡作，乃是示意赋予此芦花以巫事神通，而与字体是否"增繁"无关。

---

① 于省吾：《释𢆡》，《甲骨文字释林》，中华书局，1979年。

八　释妇

《说文》："妇，服也，从女持帚，洒扫也。"妇人之职不限洒扫，况且帚原本就不是洒扫之具，而是芦花①，可见许慎释妇字本义并不准确。

卜辞有妇字，作￼或反向作￼（图一），而多以帚字假借。唐兰先生认为妇字"当作从女，帚声，帚之挛乳也。卜辞且（祖）之配曰匕（妣），父之配曰母，妇者殆今王之配与？"②李孝定先生从而申之曰："盖妇如非从帚得声，则帚不得假为妇矣。……洒扫固为妇职，然如非帚声，则单一帚字，安知不为童仆字乎？"③

图一

卜辞有诸"妇"（帚），曰"妇甲"、"妇乙"者皆是，有专门为其年成、疾病、生育而行的贞卜。"妇好"为诸"妇"中之佼佼者，卜辞有其率兵作战（？）的记载，殷墟墓葬出土有铭为"妇好"的成套青铜器。凡此种种都令人想见"妇好"以及诸"妇"的显赫

---

① 参见本书第七篇《释帚》。
② 唐兰：《殷虚文字记》，中华书局，1981 年。
③ 李孝定：《甲骨文字集释》卷十一，中央研究院历史语言研究所，1965年。

地位。

卜辞又有商王为"妇好"等"妇"生育而行的贞卜，由此可以想见她们与商王的性关系（否则"妇"之生儿育女何关乎商王），但是未可执此而认定她们就是"今王配偶"。陈梦家先生认为卜辞之妇"似系一种妇女的身份"①，陈氏措辞审慎，可能是有见于"妇"为商王配偶之证据尚不足吧。

关于"妇好"率兵作战的卜辞，笔者认为恰可以证明她并非商王配偶，因为在一般情况下，商王是不会令其妻室亲冒矢石领兵作战的。而且一女子，并无三头六臂，于"争于气力"的古代战场上也难保绝胜男子一筹。以理度之，"妇好"之所以出现于战争卜辞，必定是因为她有男子所不具备的克敌制胜的绝招。因为误解了"帚"字，遂使人们对"妇"的"持帚"身份也就做出了错误的判断。现在既然知道"帚"并非洒扫用具，而是用于巫事厌胜的芦花②，那么"持帚"之诸"妇"（如"妇好"）自然都应当是女巫了。"妇好"出现于军旅，乃是"持帚"——手把一株芦花——作法，以对敌阵行施厌胜巫术。

据《汉书·郊祀志》载，太初元年，"西伐大宛，蝗大起。丁夫人、洛阳虞初等以方祠诅匈奴、大宛焉"。颜师古注引应劭："丁夫人，其先丁复，本越人，封阳都侯。夫人其后，以诅军为功。""诅军"就是诅咒敌军，是古代战争的厌胜术，越人丁复的后人丁夫人就是因为诅咒敌军有效而立功的。这是汉代战争仍然乞灵于巫术厌胜的证据。

后世战争乞灵于巫术厌胜应当有古风可援，殷商时代为巫风笼

① 陈梦家：《亲属》，《殷虚卜辞综述》，中华书局，1988年。
② 参见本书第七篇《释帚》。

70

罩而战争频仍，因此可以想见，商王用巫术厌胜于战争乃是必然之事。所以，"妇好"出现于战争卜辞乃是巫风使然。"妇好"大概就是"丁夫人、洛阳虞初"之流，她之"率兵"伐某方，是"持帚"作法以袚除不祥，对敌阵行"诅军"厌胜巫术。

《国语·郑语》叙述了发生在夏后时代的一次"龙降"："夏之衰也，褒人之神化为二龙，以同于王庭，而言曰：'余，褒之二君也。'夏后卜杀之，与去之，与止之，莫吉。卜请其漦而藏之，吉。乃布币焉而策告之，龙亡而漦在。椟而藏之，传郊之，及殷、周，莫之发也。及厉王之末，发而观之，漦流于庭，不可除也。王使妇人不帏而噪之，化为玄鼋，以入于王府。府之童妾未既龀而遭之，既笄而孕，当宣王时而生。不夫而育，故惧而弃之。"

这次"龙降"导致了褒姒生而西周亡。化为二龙的褒之二君以"同（通）于王庭"对夏后氏行厌胜，夏后氏则"卜请其漦而藏之"（韦昭注："漦，龙所吐沫，龙之精气也。"），是企图转嫁褒之二君对自己的厌胜。至周厉王"发而观之"，使得褒之二君的厌胜奏效，迫使周厉王不得不行施反厌胜巫术，其术就是"使妇人不帏而噪之"。无论是褒之二君的"同于王庭"，还是周厉王行施的"使妇人不帏而噪之"，都是厌胜巫术，在这些厌胜巫术行为中，都离不开性爱手段或者女性器官。

直到清代，战争尚以此等手段为战术。鲁迅《朝花夕拾》之《阿长与〈山海经〉》借阿长的话说："我们也要被掳去。城外有兵来攻的时候，长毛就让我们脱下裤子，一排一排地站在城墙上，外面的大炮就放不出来；再要放，就炸了！"这虽然是小说，但"阿长"所说的民俗却是可信的。"长毛"的"战术"可以跟周厉王当年所用的方法互相印证。"长毛"的所做所为就是"诅军"，与汉武帝太初元年丁夫人、洛阳虞初所行施的"诅军"是一种性质。由此推测，殷商时代的"诅军"可能就是手把芦花的诸"妇"于阵前"不帏而噪之"。

《史记·高祖本纪》篇末有太史公的一段评议，曰："夏之政忠，忠之敝，小人以野，故殷人承之以敬；敬之敝，小人以鬼，故周人承之以文。""殷人承之以敬"的"敬"，应当理解为《论语·雍也》"敬鬼神而远之"的"敬"；"小人以鬼"的"鬼"就是巫觋，这里用如动词，是从事巫事活动之意。所以太史公的这番针对殷商人政治以及民俗的评论，是说殷商人举国上下信巫鬼、重祭祀的风气。这时的政权形式是政、教（原始巫教）合一，政治舞台上的最高统治者同时也是巫坛领袖，正如陈梦家先生所说，商代的"王者为群巫之长"①。

巫术视自然为神秘，视生育为神秘，因而视性爱亦为神秘。事实上，古代巫事降神多以性爱作为手段。《说文》释巫字："祝也，女能事无形，以舞降神者也。"这段针对女巫（《说文》释觋字："在男曰觋，在女曰巫。"）的说解可以说明的问题很多，"事无形"的"事"字，就大有文章。古汉语的"事"常用作动词，所"事"之对象大致有四：臣事君，子事父，妻事夫以及巫觋之"事无形"。"事无形"就是事神。女巫之"事"神，与妻之"事"夫很有些相似，而最初意义的臣之"事"君，也与妻之"事"夫有些相似。屈原赋《离骚》，就曾经将楚怀王比为雨师，称"灵修"，而将自己比为祈雨女巫——雨师的情人，自称"离骚"②。所以从《说文》释巫字的"女能事无形"，可以想见女巫以性爱娱神的消息。商王作为群巫之长，往往扮演所降神的角色，得与女巫有巫事目的的性关系

---

① 陈梦家：《商代的神话与巫术》，《燕京学报》第 20 期。
② 国光红：《九歌考释》，齐鲁书社，1999 年。

（女巫将商王当作所降之神而“事”之），商王之所以要为诸“妇”生育而行占卜，原因大概就在这里。

与商王有性关系的不限于女巫诸“妇”，大概尚有个别“小臣”，故卜辞云“小臣娩，□（嘉）”（《合集》5卷1995页14037片）。卜辞研究诸家并不因此而认为“小臣”亦为“今王之配”，这说明为其生育行贞卜，并不能证明其为王之配偶，为诸“妇”生育所行之贞卜，亦当作如是观。

另外，许慎以之释巫字的“祝也”，也并不是“祭主赞词者”的那个“祝”（《说文》释祝字如此），而是诅咒之咒。祝、咒二字同音同源，咒字其实就是祝字的后起分化字（祝、咒二字皆上古章纽、觉韵）。女巫在向所降神陈述意愿时，尤其是为战争的目的而向所降神诉说要求时，诅咒敌对势力应当是主要内容①，这些诅咒之辞是免不了恶言，免不了污言秽语的。我们说过，诸“妇”出现于军旅，是“不帏而噪之”以向敌人行“诅军”巫术，而《说文》巫字训“祝也”，就是“咒也”，正可为“不帏而噪之”的“噪”之内容作注脚。

妇好出场战争的卜辞记载大致有三条：

（1）壬申卜，争贞：令妇好从沚□伐印方，受又（佑）?（《合集》3卷966页6479正）

（2）贞：□（钺）不其获？贞：乎妇好，执？（《合集》1卷46页176片）

（3）辛巳卜，［㱿］贞：登妇好三千，登旅万，乎伐方，受［屮又］?（《英国所藏甲骨集》150正）

---

① 参看《诅楚文》。

上引第 1 条卜辞是"妇好"领兵作战的最直接的证据。但这段卜辞中的"从"字可做不同的理解：理解为主动义就是"率领"，理解为被动义就是"跟从"。笔者认为此"从"字义为"跟从"，"妇好"所"从"的沚国是率军的将领，"妇好"跟从他出征，是"持帚"作法，"不帏而噪之"，向"印方"行施"诅军"的厌胜巫事。

第 2 条是贞问，钺不会有俘获吗？呼妇好参战就有俘获吗？——妇好参战就可能有俘获（执），是因为她有"诅军"巫术的缘故。

第 3 条卜辞中的登字，《说文》释为"礼器也。从廾持肉在豆上"，卜辞盖为祭礼之名；旅字，《论语·八佾篇》云"季氏旅于泰山"，是祭祀山神之意；万字可释为万舞。则"乎伐方"之前的"登旅万"适可理解为战前的巫事活动。

可见以上三条卜辞，都不能切实证明"妇好"的战争统帅身份。

以"妇好"为战争统帅的认识，是上个世纪甲骨文商史研究中发生的最大误解。

九　释古文风

　　甲骨文无风字，而假借凤字。殷商人没有给自然风造专字，肯定有其原因，笔者对此另有专文论述①，这里只说古文风字。

　　《说文》："风，八风也，东方曰明庶风，东南曰清明风，南方曰景风，西南曰凉风，西方曰阊阖风，西北曰不周风，北方曰广莫风，东北曰融风。风动蟲生，故蟲八日而化。从虫、凡声。……（图一），古文风。"小篆风字作（图二），依小篆风字"从虫、凡声"之例，古文风字（）应当是从⊙ㄣ，凡声。但是我们看不出字从虫（此虫字音 hui，是虺字的古文，不是蟲字的简化字）以及字从⊙ㄣ与自然风有什么必然联系。

图一 　　　　　　　　　图二

　　风之义项见诸先秦典籍者大致有五：一、牝牡相诱；二、音乐、歌曲（尤其是民歌，特别是关乎爱情的民歌）；三、姓氏；四、民风、民俗；五、自然风。

------

　　① 参见本书第十三篇《关于伏羲氏的几个古文字》。

《尚书·费誓》："马牛其风。"《左传·僖公四年》："唯是风马牛不相及也。"孔颖达《疏》分别引贾逵、服虔，而皆谓"牝牡相诱谓之风"，证明风有牝牡相诱之义。

《淮南子·原道训》："师旷之聪，合八风之调。""八风"而云"调"（曲调），说明古人以风比附音乐。《左传·隐公五年》："夫舞，所以节八音而行八风。"又《国语·周语下》载伶州鸠论"八音"，云："以遂八风。"韦昭注引《传》曰："所以节八音而行八风也。"也说明古人以风比附音乐。《诗经》有反映不同国别民风民俗的十五"国风"，可以证明民歌又有"风"之名。以上事实都说明风有音乐、歌曲之义。

《太平御览》卷七八引《皇王世纪》云："大暤帝庖牺氏，风姓也。"太暤伏羲氏部落以"风"为姓氏，说明"风"作为姓氏，来源甚为古老。

至于风字的风俗和自然风之义，就无须举证了。

关于伏羲氏，除了是风姓始祖以外，我们还知道他作过《易》，画过太极图。另外，《左传·昭公十七年》记郯子云："太暤氏以龙纪，故为龙师而龙名。"太暤氏就是伏羲氏，历史学家据郯子的这番话而认定伏羲氏是以"龙"为图腾的远古部落之首领。

关于太极图，我们知道它是伏羲氏所画，与同出伏羲氏手笔的一部最古老的经典《易》相配。大概在秦汉之际或者以后，太极图不明下落，我们今天常见的太极图，据说传自五代末的陈抟希夷先生，至南宋时由朱熹的弟子蔡元定购自四川民间。

伏羲氏风姓，而画太极图，则风与太极图可以通过伏羲氏建立联系。今审古文风字所从之形符，实即变形了的太极图。太极图图画性强，不适合直接拿来作为风字的形符，所以古人将太极图中界分"两仪"的那条反向 S 型线移出圆外，略变走势以就文字笔画，就是古文风字形符了：

$$\text{②} \rightarrow \text{⊙}\text{⸟} \rightarrow \text{⊙}\text{♪}$$

古文风字以变形了的太极图为形符，证明太极图虽然数千年间杳无踪迹，却不是陈抟作伪，而确是传自远古的文化产物。

甲骨文及金文无风字，而以凤字假借，因此古文风就是最古的风字。小篆风字可能是直接承续古文风字而变，也可能是与古文风字有共同的承传渊源。无论是哪种可能，小篆风字从虫之意都应当与古文风字从太极图之意相去不远，也就是说，虫字与太极图的文化内容应当是一致的。

《山海经·南山经》："猨翼之山……多蝮虫。"郭璞注以"虫"为"古虺字"。《说文》虫部类列虺、虺、蜥、蝘蜓、荣蚖六字五物（"蝘蜓"为一物），释虺字曰"似蜥蝪而大"，释虺字曰"虺以注（咮）鸣"，释蜥字曰"蜥易也"，释"蝘蜓"曰"在壁曰蝘蜓，在艸曰蜥易"，释蚖字曰"荣蚖（今作蝾螈），蛇医，以注鸣者"。这说明虺、虺、蜥、蝘蜓、荣蚖都是蜥蝪家族的成员。

可见风字从虫，其字义应当与虺蜥大有关系。

《韩非子·说林下》："蟲有虺者，一身两口。"《庄子》佚文："虺二首。"《颜氏家训·勉学》篇引之，而据《古今字诂》识虺为"古之虺字"。

虺是"古之虺字"，而虫也是"古虺字"（《山海经》郭璞注），以年代先后论，虫字更古于虺字（甲骨文已有虫字）。虺字从鬼声，可以推论虫、虺二字也有"鬼"音。《战国策·赵策三》之"鬼侯"，《史记·殷本纪》及《鲁仲连列传》引作"九侯"，证明九字亦有"鬼"音。

可见上古虫、虺、九三个字的读音相同，至少是相近的。

甲骨文九字作 ᦅ，金文作 ᦅ，虬然蜿蜒似虺蜥，而九、虺同音，说明九字也应当是虺字的古文，所以虫、九都是最古的虺字。

甲骨文龙字作 ᦊ（图三），体态走势与九字完全相同。《易经》称阳爻为"九"，这是通例；亦称"龙"，这是变例。《易经》是在开宗明义的第一卦《乾》卦提示这一变例的。《易经·乾》卦之六阳爻皆称"龙"，爻辞"初九潜龙勿用"、"九二见龙在田"云云，以及《象传》云"时乘六龙以御天"等，就是为了示意这一变例的。阳爻称"九"，又称"龙"，说明"九"也是"龙"①。九既是虺蜥又是"龙"，而虺蜥具"龙"之体而微，两者正好可以互证。

图三

九为虺蜥，又为"龙"，说明"龙"之原型就是虺蜥。进而可以说明伏羲氏以"龙"为图腾，溯其源就是以虺蜥（虺、虫、螝、九）为图腾。进而可以推论：小篆风字从虫，犹若从"龙"，犹若从伏羲氏图腾。

以上所引《庄子》佚文"螝二首"，以及《韩非子·说林下》"蟲有螝者，一身两口"，闻一多先生《伏羲考》②引之在先。闻先生说："谓之'两头'者……都是两蛇交尾状态的误解或曲解。"闻先生谓"两蛇"，未确，而谓"交尾"，则"两口"、"二首"之虺蜥实际上就是交尾的双虺蜥。古人既然有"螝（虫、九）二首"的说法，那么小篆风字从虫，就好比是从"二首"交尾的双虺蜥，说明作为伏羲氏图腾的虺蜥，乃是取其"二首"之义，象征交尾

---

① 参见本书第十三篇《关于伏羲氏的几个古文字》。

② 闻一多：《伏羲考》，《闻一多全集》，三联书店，1982 年。

的虺蜥。

《邺中片羽》卷下有古器物纹饰图，作双物回还相逐状，相逐之物各有四肢，宛然虺蜥之形（见图四，转引自闻一多《伏羲考》）。《庄子·天运》："蟲，雄鸣于上风，雌应于下风，而风化。"此云"蟲"之"风化"，与《说文》释风字的"风动蟲生，故蟲八日而化"意义

图四

相同。又"雄鸣"、"雌应"、"上风"、"下风"云云显然是牝牡相呼相诱之意。把《庄子》的这番话给《邺中片羽》的这个古器物纹饰图形作说明文字，或者反之，把后者当成是《庄子》这番话的图解，都十分合适。

略感遗憾的是，我们听不到这对盘旋追逐的虺蜥"雄鸣"、"雌应"的声音。但是《说文》解释虺字、蚖字都说是"以注（咮）鸣"，"虺"正是蜥蜴家族中会叫、有声的一种，可见《庄子·天运》与《邺中片羽》文、图相配，真可谓绘声绘色而若合符契，若合声响。

一双虺蜥牝牡相呼相诱，这就是古人所谓的"风"（"牝牡相诱谓之风"），而"风"从虫，犹若从两头虺蜥为象的伏羲图腾（正如从足的字令人自然想到双脚，从目的字令人自然想到双眼）。那么，双头虺蜥的伏羲氏图腾应当与《邺中片羽》古器纹饰双虺蜥相"风"的示意无别，都是取中的虺蜥旺盛的生育能力。——蜥蜴屡屡向人们展现过它们的断尾再生能力，这肯定会刺激古人对其旺盛生育能力的想象。

太极图回还之意十分明显，这是可以一目了然的。上揭《邺中

片羽》伏羲图腾双虺蜥相"风"图也是回还，回还双虺蜥抽象以示意，正是太极图。因此，古文风以太极图为形符，示意一对虺蜥相"风"，小篆风以虫（"二首"之魄也）为形符，示意双虺蜥交尾，两者之示意如出一辙。所以风字古文与小篆反映的文化内容是相同的。

　　甲骨文易字作，是一只高度抽象的蜥蜴，金文易字作，较之甲骨文更为形象些。甲骨文、金文易字皆从彡，示意随时变化其色①。

　　金文易字有作形者（见于德鼎），或者形者（见于叔德簋），说者或据之以为易字本义为器皿。其实金文字、字形中有器皿，而这器皿与会意，却未必不是示意在器皿之中的蜥蜴（），所以形"易"字不足以证明易字本义为器皿。大多数甲骨文、金文易字宛然虺蜥之形，足可以证明易字本义为蜥蜴，了无可疑。甲骨文有（图五）字，像是从一个橐囊向另一个器皿倾倒，也是易字异体，但是倾倒之物却并非水（甲骨文、金文水字都不这样写），而是字所从的彡，示意变形的、简化的蜥蜴。从橐囊向另一个器皿倾倒蜥蜴，本义还是蜥蜴。

图五

　　《易·系辞上传》云："生生之谓易。""生生"就是生生不息，也就是《说文》释风字所说的"风动蟲生"，而《易》以之为定义。这些现象都说明《易》与"风"、与虺蜥有所关联，与太极图双虺蜥相"风"之象吻合，所以《易》就是一部"蜥蜴"经典。

---

① 彡示意颜色、数量、形状变化，髟字、须字、衫字、影字、形字所从之彡皆是此意。

当然，太极图既然是《易》的配经之图，两者的文化意蕴本来就应当相同，《易》既然是一部"蜥蜴"经典，太极图自然就是蜥蜴之图。因此，《易》之与"风"，与虺蜥相对照，可以证明太极图的确为双虺蜥相"风"之象。

从形象的双虺蜥相"风"，发展为高度抽象的太极图，可能经历了相当长的时间。当形象的两条蜥蜴终于抽象为近似于现在我们看到的太极图的时候，古人遇到了如何安排既已抽象化了的、运动中的两条蜥蜴的界线问题。现在看来，两条蜥蜴盘旋相"风"之势会令人想到一条正弦曲线，所以古人自然是用一条正弦曲线作为抽象化了的两条盘旋蜥蜴的分界线。这个说法似乎问题不大，其实却并不那么简单：譬如说，这条分界线为什么必是一条曲线，它为什么不可以用一条折线呢？再譬如说，这条分界线为什么必是这么一个曲率，它为什么不是更大、或者更小的一个曲率呢？

看来古人，或者说画太极图的伏羲氏，为了使这两条抽象化了的蜥蜴，既能表现盘旋相风的动态，又能区别尔疆我界，即为了设计那条界分"两仪"的曲线，是颇费了些思考的。

太极图的要义在于阴阳，界分"两仪"其实就是界分阴阳。最大的阴阳就是天地，天地两间的阴阳变化主要是由太阳的光照变化造成的，而太阳的光照变化是由其在大黄道（即所谓"黄经"）上的不同位置决定的，或者说，是由太阳在大黄道上随不同季节走的不同轨道决定的。从当年春分，而夏至，而秋分，而冬至，再到来年春分，一年的时间，太阳在黄道上走过的轨迹是一个圆圈，而这个太阳黄道圆圈相对于地球自转，正好比是把一个圆圈变成一条正弦曲线（图六）。

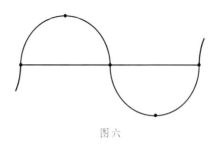

图六

太阳向地球的南北回归线之间投射光点，这些光点的轨迹也是一条正弦曲线，这条正弦曲线与太阳在黄道上走过的正弦曲线正好相反。而太极图界分"两仪"的分界线恰巧就是一条正弦曲线，这条分界线的曲率正好就与太阳轨迹、与太阳投射地球南北回归线之间的那条正弦曲线的曲率大致相同。这说明，太极图界分"两仪"的分界线就是照太阳行天轨迹描画的，就是照太阳向地球南北回归线之间投射的光点轨迹描画的。

太极图中示意界分两仪、示意两条抽象蜥蜴尔疆我界的那条正弦曲线，竟然就是一条太阳行天的轨迹。将两条盘旋相诱相风的蜥蜴用一条太阳行天轨迹区分，这说明古人向太极图渗透了天文历法内容。用一条遍宣阴阳的太阳行天轨迹来做太极图界分阴阳"两仪"的分界线，是再合适不过了。

关于太极图中界分两仪的这条正弦曲线，笔者另有专题论述①，此不赘。

"八风"与"八音"相关，已说于上，而"八风"又与八卦相关。上所引《左传·隐公五年》"夫舞所以节八音而行八风"，孔颖达《疏》云："服虔以为八卦之风。"《吕氏春秋·古乐》篇云："乃

---

①　参见本书第十六篇《释乙》。

令飞龙作效八风之音。"高诱注："八风，八卦之风。"又王子年《拾遗记》卷一"春皇庖牺"条下云："调和八风，以画八卦。"这些都说明"八风"与"八卦"有关。

伏羲氏画八卦，而八卦关乎"八风"；伏羲氏画太极图，而太极图以双虺蜥相"风"（回旋转圈，相呼相诱）为象；伏羲氏作《易》，而《易》的"生生"主题亦关乎"风"。——"风"与伏羲氏关系如此密切，伏羲氏以"风"为姓，原因就在这里；风字古文以太极图为形符，原因也在这里。

一般说，词义引申产生词的诸多义项，先有的词义为本义，由本义引申的后来的意义为引申义，而字本义则是以"字形之意"为根据而与词本义一致。换句话说，"字形之意"是体现字本义的，而字本义就是词本义。"风"的情况却颇为特殊：就词而论，自然风之义项肯定产生于其他义项之前，所以自然风是词本义；就字而论，风字的字形之意与自然风却相去悬远。也就是说，风字的字形之意并不直接示现字本义，因此也就并不直接表现词本义。

这个现象以常规思路很难理解，可能欲使字形之意表示自然风难度很大，于是才造古文风字使之从太极图，以示意伏羲氏的姓氏，同时也就示意男女风情了。而造小篆风字使之从虫（虺），示意双头虺蜥的伏羲氏图腾，同时也就示意男女风情了。两者都是用指向男女风情的字形之意写了自然风字——毕竟自然风与男女风情之间还是有某种联系的。

古文、小篆风字肯定有各自的来源，而且都是用的假借造字法①，只可惜古文和小篆风字之前的源头已经很难考证了。

_____

①　参见本书附卷《论假借、转注为造字法》。

至于殷商人，则从来没有给自然风的"风"造字，卜辞的自然风是假借凤字。殷商人不给自然风造字，可能是因为殷商人由自然风产生的种种联想，尤其是对从自然风直接联想到的伏羲氏（伏羲氏以"风"为姓氏）有所顾忌①。

---

① 参见本书第十三篇《关于伏羲氏的几个古文字》。

十　传上古风情的几个古文字

——释令、今、化、尼、及①

（一）释令、今、名

甲骨文命、令同字，作🔥、作🔥，象于△下跪人，有周金文有命字，是从令字分化出来的。《说文》认为令字"从△、卩"，释△为"从入、一，象三合之形"，释卩字为"瑞信"。而验之甲骨文，许慎说令字形显然有误。

甲骨文毫字作🔥，字形中亦有△，与令字形中的△相同，则令字形中的△，其示意或有可能从毫字索解。

毫是殷商都城的名字，殷商人数迁，历史上留下了好几处以毫为名的殷墟。有周人把殷商之社叫作"毫社"。据说有周人为了永远记住殷商人亡国的教训，故意保留了毫社，所以殷商亡后，毫社仍然存留于诸侯国。《春秋经·哀公四年》记载过一次"毫社灾"，杜预注云"毫社，殷社，诸侯有之，所以戒亡国"，就是解释殷商之社存留于有周王朝的原因的。

《礼记·郊特牲》："丧国之社屋之。"《周礼·地官·媒氏》：

---

① 本文曾发表于《山东师大学报》2000 年第 1 期，此次收入本书对原文颇有增删修改。

"凡男女之阴讼，听之于胜国之社。"郑玄注："胜国，亡国也，亡国之社奄其上而栈其下。"以上所引典籍经传中的"丧国之社"、"胜国之社"、"亡国之社"，都是说的亳社，是殷商灭亡之后周人对亳社的特指称谓。典籍经传说亳社而谓"屋之"，谓"奄其上"，都是指殷社之有屋顶而言（《说文》释奄"覆也"，而"覆，覂也，一曰盖也"），较之周社之无𠆢形盖顶者不同。

验诸亳字形，可知亳社之"屋之"，之"奄其上"，是说亳社的屋顶为两面坡（或者伞状）的𠆢形。并且可以推断，亳社自来就"屋之"，就有这样的屋顶，并非于周革殷命之后才对它施行了"奄其上"的改造。因为殷商人不可能预先造亳字使之"奄其上"，以此来"炫耀"他们早已见及原本并不"屋之"的亳社将来会遭遇"奄其上"的不幸结局。

《周礼·地官·媒氏》云："掌万民之判……令男三十而娶，女二十而嫁……中春之月，令会男女，于是时也，奔者不禁。若无故而不用令者罚之。"媒氏地位卑微（《地官·序官》："媒氏下士二人，史二人，徒十人。"），而说其职三用"令"字，这与《周礼》说其他诸官职的措辞罕用令字者形成明显对比（《周礼》诸官职，只有《天官·大宰》、《地官·大司徒》多见令字），这说明媒氏之"令"乃是代人施行，而且此人应当是个极有权威的人物。

女娲是中国神话传说中的第一代女媒。《路史·后纪二》引《风俗通》："女娲祷祠神，祈而为女媒，因置昏（婚）姻。"《路史·后纪二》又云："以其载（始）媒，是以后世有国，是祀为皋禖之神。""皋禖"即婚姻、子嗣之神（故云"祷祠神"，祠读为嗣，祈祷子嗣之神也）。"皋禖"，也作"高禖"，《礼记·月令》："仲春之月……玄鸟至，至之日以太牢祠于高禖。""皋禖"、"高禖"，又作"郊祺"，《诗经·大雅·生民》："克禋克祀，以弗无子。"毛传："去无子求有子，古者必立郊祺焉。"

《易经·姤》卦《象传》云："天下有风，姤。后以施命诰四方。"卦以"姤"名，而云"施命"，可见此"命"必定关乎求偶（《说文》新附字："姤，偶也"）。

《说文》："后，继体君也，象人之形。施令以告四方，故厂之，从一、口：发号者，君后也。"此释后字而说"施令以告四方"，与《易经·姤》卦《象传》所说的"后以施命诰四方"措辞一致，可见许慎是以《姤》卦的《象传》解释"后"字的。

《说文》释后字为"继体君"，《说文》家皆将"继体君"理解为继承大行皇帝的新皇帝，其实"继体"者，子嗣也，体胤也[1]；"君"者，神也[2]。所以，"继体君"者，子嗣神也，体胤神也。

这说明许慎对后字的这番解释乃是传师说古训而以女娲神话为据，还说明《说文》以及《姤》卦《象传》的"后"就是女娲。进而可以推论，女娲所施之"令"必是求偶之令（故卦以"姤"名），也就是《周礼》以媒氏代为传达的"会男女"之令。

上古会男女于社，此已为诸多前贤揭示证实，所以殷商人会男女必定是在亳社。亳社形制上出屋顶若Ａ，所以甲骨文令字的字形之意可以这样理解：女子坐（）于亳社（Ａ）之下，而有所等待。

古代婚姻有"问名"礼，但我们过去并不知道"问名"礼的来源，不知道它的原初用意。

---

① 《说文》释胤字："子孙相承续也。"
② 神以"君"名，如《九歌》之"云中君"、"湘君"，道教之"太上老君"、"碧霞元君"。

甲骨文名字作 ，或反向作 。《说文》释"名"字："名，自命也。从口、从夕，夕者冥也，冥不相见，故以口自名。"以往的《说文》家对这段话只能作字面敷衍，而对其中真意皆未能了然。如果从媒氏代为传达的女娲之令看《说文》释"名"字，"问名"礼的来源、用意，以及名字的形意，就都能豁然明白了：女子奉"命"坐待于社，等候奉"命"而来的男子"问名"，这一切都发生在冥冥黑夜，互相看不清对方面貌，此时虽然并不需要多费口舌，但有一问一答是不可缺少的，那就是相互了解对方的图腾。而《说文》之释"名"字，说的恰是个中情节，原始的"问名"就是问图腾，"名"就是图腾。《说文》对"名"字的解释可以证实古代"问名"礼的来源，而且可以与甲骨文令字的字形之意互相印证。

女娲"令会男女"，女子为主要出场人物，所以古人为女娲之令造"令"字，很自然会想到以出场女子为字形。可见令字的字形之意就是会男女场合中的一位女子坐待问名，或者说是一位坐待问名的女子，本义则是"令会男女"之"令"，而后才引申出政令、军令之类意义。

甲骨文今字作 、作 ，从 、从一，《说文》小篆作 ，释云："今，是时也。从 、从 ，，古文及。"验之甲骨文字形，今字不从""，许慎说似乎未得要领。不过，今字从古文及的说法也并非无据，关于这个问题，我们还另有机会说到①。

《诗经·召南》有《摽有梅》篇，小序、毛、郑三家皆认为这是一篇会男女之诗，当得古风情实。《摽有梅》云："摽有梅，其实七兮，求我庶士，迨其吉兮。摽有梅，其实三兮，求我庶士，迨其今兮。摽有梅，顷筐塈之，求我庶士，迨其谓之。"诗三章，皆以摽

① 参见本书第十七篇《释凡，及其相关字》第九节"关于古文及"。

落之梅子起兴，说一位大龄女子，在"礼未备"的情况下，与意中的"求我庶士"（某个大龄男子）以"不待礼"的方式相约："迨其吉兮"，"迨其今兮"，"迨其谓之"。

毛传训"吉"为"善"，训"今"为"急辞"，而读"谓"为"会"（说见下）。今按《诗经》诸篇每数章反复吟咏（尤其是《国风》），而词义错落相当，今毛传解释的"吉"、"今"、"谓"各不相同，而意义相去甚远，乖于《诗经》数章反复吟咏之例，其中必有不尽允当之处。

周人称朔日为"初吉"，或曰"吉"。青铜器铭文多见以"初吉"日铸造器皿的记载，铸器的"初吉"日就是朔日。古代典籍也多见"初吉"，如《诗经·小雅·小明》"二月初吉"，毛传："初吉，朔日也。"如《国语·周语上》"自今至于初吉，阳气俱蒸"，韦昭注："二月朔日也。"又如《周礼》于《天官·大宰》、《地官·大司徒》、《夏官·大司马》、《秋官·大司寇》皆云"正月之吉始和"，郑玄注："吉谓朔日。"以上关于"吉"的训诂可以证明《摽有梅》"迨其吉"之"吉"指朔日，唯何月之朔则不得其详。

"迨其谓之"，毛传读"谓"为"会"，云："三十之男，二十之女，礼未备，则不待礼，会而行之者，所以蕃育民人也。"据毛传，"迨其谓之"就是"迨其会之"，"迨其会之"的"会"就是指发生在每年仲春二月的男女之会。缘此，则"迨其吉"之"吉"应当是指二月朔日。"迨其谓（会）之"、"迨其吉兮"都不离乎二月，所以"迨其今兮"也应当不离乎二月。

今考甲骨文今字，从∧，即亳社屋顶之形，从一，可以理解为数字（基数，或序数），两相会意，应当是示意仲春之月会男女（此以"∧"示意）之第一天（此以"一"示意）。这样，《摽有梅》的"迨其吉兮"、"迨其今兮"都是指二月初一，"迨其会之"

则指整个仲春二月，三句诗果然意义指向相同，正合于《诗经》每数章反复吟咏之例。

甲骨文令、今二字易认易识，而其字形之意则说之不易，本文旨在证明其字形之意，并进而论其本义。二字皆涉及"会男女"之远古风情，皆关乎亳社形制，故一并说之，而赖其互证焉。

（二）释化、尼、及

甲骨文有化字，从两人相背，相反，作𠤎、作𠤗。《说文》："化，教行也。从匕、从人，匕亦声。"以甲骨文化字形证之，《说文》云"从匕、从人，匕亦声"，显然是错误的；而云"教行"，虽然令人一时不得其解，却可能有传自荒古的信息存焉。

化字何以从两人相背、相反，《说文》所说的"教行"究竟是什么事，当前尚未见有学人道及，但是我们似乎可以从甲骨文化字的字形看到荒古时代"教行"的示意。

《说文》释娲字："古之神圣女，化万物者也。"学人或据女娲造人神话，谓"化万物"即生育万物①。此说看似有据，却是与"化"字的真谛相去甚远——如此这般的"化万物"，女娲一人岂堪重负？今考女娲"化万物"，而化字义为"教行"，行字常用义为女子出嫁②，所以女娲之"化万物"，其实就是对"万物"施"教行"，以人事言之，就是教女子以出嫁之道。

---

① 如袁珂先生《山海经校注》（上海古籍出版社，1980 年）注《大荒西经》"女娲之肠"云："'女娲七十化'，'化'当做'化育'解。《说文》十二云：'女娲，古之神圣女，化万物者也。'即此'化育'之意也。"又谓"女娲在多次诞育人类之过程中"云云。

② 如《诗经》之《邶风·泉水》、《鄘风·蝃蝀》、《卫风·竹竿》三见"女子有行"，皆为女子出嫁义。

《说文》释囮字："译也……率鸟者系生鸟以来之，名曰囮。"系一只小鸟以引诱异性投网入笼，这只被人当做诱饵的小鸟就是"囮"。囮字从化，以囮字的本义证之，可见作为囮字形符的化字，其字形之意以及本义，必然关乎上古风情，必然关乎风情诱导，却与一般理解的生育还有段距离。女娲并不是不惮其烦地授人以鱼，她从一开始就是用的授人以渔的办法而行施教化的，女娲之"教行"就是"化万物"，女娲之"化万物"，并不是生育万物，而是教女子以出嫁之道，教万物以性爱之道。

甲骨文及字从又、从人，作𠬪，或反向作𠬪，会意后边的人追及并逮住前边的人。

《说文》以逮字释及字："及，逮也。"又以及字释逮字："逮，唐逮，及也。"又以及字释隶字："隶，及也。从又，从尾省：又持尾者，从后及之也。"可以断定，以同一个"及"字释之的同音字逮、隶，应当是古今字关系。《说文》释隶字形云"从后及之"，而以隶（逮）、及互训（"及，逮也"，"逮……及也"），说明及字的本义（严格说是字形之意）也可以说是"从后隶（逮）之"。

《说文》及字下出古文作𨔶，从逮，可见及就是逮（隶），逮（隶）就是及，及、逮（隶）二字意义无别。

逮字后世音转为迨（徐铉注《说文》逮字云"或作迨"）。《方言》卷三："迨，遝，及也。"《玉篇》："迨，遝，行相及。"《国语·晋语四》："男女相及，以生民也。"韦昭注："相及，嫁娶也。"云"行（'女子有行'）相及"，云"男女相及"，云"生民"，云"嫁娶"，可见及字本义必定与男女风情有关。

甲骨文有作为偏旁的尼字①，作𠤏，从两人相背而有高下不同。

---

①　于省吾先生《甲骨文字释林·释尼》中说甲骨文"有从尼的秜、秜二字"。

《说文》："尼，从后近之。从尸、匕声。"《说文》释尼为"从后近之"，与释隶字形的"从后及之"相似乃尔，那么尼字的本义也应当与男女风情有关。

《说文》既然以隶字、及字互相训释，说明隶字、及字的意义是相同的。隶字既然是"从后及之"，说明参与"隶"、"及"其事的两个人必然方向相同。由此可知，"从后近之"亦必是二人同向。今

图一

考甲骨文尼字（偏旁），所从的两个人并不同向，反倒是二人相背（↑），这是为什么？这令人想到绕圈相追逐，唯有绕圈相追逐，当二人相隔一定距离的时候才会出现所趋相同而方向相反的状况。尼字象二人相背而又有高下不同，这就更有助于我们的论证。设想二人绕圈相追逐，当转至某个相对位置，呈现如图一所示的情形，则正是甲骨文尼字所从取形。

缘此则化字从二人相背、相反，其意（字形之意）亦可索解。当二人转至平分圆的相对位置时，呈现如图二所示的情形，则正是甲骨文化字所从取形。

图二

而当后边的人（男子）追及并抓住前边的人（女子）的时候，就又是另一番情景。为了准确而又不失简要地表示此情此景，殷商人使男女足下的那个圆圈"跑道"淡出，造了"从又、从人"的及字，表示经历了"从后近之"之后，现在已经是"从后及之"了。

由此还能想到一个有可能是传自远古的民俗现象。旧时山东沂蒙山区新婚夫妻的枕头各放于床之两端，名曰"通腿儿"。这"通腿儿"呈现的状态恰巧就是甲骨文"化"字形，说明"通腿儿"盖与上古男女相风相化的习俗有某种关系。

《说文》释今字形、义皆未确，而谓今字从"古文及"，虽然也

是根据"讹变"字形为说，但是小篆今字之所以"讹变"为从"古文及"，看来也并不是完全出于偶然，因为毕竟及字与今字都是根据上古男女风情的个中情景而造的。而且，古文"及"字形与甲骨文"乙"字形大体相同，都是一条正弦曲线，而这条正弦曲线大有可能就是从太极图中界分"两仪"的那条分界线取形的，归根结底就是从太阳的那条行天轨迹取形的。这就不仅与男女风情有关，而且直接与阴阳大化、与遍宣阴阳有关了。关于这个问题，本书第十六篇《释乙》还会专门论及，此不赘。

可见女娲当年"教行"人间痴男女，是让他（她）们绕圈相追逐，在相互追逐中领略风情。旧时山东俚语谑称追逐不已为"撵配儿"（多为老年人说小孩或年轻后生），撵者，追逐也，配儿者，偶也，可见"撵配儿"这一方言俚语应当就是女娲当年"教行"之事在语言中的反映。

《庄子·天运》篇有云："虫，雄鸣于上风，雌应于下风，而风化。"这虽然是就"虫"而言，而"上风"、"下风"云云却正好就是回还转圈的"撵配儿"之意。

《邺中片羽》卷下有双虺蜥（蜥蜴）回还相逐之图形花纹（图三），即"雄鸣于上风，雌应于下风"情景，可传上古"撵配儿"风情，足可证实上古神话原有女娲教万物在回还追逐中领略风情的情节。

所以笔者将化、尼、及三字置之于回还相逐的环境之中而连缀释之。

图三

十一　释弓①

甲骨文有从于、从弓的𢀛字，金文或作𠂤，𢀛字、𠂤字所从之弓，又多见省笔作彡者。弓（或彡），说者多以为是装饰性符号，其实不然。

甲骨文、金文都有于字，作亐、作亍，与𢀛、𠂤每通用。古文字家多认为亍、𠂤二字为异体字。陈邦福先生则认为𠂤字"盖吁字本字假作于者"，𠂤字所从之弓，陈先生以为"有吁气之象"②。根据陈先生的见解，𠂤字既然是"吁字本字假作于者"，于字与𠂤字就不是异体字关系了。陈先生对𠂤字的解释很有道理，释弓字形"有吁气之象"，也近乎是，却略嫌未能中的。

只从表面看亍字、𠂤字以及弓字形，也可以察觉这三个字形应当有相同或者相近的示意，所以这三个字形中的任何一个字形的准确意义，都应有赖于对其他二者的正确认识。因此，必须对这三个字作全面考察论证，而不能孤立地就某字说某字。为此，本文将略大其范围，说及万、零、阳诸字。

---

①　本文曾以《释于》为题发表于《史学月刊》1999 年第 2 期。
②　陈邦福先生《殷契琐言》的这两条资料，承蒙郑慧生先生函告，谨申谢忱。

（一）从雩字看于、𠂤字形之意的区别

小篆于字作亏，《说文》以"於"字释之，云："於也，象气之舒于。从丂、从一：一者，其气平之也。"《说文》又以於字为乌字之古文，释乌字云："孝乌也……取其助气，故以为'乌呼'……於，象古文乌省。"《说文》以"於"释于字，而以"於"为乌字古文，那么以"於"释于字，就等于以"乌"释于字，也就等于以"乌呼"释于字了。

于字"象气之舒于"，而吁字从口、从于，说明于、吁两字的意义肯定相关。

《说文》释吁字云"惊也"，而典籍则多用作"吁嗟"字。"吁嗟"即"乌呼"，那么将《说文》释于字的"於"（乌呼），移来以释吁字，正好与典籍常见的吁字的"吁嗟"义吻合。因此，吁字的本义有可能就是"於"——乌呼也，吁嗟也。而《说文》释吁字为"惊也"。人在"惊也"的状态下固然可能乌呼，但是乌呼并不等同"惊也"（哀伤、感叹之时都可能"乌呼"），所以《说文》释吁为"惊也"，有可能是以吁嗟、乌呼义的引申义错当成本义了。

《说文》有訏字，云："诡讹也……一曰訏謩。齐楚谓信曰訏。"訏字与吁字同音 xū，而一从言、一从口，从言、从口意义相似，所以訏、吁应当就是一字之异体，訏字有用"一曰"表示另外一说的"訏謩"之训，这"訏謩"正是通常见到的"吁嗟"。可见吁、訏字的本义很有可能就是吁嗟，而不是"惊也"。

甲骨文雩字从雨、从于，作𩁹，或从雨、从𠂤（或从反向的𠂤），作𩁊（图一）。《说文》："雩，夏祭，乐于赤帝以祈甘雨也。从雨、于声。"《礼记·月令》："仲夏之月……命有司为民祈祀山川百

源，大雩帝，用盛乐。"郑玄注："雩，吁嗟求雨之祭也。"《尔雅·释训》："舞号，雩也。"郭璞注："雩之祭，舞者吁嗟而请雨。"或云"吁嗟"，或云"号"，这说明"吁嗟"就是"号"——呼号也，乌呼也。

图一

雩祭"吁嗟而请雨"，那么雩字从于，就是取于字形的"吁嗟"之意，所以段玉裁注《说文》雩字，正是强调了于字形的"吁嗟"之意："以祈甘雨，故字从雨，以于嗟而求，故从于。"据段氏之说解，雩字应当是会意兼形声字，所从之兼意、兼声的"于"，其意就是"吁嗟"。

甲骨文雩字或从𠃌（𠃌），则是以𠃌当"吁嗟"义，可见陈邦福先生认为𠃌"盖吁字本字"，应当是确然不易之论，而段玉裁"以于嗟而求，故从于"的说法，尚不到位。

从甲骨文之二体雩字看，或从于，或从𠃌，都是示意"吁嗟"。但是文字偏旁多有省略现象，《说文》每云"从某省"者皆其例，所以雩字从于者，未必不是"从𠃌省"。若然，则𠃌字本义为"吁嗟"，于字少了𠃌，则"于"字的本义虽然可能与"吁嗟"相关，但未必就正好是"吁嗟"了，而当另有本义。

（二）释于

《庄子·齐物论》借南郭子綦云："夫大块噫气，其名为风……前者唱'于'，而随者唱'喁'。"由此可见古人是以"于"形容风声。上古于、乎二字同音（匣纽、鱼韵），甲骨文无呼字，而以"乎"字当"呼"（金文亦多如此）。可见上古以"于"形容风声，也就好比是以"呼"形容风声。而现在形容风声的词正好就是"呼"，可见形容风声的词古今一脉相承（古今用同一个词形容风声，而这个词的读音则可能有古今不同）。这说明以

"于"形容风声乃是古今共识，不能因为《庄子》一家之言而轻忽视之。

《易经》以巽下、坤上为《升》卦（䷭）。坤为地，也就是《庄子》南郭子綦所说的"大块"，巽为风，风是"大块噫气"之名，所以整个《升》卦示现的是"大块噫气"之象，是"大块噫气"之势。"大块噫气"就是风出于地而升，所以卦以"升"为名①。《易·升》卦证明，《庄子》借南郭子綦所说的风为"大块噫气"乃是渊源有自的古老观念。

《说文》："山，宣也，宣气散生万物。"《国语·周语下》："川，气之导也。"又云："夫天地成而聚于高，归物于下，疏为川谷，以导其气。"《说文》释云字："山川气也。"释气字："云气也。"可见古人认为"云"就是"大块"通过山川所宣导的"气"，山川之"宣气"、"导气"，相当于"大块噫气"而有缓急之别，"宣气"、"导气"是缓慢型的"噫气"。山川就是"大块"宣气、导气、噫气之口："大块"之气通过山川缓慢泄出，这叫"宣气"、"导气"，"宣气"、"导气"的结果就是云；"大块"之气通过山川快速泄出，这叫"噫气"，"噫气"的结果就是风。所以，"大块"之"宣气"为云，"噫气"为风。

与"大块噫气"、"宣气"有关者除了风、云，尚有雾和霭。

《说文》："雾，地气发，天不应。""地气"就是《庄子》所谓"大块"之气，"地气发，天不应"就是雾，天若"应"之，就是

---

①　《易·升》卦《象传》云"地中生木"，是以下卦之巽（☴）象征木。但巽更多见象征风，《说卦传》云"雷、风相薄"，《姤》卦（下巽，上乾）《象传》云"天下有风，姤"，皆其例。又《周易本义卦歌·分宫卦象次序》说《升》之卦象云"地风，升"，则余说虽与《升》卦象传表面不侔，而实与卦象无违。

云了。

《说文》："霭，天气下，地不应，曰霭。""天气"原来也是"地气"，"地气"升天而为云（《说文》释云字为"山川气"），故曰"天气"。"天气"（云）下降而"地不应"，其实还是云，只不过层次较之云要低一些，可以视为低层次的云。当然，这种低层次的云也可以视为高层次的雾，而古人可能正是这样想的。为了与"地气发"而"天不应"的雾相区别，古人将这种高层次的"雾"名之曰"霭"。与"地气发，天不应"的雾正好相反，霭是"天气下，地不应"的结果。

对于雾、霭两者来说，如果天、地分别"应"之，雾就成云，霭就为雨了。

古代神话说风、云、雷、雨四神之名号颇有纠葛。《楚辞·离骚》："后飞廉使奔属。"王逸注："飞廉，风伯也。"可见"飞廉"为风神。《九歌·云中君》旧注云："云神丰隆也，一曰屏翳。"可见"丰隆"、"屏翳"皆为云神。《离骚》"吾令丰隆乘云兮"，王逸注："丰隆，云师，一曰雷师。"则"丰隆"为云神，又为雷神。《天问》"蓱号起雨"，王逸注："蓱，蓱翳，雨师名也。"《文选·洛神赋》："屏翳收风。""屏（萍）翳"能"起雨"，又能"收风"，可见他为雨神，又与风神有关①。

以音韵言之，四神之名号实出一源：屏（蓱）、飞、丰上古皆为重唇音声母（上古无轻唇音），且"飞廉"、"丰隆"一声之转（飞字帮纽，廉字是结 -m 尾的谈韵；丰字滂纽，隆字是结 -m 尾的侵韵），这说明"飞廉"、"丰隆"双声、旁转。

以来源言之：风为"大块"所噫之气，云为山川所宣之气，而

① 以上说四神名号之纠葛，资料皆据洪兴祖《楚辞补注》。

98

雷、雨皆为云所化而随云之行止，所以风、云、雷、雨都来源于"大块"之气。

四神名号一源，而所辖四物之来路又复不殊（皆来自"大块"之气），这些现象反映的应当是原始神话以一神而兼领四职的事实。一神而兼四职，所以"号"为状风之辞，而《天问》以之状雨师行止（"蓱号起雨"）；一神而兼四职，所以屏翳、飞廉、丰隆诸神号的屏（蓱）、飞、丰字双声，而且廉、隆二字同结 -m 尾而韵相近、相转；一神而兼四职，所以分职之后所起诸神之名号以及他们的分职有时会割之不断，互有出入。

既然本来就是一个神，所以祈雨之"呼嗟"极有可能乃是模拟风声，通过模拟风声诱导风神飞廉唱"于"（《庄子·齐物论》"前者唱于"），换句话说就是"呼风"，而"呼风"行为却是为了达到"唤雨"的目的。

《说文》有丂字，许慎以为即于字或巧字古文，云："气欲舒出，𠃑上碍于一也。丂，古文以为于字，又以为巧字。"今谓丂字既然象"气欲舒出"而"碍于一"，实为"气"不得出之象，那么"象气之舒于"的于字就不应当"从丂"，更不应当以"丂"为古文。许慎大概是根据既已讹变了的小篆字形立说，又或有见于"古文诸上字皆从一，篆文皆从二"（《说文》释帝字），而丂字形中凑巧有"一"，于字形中凑巧有"二"（小篆于字作𣃧），所以才以丂字从古文上，于字从篆文上，进而丂就是于字古文。而《说文》又谓于字"从丂、从一"，前后矛盾，令人不解。

丂字象"气欲舒出，𠃑上碍于一"，是以"𠃑"为"地气"，妨碍"地气"的"一"自然就是地。而甲骨文于字（𠃌）正象"地气"（丿）出于地（下横画示意地）而达天（上横画示意天）之象。联系古人以"于"模拟风声的事实，则于字的字形之意以及本义

（于字的字形之意与本义相同）应当就是风声。

（三）释阳——兼说小篆于字讹变中断之原因

甲骨文于字（于）并不屈曲若小篆于字（𠃌），则甲骨文如果有
万字，或者有作为偏旁的万字形，其字形应当像甲骨文于字的下半
体那样，横画下加撇，作丁，而不应当屈曲若小篆万字。而事实正
是如此。

于字从甲骨文于演变为小篆𠃌，表示"地气"的一撇屈曲作𠃌，
这是篆势使然。而篆势虽然可以使之屈曲，却不应当使之中断，所
以小篆于字之中断是不正常的。《诅楚文》于字作于，屈曲而并未使
之中断，可见小篆于字之中断实为讹变。

从甲骨文到小篆，于字形发生了一点讹变，讹变的原因很值得
探讨，可惜没有引起前贤的足够重视。

我们有幸从甲骨文及金文阳字中找到了《说文》所谓"古文以
为于字"的"万"字形，并从金文阳字中找到了中断了的于字形
（于）。现尝试说之如下：

甲骨文阳字从阜、从日、从丁，作𨸐（图二），西周金文大致承
甲骨文趋势，作𨸐（图三，见于农卣），或又于日上加一，作𨸏（图
四，见于柳鼎），或又于丁旁加彡，作𨸐（图五，见于虢季子白盘）。

图二　　　　图三　　　　图四　　　　图五

训诂恒言"山南曰阳"，这是阳字的本义。阜为土山（《说文》：
"阜，大陆，山无石者"），则阳字从阜，从日，乃是示意日光所照

之"山南"。日下所从之"丁"，也并非如以往学者所理解的，为无意可说的装饰性符号，而是示意"地气"欲升（此意以"丁"形中的丿示意），碍于"大块"（此意以"丁"形中的横画示意）而不得宣导——"地气"不得宣导，就不能形成云、雾、霭，日光便可无遮无碍地照耀"山南"。

甲骨文、金文阳字形右边"日"下的"丁"，示意"地气"（丿）碍于"地"而不得发，正是《说文》"古文以为于字"的"亏"（丂）。

甲骨文气字作彡，作彡，可知金文阳字有的在"丁"旁加彡，必是嫌"丁"形横画下之撇（丿）尚不能显示"地气"之意，故特以气字（彡）注明。

金文阳字有的又在日上加"一"，作。日下之"一"为地，则日上所加之"一"必为天。日上之"一"为天，日下之"一"为地，"地气"呈《升》卦之势而碍于"大块"不得宣导——这些意义，在金文阳字中综合、抽象而出之，正是形。若除去天、地之间的"日"，余下的""就是中断了的"于"字。

平常说的"打嗝儿"，古人叫"噫气"。《庄子·齐物论》说的"大块噫气"，就是穿地面而出直达天听的"响嗝儿"，就是风声。"风声"与金文阳字所表现的"地气"为"大块"所碍而不得宣导的情况（形中的""）有所不同，应当以"地气"穿地达天之象表示之，甲骨文于字（亐）正是如此示意的。

从字形演变之常规来看，小篆于字（丂），显示"地气"中断、不能宣导之象，乃是因为错误仿效金文阳字所从之"于"字中断形（字偏旁形中的""）所致。

甲骨文于字（亐）本是"地气"贯通之象，以示意风声的，甲骨文、金文的阳字形要表示排除"地气"，所以才以中断的于字

（〒、丁）示意"地气"的中断。两者的字形之意都与"地气"有关，却又有通、塞的区别。所以表示"地气"畅达的独体"于"字原是不应当中断的，小篆使于字中断，就不能准确反映"地气"贯通之象，也就不能正确示意"风声"了。

小篆于字（亏）是缘金文阳字形中示意"地气"中断的"〒"而致讹的，这也证明笔者以甲骨文于字（于）之形意为"风声"之说无误。因为金文阳字形里的中断了的于字形（〒），毕竟也是冲"地气"用其心的，只不过这是用中断的"于"（〒）表示不得发泄的"地气"，而甲骨文的于字原是表示"地气"通畅宣泄而出，"风声"响亮而已。

（四）释𠂤

《说文》释风字："八风也。……风动蟲生，故蟲八日而化。"《左传·隐公五年》："夫舞，所以节八音而行八风"。《国语·周语下》载伶州鸠论"八音"，而云"以遂八风"，韦昭注引《传》曰："所以节八音而行八风也。"《吕氏春秋·古乐》云颛顼："乃令飞龙作效八风之音。"《淮南子·原道训》云："师旷之聪，合八风之调。"我们从中看到的"节八音而行八风"、"八风之音"、"八风之调（调，曲调也）"云云，都说明古人以"八风"比附音乐。风为"大块噫气"，而通过山川宣导，《国语·晋语八》载师旷论乐，而云"夫乐，以开山川之风也"，也说明古人以"八风"比附音乐。又《诗经》有十五"国风"，说明古代民歌以"风"为名，这也说明古人以风声比附歌声。以"八风"为音乐，为歌声，这是传自荒古的观念，不可等闲视之。

但是风声毕竟不能等同于歌声，作为自然风声的"于"，虽然可以人为仿效之以成歌，但是它本身毕竟有别于传自喉吻的歌声。

而祈雨时的人为"吁嗟"，作为仿效风声"于"的"乌呼"，却符合最原始意义的"歌"的条件。"乌呼"、"吁嗟"作为"歌"，原是仿效风声，形诸文字笔画，就是甲骨文𦥑字：𦥑字从于，以表示风声；从𡳴，描风声"于"之轮廓，以表示对自然风声的人为模仿。

对自然风声的人为模仿就是最原始的歌声，所以典籍每以"八风"比附音乐、歌声。可见𦥑字形中表示对风声"于"的人为模仿的𡳴就是"歌"了。不过，要确认𡳴为歌字，尚需看它是否与后来的"歌"字有可以辨认的来龙去脉。

《说文》："哥，声也，从二可。古文以为歌字。""从二可"无意可取，许慎乃是对既已讹变的字形做无可奈何的敷衍，并非朔义。今细审𡳴，实乃小篆哥字之最初字形："𡳴"去其一撇以求整齐方正，作"弓"；复以两"口"填"弓"之空框，以示意人之口吻所歌，作"哥"；又删除"哥"之中间迂回以求书写简便，作"哥"，再稍加调整以就篆势，就是小篆哥字了。

$$𡳴 \rightarrow 弓 \rightarrow 哥 \rightarrow 哥 \rightarrow 哥$$

既然𡳴之意义（字形之意）为歌声，字形又与哥字有可以辨认的来龙去脉，那么𡳴即哥字之初文，就可以确认了。

二"口"示意众口歌呼（二"口"并不是造字时的初义，而是原始"歌"字在后来的演变途中被人为添加的产物），但是在"哥"字形既已讹变，而被误认为"从二可"之后，就使得套在"二可"里的二"口"之意不明显，所以才又造了从欠、或从言的歌字、謌字（《说文》释"歌"为"詠也"，而以"謌"字为"歌"之异体）。据《说文》体例，"以为"乃是注释假借的术语，许慎说解哥字而谓"古文以为歌字"，说明许慎已经不知道"哥"就是古"歌"

字，而认为古文假借"哥"当歌字。但是许慎又知道"哥"之义与歌声，或风声，或别的什么声音相关，所以《说文》大其范围笼统而言之，曰："哥，声也。"

（五）总结

总之，"于"为风声，字形示意"地气"穿地而达天听；弓为歌声，即哥字之初文，象对风声的人为模仿。这是此文的主要创获。最后，将除此而外的收获归纳如下：

从于、从弓（哥）的孚字为吁嗟之吁字的初文，后来改从弓（哥）为从口、为从言，就是吁字、訏字。《说文》释"吁"为"惊也"，并非朔义，但是人到"惊也"之时也往往不能自控而伴以"乌呼"，所以许慎"惊也"的解释可以说是虽不中而不远。《说文》释"訏"字本义有"吁嗟"一说，尚可据以追溯"吁"字本义就是"吁嗟"。舞雩的行为是"吁嗟而请雨"，所以雩字应当从孚，甲骨文雩字或从"于"（风声），而不从孚者，省也。

甲骨文未发现独体成字的弓（哥），但是不能据此而确认殷商时代无弓（哥）字。弓（哥）只作为"吁嗟"之吁字（孚）的偏旁出现，学人多以无意可说之装饰性符号视之，故其字鲜为人识，沿误已久矣。

十二　释大、天、舞

《说文》："大，天大，地大，人亦大焉，故大象人形。"许慎以天、地这样的大事物做比方，并且捎带作为万物之灵的人，说明大字本义为大，这是对的；说大字"象人形"，也是对的。但是如此这般的原因——"大，天大，地大，人亦大焉"——与"大象人形"并没有直接联系。也就是说，因为"天大，地大，人亦大焉"，所以"大象人形"，这个因果关系在逻辑层面上是说不通的。

甲骨文大字作什，象正面人形。以"人"形而示意"大"（典籍大字多是大义），可见其字形之意应当是"大人"，甲骨文大字乃是从"大人"取形。

《说文》："天，颠也，至高无上，从一大。""颠也"说的是人的脑袋，"至高无上"则是说的头顶之天。甲骨文天字作天，象"大人"而头顶"至高无上"的天；或作天，象"大人"而特写其"颠"（脑袋）。可见甲骨文二体天字乃是从同一个"大人"的两个方面示意：或者示意"大人"头顶之天（"至高无上"），或者示意"大人"之脑袋（"颠也"）。《说文》释天字概括了甲骨文的这两个示意，可见许慎对天字的解释师承有据。

甲骨文舞字作舞、作舞、作舞（图一），象"大人"操尾而舞，"大人"或以"大"象之，或以"天"（天）象之。舞零卜辞

有字（图二），从雨、从舞，所
从舞字象"大人"操物而舞（卜
辞偶有独体舞字，也如此作）。金
文舞字作 （图三，见于作册般

图一

甗），亦象"大人"操物而舞，所操之物与甲骨文![]字相同。![]
字、![]字形中"大人"所操之物虽不能立即得以辨识，但是能够
看出并非尾巴。金文舞字又有作![]形者（图四，见于虢季子白
盘），亦象"大人"操物而舞，而所操之物也可以断定不是尾巴。

图二　　　　图三　　　　图四

卜辞、商周青铜器铭文，以及典籍，大、天二字每通假，如
"大宗"亦作"天宗"①，"大（太）乙"亦作"天乙"，"大邑商"
亦作"天邑商"，"大（太）室"亦作"天室"，都是假借"天"以
为"大（太）"的证据。作为构字部件，"大"也常常写作"天"，
甲骨文舞字从大，亦从天，就是证明。

大、天形似而每通用，尤其是作为构字部件的互用，证明它们
有相同的字形之意，乃是从同一个"大人"取形。

殷商人不会以一个凡夫俗子的形象写"大人"、写"天"，所
以大、天二字，以及诸多舞字中的"大人"，应当是从一个著名的
历史或神话人物取形。要真正理解大、天、舞三字的文化内涵，

① 《礼记·月令》说"孟冬之月"："是月也，大饮烝，天子乃祈来年于
天宗。"

"大人"的真实身份，以及"大人"所操究竟为何物，都亟待解决。

《吕氏春秋·古乐》篇云："昔葛天氏之乐，三人操牛尾，投足以歌《八阕》。"以往研契诸家曾经引用这段话以证明舞字象人操尾而舞，但舞字形中手之舞之、足之蹈之的人为什么必是"大人"，此"大人"与"葛天氏"有无必然联系，以及"大人"所操之"尾"有何意义，这些问题都是忽略不得的。而前贤对这些重要问题却皆不曾注意留心，不知是何缘故。

从字面看，"葛天"的"葛"字似乎无义可取，也未见学者们对"葛天"的"葛"字做过训释。但是葛天之名应当是有意义的。"葛天"对面当前而不识"葛"字其义，说明"葛天"里的这个"葛"字肯定是个假借字，读出本字来，"葛天"名字的意义也就会自然浮现出来。

上古葛、介二字同音（见纽、月韵），所以"葛天"之"葛"或可读为"介"，而读为"介"就有义可取了。《尔雅·释诂》："介，大也。"那么读为"介天"的"葛天"就是"大天"。甲骨文舞字从"大"或从"天"，典籍又有"葛天"（"大天"）舞的情节，那么甲骨文舞字中的"大人"应当就是葛天氏（释其义，就是"大天氏"）。换言之，甲骨文大、天二字乃是取形于葛天氏，甲骨文舞字乃是取形于葛天氏之舞，取形于《吕氏春秋·古乐》篇说的"昔葛天氏之乐"。可见"昔葛天氏之乐"，有根有据，可能是来源甚为古老的真实信息。

葛天氏舞有三个特点：一是操尾，二是"三人"，三是"以歌八阕"。

《说文》："尾，微也，从到（倒）毛在尸后。古人或饰系尾，西南夷亦然。"以"微"释"尾"，这是传统的声训法。用以释义的

"微"是用的假字，本字应当是"媺"，美也，以本字读此声训，就是"尾，媺也"。再联系"古人或饰系尾"，即可知古代人以动物尾巴为装饰品，以为装饰了尾巴，"美"就尾随而来了，人物也就漂亮了，就因为与众不同而出色了。《诗经·豳风·狼跋》篇有两句说到过这条尾巴，云："狼跋其胡，载疐其尾。"说明有周人以丰满、肥硕、长长的尾巴为美。所以这位垂着下巴颏（"狼跋其胡"，"狼跋"犹言"拉拔"，义为奋拉，与豺狼、野狼毫无关系），拖着一条经常被人踩着的长尾巴（"载疐其尾"，"载疐"就是"则疐"，"疐"犹言绊倒）的公子哥儿，在公众场合颇引人注目。

《尚书·尧典》："鸟兽孳尾。"孔安国传："乳化曰孳，交接曰尾。"这又可以证明以饰尾为美的古风与性爱有关。然则葛天氏舞的"操尾"，其目的应当是示意性爱。

沂南汉墓画像有遂人拥伏羲、女娲图（图五）①，遂人居中，撮合伏羲、女娲之意甚为明显。神话传说伏羲、女娲为兄妹而兼夫妻，他们都是遂人氏的儿女，他们的结合是出于不得已，因为那时候"天下未有人民"②。沂南汉

图五

---

① 引自曾昭燏《沂南古画像石墓发掘报告》图版廿五（文化部文物管理局，1956年），《报告》原释中间之人为盘古，郑慧生先生《上古华夏妇女与婚姻》识其人为遂人。

② 李冗《独异志》。

墓画像反映的正是汉代人的这个观念：伏羲、女娲是秉承遂人氏之命而结合的。

与其他相同题材的汉画像伏羲、女娲交尾者不同，沂南汉墓画像中的伏羲、女娲分别举尾而不知所措，正赖居中之遂人氏荷"规矩"以教诲。

这类汉画像多是"三人"，与葛天氏舞的"三人"冥合。而且这类汉画像示意性爱，与葛天氏舞之操尾的示意亦冥合。中国神话及传说中的历史始于遂人氏，遂人氏之前无人、神，盘古开天辟地的神话是汉代人以己意补足的。《楚辞·天问》于开篇问及天地剖判之际，昼夜界分之后，正好到了应当出现神、人的时候，而问"阴阳三合，何本何化"，这一问肯定是针对人类起源的。"阴阳三合"应当是指遂人氏撮合伏羲、女娲的荒古传说而说的，因为只有这个荒古传说能够引向"阴阳三合"。然则葛天氏舞的"三人"，以及汉画像遂人氏撮合伏羲、女娲的"三人"，并非偶然巧合，而是有必然联系的。

遂人氏为风姓家族，伏羲作过《易》，画过八卦、太极图，而古文风字（𩙿）以变相的太极图（☉♪）为形符。古人以"八风"比附"八音"、"八卦"①，而且葛天氏舞而歌之的《八阕》也是"八风"、"八音"。《文选·上林赋》："听葛天氏之歌。"李善注引张揖云："葛天氏，三皇时君号也。其乐，三人持牛尾，投足以歌八曲。"这些文献资料都可以作为"八阕"、"八曲"、"八音"与"八风"相贯通的证据，说明葛天氏舞而歌之的《八阕》，与遂人氏的姓氏，与伏羲氏的八卦、太极，具有相同的用意。

《太平御览》卷七八引《诗含神雾》云："大迹出雷泽，华胥

---

① 参见本书第九篇《释古文风》。

履之，生伏牺。"遂人氏之前无人、神，而伏羲为遂人氏之子，可见上古神话中使华胥氏感孕的"大迹"必定是遂人氏的杰作。其"迹"大，其人（确切说，是"其神"）自然亦"大"，所以遂人氏必定是一位"大人"。这与"葛天"之为"大天"、"大人"者亦两相吻合。

《说文》释虺字："虺以注（咮）鸣。"释虽字："似蜥蜴而大。"可见虺、虽都是蜥蜴，而有大小之分别——虽是大蜥蜴，是巨蜥。

遂人、伏羲、女娲，这些名字原本都是有意义的，但是在从史前向后世的流传中，它们的意义被尘封了。我们尝试拂去这层封尘，看看这些名字都有什么意义。

典籍记载伏羲之名多歧字，上字伏，或作庖、作包、作宓、作虙，姑且不论；下字羲，或作牺、作戏，亦姑且不论。而下字又有作"希"者，则特别值得注意。

《太平御览》卷七八引《帝王世纪》"女娲氏……一号女希"，《路史·后纪二》据《帝王世纪》而云："娲皇氏，风姓，一曰女希。"也就是说，女娲也叫"女希"。罗泌自注："《风俗通》亦云'女娲，伏羲之妹'。知'羲'、'希'古通用。"如果罗泌所见之《风俗通》就是说的"女娲，伏羲之妹"，那么，他怎么可能由此而知道"'羲'、'希'古通用"呢？可见《风俗通》原本不是"女娲，伏羲之妹"，而是"女娲，伏希之妹"。此"伏希之妹"因为罕见而更显珍贵，也正因为罕见，所以在传抄过程中被浅人以意改为"伏羲之妹"了。可见伏羲、女娲皆有"希"名，曰"伏希"、"女希"。伏羲、女娲皆有"希"名，说明这兄妹二人有共同的特点，而为其他家族人物（历史人物或者神话人物）所不具备。

伏希、女希的共同特点，是由"希"字表现的，也是被"希"

字掩盖的，因为这个"希"字有可能是假借字。读出"希"的本字，伏希、女希的真实身份也就会荡涤尘封而大白于天下。

上古希字与虺字同声韵（晓纽、微部韵），所以"伏希"犹言"伏虺"，"女希"犹言"女虺"。所以典籍作"伏希"、"女希"，均是假借，本字应该就是"伏虺"、"女虺"——可见这兄妹二人都是虺蜥。

上古遂字邪纽、物部韵，虽字心纽、微部韵，遂、虽二字双声（心、邪二纽字皆属齿音——就是现在说的舌尖前擦音——而分清、浊），对转（微、物对转），读音相近。以"伏希"为"伏虺"，"女希"为"女虺"参证，则"遂人"也是"虽人"。遂人为"大人"，又为"虽人"，那么"遂人"就是巨蜥（《说文》释虽字"似蜥蜴而大"）化身了。

这样理解，遂人，伏羲、女娲的名字就在虺蜥意义上获得了一致，他们的名字就都有特殊的标志作用。

尚有"葛天"，这个名字除了"大天"的意义，也指向虺蜥，甚至指向遂人。

以音韵言之，"葛天"就是"介天"、"大天"（说已见前）。又，后世蚧字从介声，蚧，蛤蚧也，而蛤蚧与蜥蜴相似，也是蜥蜴之类。那么"葛天"也就是蜥蜴而"大人"（天）了，这与我们针对"遂人"的推论完全相同。这些推论能够有共同的指向，当然不可能是出于偶然的巧合。

《左传·昭公十七年》记郯子云："太暤氏以龙纪，故为龙师而龙名。"学者们据此而谓伏羲氏就是以"龙"为图腾的远古部落。这就从另一角度证实了我们的推论，即葛天、遂人为蜥蜴的结论。因为"龙"的形象就是极有说服力的"似蜥蜴而大"，而蜥蜴也就是具体而微的现实而生动的"龙"。

又《太平御览》卷七八引《皇王世纪》云："燧人氏没，庖牺氏代之，继天而生。"伏羲为遂人氏体胤而云"继天而生"，说明遂人氏就是"天"，遂人氏为"天"，葛天氏名号里也有"天"，遂人氏、葛天氏就统一在一个"天"上了。

以上事实证明，葛天氏与遂人氏实为一人而异名，葛天—遂人氏应当是以虺蜥（龙）为图腾的上古"大人"部落首领。殷商人是以葛天—遂人氏的形象写了大字、天字，进而又以其形象写了葛天—遂人氏之舞的舞字。

舞雩卜辞中从雨、从舞的 𤎩 字，可能是舞雩之雩的异体字，也可能是专用于舞雩的舞字（后一种可能性更大）。𤎩 字中以"大"字示意的"大人"就是葛天—遂人氏，"大人"所操之物首、尾、四肢（或省作两肢）俱备，宛然虺蜥之形。与甲骨文 𤎩 字一样，金文 𤎩 形舞字也是示意"大人"操物而舞，所操之物首、尾、四肢俱备，也是虺蜥之形。操物而舞的"大人"既然是遂人氏，联系汉画像多见的遂人氏撮合伏羲、女娲，而伏羲、女娲以虺蜥示象（多被误认为以蛇示象）的神话情节，那么甲骨文 𤎩 字以及金文 𤎩 字反映的遂人氏之舞中，遂人氏所操的双虺蜥应当就是伏羲、女娲的化身示现。

遂人氏撮合化身双虺蜥的伏羲、女娲而舞，是以舞蹈教诲子女以性爱，见诸典籍，就是《吕氏春秋·古乐》篇说的葛天氏"三人"舞；形诸文字，就是"大人"或操尾而授意的舞字（𣥠），或携双虺蜥以示范的舞字（𤎩 字形中的 𣥠）。古人认为虺蜥（龙）之性爱能导致云雨，后世有用虺蜥祈雨的民俗①，应当就是来源于此；

---

① 汉代以"土龙"祈雨，"土龙"之原型盖即蜥蜴。又《西阳杂俎·广知》说季㔻为王彦威祈雨，云以"蛇医四头"，是民间以蜥蜴祈雨之证。

后世称性爱为"云雨",恐怕也是来源于此①。

《北山录注解·天地始》引《风俗通》："女娲,伏羲之妹,祷神祇,置婚姻,合夫妇也。"《路史·后纪二》："以其(女娲)载媒,是以后世有国,是祀为皋禖之神。""载媒"就是始做媒,也就是最早的媒人。就因为是最早的媒人,女娲才以"皋禖"的身份受到人们的祭祀("皋禖"即婚姻子嗣之神)。作为"皋禖",女娲的责任是使人间婚姻得遂,夫妇多子。

"皋禖"在人间的代理则是"媒氏"。《周礼·春官》有"媒氏",其职云;"掌万民之判(判,婚姻也)……令男三十而娶,女二十而嫁……仲春之月,令会男女,于是时也,奔者不禁。若无故而不用令者,罚之。"《诗经·召南·摽有梅》三章以一位"大龄"女子的口吻反复吟咏,她抛出梅子("摽有梅",摽,抛也)②,与有求于我的男子("求我庶士")约定在仲春之月相会相聚("迨其吉兮","迨其今兮","迨其谓(会)之")。《诗经·小序》云:"男女及时也。"毛传:"三十之男,二十之女,礼未备则不待礼,会而行之者,所以蓄育民人也。"郑笺:"谓明年仲春不待以礼会之也。"小序、毛、郑众口一辞,应当是深得古意的,说明《召南·摽有梅》无疑就是歌咏《周礼》所谓"仲春之月令会男女"的诗篇。

女娲以"禖"为神号,其人间代理以"媒"名所职,会男女之诗以"梅"起兴,这些现象令人想到禖、媒、梅可能同源,而其源头则应当是十分生动具体的"梅",这个与禖、媒同源的"梅"不

① "云雨"的性爱义源于古代祈雨,见国光红:《关于古代的祈雨》,《四川大学学报》1993 年第 1 期;国光红:《九歌考释》,齐鲁书社,1999 年。

② 见闻一多《古典新义·诗经新义》,《闻一多全集》,三联书店,1982年。

是梅树，而是梅子。换句话说，就因为"梅"之为物多子，所以梅子就成了多子的象征，所以禖、媒也就缘梅子而得名。作为婚姻子嗣神，女娲当年用梅子强调婚姻的子嗣目的，用梅子寄托了多子嗣的诉求，缘物而称其人其职，亦曰"梅"，神其事则曰"禖"，泛称其人间代理则曰"媒"。

《说文》："某，酸果也。"下出古文作 🔲，隶定为"槑"。"某"就是梅子的本字，"酸果"即梅子，是多子的象征。今审金文 🔲 形舞字，"大人"所操之物正是"某"字，会合双手所操的二"某"，正好就是"槑"，而"槑（🔲）"就是"某"字的古文。

从甲骨文、金文的三个舞字看，🔲 为"大人"操尾而舞以示意性爱；🔲 及 🔲（🔲 字偏旁）为"大人"操双虺蜥以撮合男女，也是示意性爱；唯有 🔲 字却是"大人"操"梅"（梅子）以示意婚姻的子嗣目的，这与"皋禖"的身份十分吻合。可见前两个舞字反映的是葛天—遂人氏之舞，后一个舞字反映的应该是女娲之舞。女娲改造遂人氏之舞，金文舞字改其所操（改操尾、操虺蜥为操梅）而又欲示其源头，所以写女娲之舞仍旧借遂人氏舞的"大人"形象。当然，说是女娲舞的"舞"字借遂人氏舞的"大人"形象，其实遂人氏为"大人"，女娲既然是遂人氏血脉，也自可为"大人"，所以直接把女娲舞的"大人"形象认作女娲，也是可以说得通的。

女娲改造遂人氏舞，应当是女娲改革遂人氏婚姻制度的产物，所以金文舞字可以反映上古由女娲倡导的一场婚姻革命。女娲神话有两个重要的核心情节：一是补天，一是造人。寻其历史原型，则女娲改革葛天氏制度，此即所谓"补天"——天，就是"葛

（大）天"。《淮南子·天文训》说史前的那场灾难，云"天柱折"，"天柱"就是葛天氏制度，"天柱折"就是葛天氏制度导致的一场灾难。女娲改革了葛天氏制度，建立了有利于子嗣的新的婚姻制度，使濒于灭顶的原始部落绝处逢生，其功不啻重造人类，此即所谓"造人"。

十三 关于伏羲氏的 几个古文字

——释九、龙、🐛、辛、祟①

（一）释九

甲骨文九字作 ⟨图⟩，或反向作 ⟨图⟩，金文作 ⟨图⟩、作 ⟨图⟩，形简而意玄，自来聚讼纷纭。丁山先生认为"象矜纠收缭交相纠缦之形也，言其本训则九与纠同"。后来又自行纠正，云："九本肘字，象臂节形。旧谓即纠字，非是。"②于省吾先生认为"九字象蟲形之上屈其尾"③，后来又放弃前说，说是"错画之指事字……并非象形"④。大家反复改口，可见九字之形意实为难题。丁山先生之说凭空猜度，不得要领。于省吾先生前说虽然不中，却已经接近标的，可惜又中道而改路。

仰韶文化陶器有蜥蜴图形（图一），其身形宛转走势与甲骨文九

---

① 本文曾发表于《殷都学刊》2000 年第 4 期，今收入本书，略有修改。

② 丁山：《数名古谊》，《中央研究院历史语言研究所集刊》第 1 本 1 分，1928 年。

③ 于省吾：《双剑誃殷契骈枝》，《于省吾著作集》，中华书局，2009 年。

④ 于省吾：《释一至十之纪数字》，《甲骨文字释林》，中华书局，1979 年。

字神似，而以"十"画额，亦与九字相同，抽象其大段，正是甲骨文九字。

《战国策·赵策三》之"鬼侯"，《史记·殷本纪》及《鲁仲连列传》引作"九侯"，又轨、宄、杋、氿诸字与"鬼"同音而从"九"声，说明上古九、鬼二字同音。

图一

《说文》虫部类列虽、虺、蜥、蝘、蜓、蚖诸字，皆蜥蜴属。释虺字云"虺以注（味）鸣"，可见虺就是能鸣会叫的蜥蜴。《韩非子·说林下》："虫有魁者，一身两口。"又《庄子》佚文："魁二首。"《颜氏家训·勉学》篇引之，而据《古今字诂》识其字为"古之虺字"。"古之虺字"的"魁"从鬼声，可见虺字也与鬼字同音。九、虺（魁）皆与鬼字同音，可见九字、虺字古音相同。

九字形似蜥蜴而抽象，又与虺字古音相同，可见"九"就是虺，就是蜥蜴之能鸣者。"九"是最早的"古之虺字"。

（二）释龙

甲骨文龙字作 （图二），轮廓走势与九字完全相同，唯繁画其巨吻与首戴之物而已。仅从字形看，"龙"之原型应当就是虺蜥："九"就是具体而微的"龙"，"龙"就是神化了的巨型蜥蜴。

图二

《周礼·春官·司尊彝》："裸用虎彝、蜼彝。"郑玄注："蜼，读为蛇虺之虺，或读为'公用射隼'之'隼'。"根据训诂措辞之通例，"读为"多是注音而兼破假字的术语，所以"读为虺"就是以"虺"释"蜼"，读为"公用射隼之隼"也就是以"隼"释"蜼"。隼、蜼、虽三字皆从隹声（虽从唯声，唯从隹声），隼、虽同纽而对转（上古隼字文部韵，虽字微部韵，二字皆心纽），所以蜼字可以读为虺字，也可以读为隼字。

郑玄注"蜼"字音，谓"读为蛇虺之虺"，而又谓"或读为'公用射隼'之'隼'"。郑玄注"或读为"的内容出自《周易·解》卦上六爻辞"公用射隼于高墉之上"，该爻辞的"公"所射之"隼"乃是虺蜥，而不是"祝鸠也"（《说文》以隼字为"从鸟、佳声"的雅字的或体，而释其本义为"祝鸠也"）。郑玄为了注解《周礼·春官·司尊彝》的"蜼彝"，而引证《周易·解》卦的这段关于箭射虺蜥的爻辞，可见《周礼》之"蜼彝"就是"虺彝"、"虽彝"，就是铸有虺蜥形象纹饰的礼器，而与铸有虎纹的"虎彝"在裸祭中配套。

"虎彝"、"蜼彝"配套，说明古人以虺、虎相配，这似乎与后世以龙、虎相配之民俗尚隔一间。

1987年，河南濮阳出土了"华夏第一龙"（图三）。这条被誉为"华夏第一"的"龙"恰巧与虎相配，这与《周易·乾》卦之以龙、虎相提并论者吻合①，也与后世以龙、虎相配的民俗吻合。

图三

① 《易经·乾·文言》："同声相应，同气相求。水流湿，火就燥。云龙从龙，风从虎。圣人作而万物睹。"

"华夏第一龙"粗短、苗壮，与后世"龙"之蜿蜒修长者不同，而更像巨蜥，这说明古代"龙"之原型有可能就是巨蜥，也说明《周礼》以虺、虎相配的礼数渊源有自。

《周易》称阳爻曰"九"（阴爻曰"六"），此为通例。《周易·乾》卦以六阳爻成卦，而六阳爻皆以"龙"称，"初九潜龙，勿用"，"九二见龙在田，利见大人"，以及《彖传》云"时乘六龙以御天"，皆其证，此为变例。《周易》之阳爻称"九"，又或称"龙"，而"九"即虺蜥，这说明在商周之际，"龙"与"九"（龙与虺蜥)可能并无区别，可能就是同一种动物而异其名称。以此看《周礼》之以"虎彝"、"虺彝"配套，看"第一龙"之粗短苗壮如虺蜥，就好理解了：古人视"龙"与虺蜥原为一物，"虺彝"也就是"龙彝"，"第一龙"也就是"第一虺"，后世以龙、虎配套的观念是从远古以虺、虎配套的观念演变来的。

考诸字形，验诸典籍，"龙"之原型果然就是虺蜥，甲骨文龙字与九字大段相同，所不同者，只是龙字首戴之"辛"为九字所不具备而已。这个顶戴于龙头上的"辛"究竟为何物，龙头顶戴此"辛"是何用意，后面还会说到。

（三）释

甲骨文字（图四），从宀、从九、从攴，示意在室内（宀）以攴击九。于省吾先生以为九字通鬼，之字意为以攴击鬼，就是《周礼》说的傩祭："甲骨文言，周人言傩，名异而实同。"① 于先生谓字为以

图四

①　于省吾：《释》，《甲骨文字释林》，中华书局，1979 年。

攴击鬼，乃是受孙作云先生启发，而其所论则是为"九"之通"鬼"提供了佐证①。

"九"字之通"鬼"乃是用字通假现象，如典籍借"介"为"甲"，吴王剑假"工"为"句"，皆其例。但是这并不意味着九字本义就是"鬼"，介字本义就是"甲"，工字本义就是"句"。而且凡通假之字，一般说是不可以作为形符而互相替代的，也就是说，一般是不能用汉字的假借义充当形符的。如"戎"字从"甲"不可使之从"介"，"魅"字从"鬼"不可使之从"九"，"巧"字从"工"不可使之从"句"，这是举凡论文字者人皆遵循的"公理"。而据孙、于二氏说，是以为[鬼]字本应从"鬼"作，而殷商人缘通假而使之从"九"，这恐怕是说不通的。

一般说，作为偏旁的汉字是以其本义（或者字形之意）充当另一个字的形符的。只有当一个字的本义（或者字形之意）从人们的记忆中淡出以后，才可能用这个字的引申义或者假借义作为形符充当另一个字的偏旁。譬如白字的本义为魂魄的魄，韦字的本义为围绕，只有当它们的本义（以及字形之意）淡出人们的记忆之后，白字才可能以其被误认作本义的引申义（白色）作为形符参与造字，例如皤字；韦字才可能以其被误认作本义的假借义（皮韦）作为形符参与造字，例如韧字。而九字、鬼字同时出现在卜辞，它们的本义并没有被殷商人忘记，所以殷商人不可能假借"九"以当"鬼"而造[鬼]字。

----

① 于省吾先生《释[鬼]》云："孙作云教授曾以'释[鬼]'为'打鬼'一文见示，颇具卓识，但于九之通鬼并无佐证……难以令人置信。本文所论可以证成孙说。"

更何况卜辞鬼字也并不是鬼魂、鬼魅，而是方相氏①，方相氏于傩祭中是驱逐殴打疫鬼、恶梦的巫觋，断不能又在傩祭中扮演挨打的角色。今既知"九"字本义为虺蜥，则🅐之字形分明是在室内（庙寝内）殴击虺蜥，所以也就完全没有必要用文字通假说事了。

那么，殷商人为什么要在室内或庙寝内殴击虺蜥呢？这个问题的答案与两次"龙降"的神话传说有关。

典籍有两次"龙降"的神话，都发生在夏后氏时代。

《史记·夏本纪》说："夏后氏德衰，诸侯畔之。天降龙二，有雌雄，孔甲不能食，未得豢龙氏。陶唐既衰，其后有刘累，学扰龙于豢龙氏，以事孔甲。孔甲赐之姓曰'御龙氏'，受豕韦之后。龙一雌死，以食夏后，夏后使求，惧而迁去。"

《国语·郑语》记太史伯阳引古《训语》云："夏之衰也，褒人之神化为二龙，以同于王庭，而言曰：'余，褒之二君也。'夏后卜杀之，与去之，与止之，莫吉。卜请其漦而藏之，吉。乃布币焉而策告之，龙亡而漦在。椟而藏之，传郊之，及殷、周，莫之发也。及厉王之末，发而观之，漦流于庭，不可除也。王使妇人不帏而噪之，化为玄鼋，以入于王府。府之童妾未既龀而遭之，既笄而孕，当宣王时而生。不夫而育，故惧而弃之。为弧服者方戮在路，夫妇哀其夜号也，而取之以逸，逃于褒。褒人褒姁有狱，而以为入于王，王遂置之，而䢐是女也，使至于为后而生伯服。"

面对"同于王庭"的"褒之二君"，闻一多先生说："这太像伏

羲、女娲了。"① 我们不得不佩服闻先生学术嗅觉之灵敏，这"同于王庭"的"褒之二君"之与伏羲、女娲，岂止是"像"而已，这对化为雌雄二龙的"褒之二君"原本就是伏羲、女娲。

伏羲、女娲的化身公然在夏后氏王庭交配（"同于王庭"，同，通也），显示对子嗣绵延的执着要求，而夏后氏则有"卜请其漦而藏之"的打算，说明夏后氏对其来意十分清楚（龙所留之"漦"是其"精气"的象征），两相心照不宣。可见夏后氏可能参与过对"龙"裔的屠杀，而二龙之"同于王庭"，则是向夏后氏示威，是"还我子嗣"之意。

二龙"化为玄鼋"，韦昭注："鼋，或为'蚖'。"《说文》释蚖字："荣蚖，蛇医以注鸣者。""荣蚖"，今作"蝾螈"，与蜥蜴同类，可见"玄蚖"就是黑色蜥蜴。现身为龙的"褒之二君"忽而化为黑色蝾螈，是龙之原型本为虺蜥的有力佐证，也为"故为龙师而龙名"的遂人、伏羲、女娲部落原是以蜥蜴为图腾的结论提供了最有力的证据。

以图腾论，伏羲氏为"龙"，炎帝为"牛"，刑天为"羊"②，而黄帝为"熊"。伏羲原是居住于中原的"龙"部落，而后炎帝、黄帝部落轮流入主中原，这就意味着对"龙"裔的杀戮，夏、商、周都是黄帝后裔，他们的先人也都曾经先后参与过对"龙"裔的屠杀，他们都是伏羲氏报复的对象。

孔甲时代的"龙降"导致夏王朝三传至桀而亡，"同于王庭"

---

① 闻一多：《伏羲考》，《闻一多全集》，三联书店，1982 年。
② 史前刑天部落生活在江西新干大洋洲。说见国光红：《刑天考》，《中原文物》1994 年第 1 期。

的"龙降"导致褒姒生而西周亡，殷商则是在纣王醢"九侯"① 之后旋即灭亡。

古代神话应当有夏、商、周三代亡国的宿命论因缘，而被修史的儒家以"不雅训"为由剔除了，但是两次"龙降"神话还是保存在史书了，虽然被人为地割断因果，显得突兀孤立，但是仍然可以从中看出"龙"的始祖报复奏效的神话脉络。而且新的神话沿着旧神话的思路延续：秦灭六国，先后受封于夏、商、周王朝的诸侯国彻底灭亡，最终屠灭六国的秦始皇被视为"祖龙"化身②，而原始的"祖龙"真身其实就是"龙师而龙名"且有"人之先"称号的伏羲氏。"龙"对三代的报复秋毫不爽地一一实现了。

以"龙"（蜥蜴）为图腾的伏羲氏，其经典以"易"为名。金文易字作𧼩，宛然蜥蜴之形，而有"龙"之神姿。可见伏羲氏经典以"易"为名，就是以"蜥蜴"为名，也就是以其"龙"图腾命名。因为姓氏来源于图腾，所以可以推论，先秦诸子书皆以作者姓氏命名，这个通例是从伏羲氏经典以"易"命名开始的，是对伏羲氏经典以"蜥蜴"命名的模仿。

殷商之先公"王亥"被"有易"人杀死，然后殷先公上甲微借

---

① 《楚辞·天问》："梅伯受醢，箕子详（佯）狂。"洪兴祖《补注》引《淮南子》云："醢鬼侯之女，菹梅伯之骸。"而《战国策·赵策》云"醢鬼侯"。然则"梅伯"、"鬼侯"、"九侯"当是一人而异称："梅伯"之"梅"，是就其高妣女娲而称其后裔之国，高禖后世所封国曰"梅"，"梅"即"禖"也；"九侯"之"九"，是就其高祖伏羲而称其后裔之国，伏羲后世所封国曰"九"，"九"即"鼀"也。

② 《史记·秦始皇本纪》："有人持璧遮使者，曰：'为吾遗滈池君。'因言曰：'今年祖龙死。'……始皇默然良久……退言：'祖龙者，人之先也。'""人之先"即伏羲氏，这段记载说明当时把秦始皇视为伏羲化身，认为灭六国是"龙"之报复的最终体现。

助河伯的力量灭掉了"有易",而"有易"应该就是伏羲后裔。先人作《易》,所以其后世子孙云仍即以"有易"命国。

于先生曾经援引有关"🐦寝"的卜辞,以证明🐦字之意就是以支击"鬼",也即《周礼》傩祭的观点,今移抄这两段卜辞,看一看"🐦寝"究竟是什么意思:

> (1)庚辰卜,大贞:来丁亥,🐦🐦(寝)……岁羌卅,卯十牛。十月。(《合集》8卷2934页22548片)
>
> (2)丁亥,其🐦🐦(寝),牢。十二月。(《合集》5卷1912页13573片)

这两条"🐦寝"都行之于丁亥日,用牲以羊、牛,或以羌。而从图腾角度看,"羌"也就是人而"羊"者也[1]。殷商人有以死日之天干命名先公先王,并以死日祭之的习惯,以天干命名的先公从上甲微开始,在这之前的先公大概曾经以地支命名,"王亥"就是其例。所以"🐦寝"必行于丁亥日,可能就是祭祀死于亥日的王亥。

王亥淫于有易,被有易的国君绵臣杀死,从而导致了其子上甲微对有易的灭绝性战争[2]。对"龙"裔的这场赶尽杀绝的战争自然会招致"龙"的报复,自觉理亏而心虚的殷商人就随时对"龙"行厌胜巫术,其中就包括"🐦"。"龙"的报复会落到祖先神灵身上,譬如王亥就首当其冲,所以"🐦"祭必行之于先王神魂栖止的宗庙,

---

① 《说文》:"羌,西戎牧羊人也。"羌盖即以羊为图腾的部落。

② 《竹书纪年·夏纪·帝泄》:"十二年,殷侯子亥宾于有易,有易杀而放之。十六年,殷侯微以河伯之师伐有易,杀其君绵臣。"梁沈约附注曰"殷侯子亥宾于有易而淫恶,有易之君绵臣杀放之。故殷上甲微假河伯以伐有易,灭之,遂杀其君绵臣。"

曰"🦎寝"。殷商人虽然心虚，仍然得为屠杀"龙"裔的罪责尽量开脱，而且王亥被杀原是上甲微灭有易的顺理成章的理由，所以"🦎寝"之祭必行之于亥日。"丧羊于易"，"丧牛于易"①，"胡终弊于有扈，牧夫牛羊"②，见诸典籍的这些关乎"牛羊"的话，都是王亥被有易杀害的相关链条，所以"🦎寝"之祭必以牛羊。

然则甲骨文🦎字，卜辞"🦎寝"，乃是示意于庙寝以殳（支）扑击虺蜥，象征对真正"祖龙"伏羲氏的厌胜，不必以"九"为"鬼"而牵强立说。

（四）释龙、凤字首戴之"辛"

殷商人对伏羲氏的厌胜非止"🦎寝"一端，尚有甲骨文龙字、凤字首戴之"辛"可说。

甲骨文凤字作🐦，或从凡声作🐦（图五），象凤鸟而首戴"辛"，首戴之物与龙字相同。

图五

龙、凤字首戴之物，郭沫若先生认为是头饰，而与"刳剔，曲刀"（《说文》释刳字）的辛字有所区别③。原郭沫若先生之意，大概是认为龙、凤不应当首戴"刳剔曲刀"以象征刑具或黥面刑罚。而笔者认为，龙、凤所戴之物正是"辛"字，且龙、凤所戴之"辛"字与僕、童、薛、🦎诸字所从之"辛"意义并无区别。换句话说，末笔直下的"辛"与末笔曲

---

① 《易·大壮》六五爻辞说"丧羊于易"，《旅》上九爻辞说"丧牛于易"。

② 《楚辞·天问》："该秉季德，厥父是臧。胡终弊于有扈，牧夫牛羊。"

③ 郭沫若：《甲骨文字研究·释支干》，《郭沫若全集·考古编》第一卷，科学出版社，1982 年。

折的"辛"（、，甲骨文、、等字从之），其意并无区别。创制甲骨文字的殷商人正是有意使龙、凤字顶戴"剞劂，曲刀"的"辛"，而"辛"就是"曲刀"，就是刑具，龙、凤字顶戴的"辛"就是刑戮的象征。

《说文》小篆风字下出古文风字（），以太极图为形符，字形之意为伏羲氏风姓之风，甚得古意，应当是来源甚早的古文字①。甲骨文无"风"字，而以凤字假借，这说明殷商人是在有意回避伏羲。卜辞屡见"宁风（凤）"之祭，却未见明显地针对天气灾异，这说明"宁风（凤）"之祭是针对伏羲氏的厌胜。

"龙"、"凤"头上顶戴的"辛"，以及"宁风（凤）"之祭，都是殷商人针对伏羲氏的厌胜，这对我们进一步认识殷商人的心理，并从而认识殷商人的历史行为都很有帮助。

甲骨文商字从辛作，后期从口作，金文作（图六）。商字从辛，这可能是龙、凤字顶戴之"辛"为刑具说的障碍。但是商字形中的"辛"，其下并非殷商人的自我形象，与龙、凤字之以"辛"作用于龙、凤者示意并不相同。因此，商字从辛，于殷商人之形象并无妨碍。

图六

而且"剞劂曲刀"虽用于黥刑，却并不限于黥刑，文字契刻亦是其重要功用，这就与殷商人密切相关了。对灵龟腹甲的契刻，其目的正是为了得知灵龟的预言，而《说文》释商字为"由外知内"，殷商人正是使用"剞劂曲刀"的"辛"来完成对包藏天机的灵龟外壳进行钻凿契刻，从而"由外知内"的。

① 参见本书第九篇《释古文风》。

商字义为"由外知内","由外知内"须要凭借契刻,而殷商人的始祖就以"契"为名,曰"殷契"。这说明《说文》释商字而云"由外知内",就是契刻之意。"商"就是"契","契"就是"商",这是自上古传递到东汉许慎时代的重要文化信息。《诗经·商颂·玄鸟》说殷契之诞生,云"天命玄鸟,降而生商",也说明"商"就是"契"。

因此,商字所从之"辛",正是示意契刻之工具。殷商人用"剞劂曲刀"刻了甲骨文;也用此"刀"作用于童、仆面额,刻画了他们罪犯或者被捕获而沦为奴隶的身份;又用此"刀"作用于龙、凤,示意对"风(凤)"姓"龙"裔的厌胜。这三者都出自殷商人的手笔,并无丝毫矛盾,亦可以互相证明。

(五) 释祟

甲骨文祟字形甚为繁多,举其典型者,大致有三种异构,作(或反向作、作)、作、作(图七)。甲骨文祟字或假借为"杀",金文则又假借为"蔡",小篆遂另造从示、出声的祟字,《说文》释为"神祸",甲骨文祟字的字形之意遂泯然而不可究求。

图七

今审()形祟字,似是从九变形而尾部分支分叉。九,虺蜥也,九字变形而尾分支叉,乃是象征虺蜥之"挚尾",而虺蜥又是伏羲氏之象征。()形祟字象虺蜥,而上古祟、遂二字同音(邪纽、物韵),然则()形的祟字乃是从遂人氏取形。

127

审 ⚹ 形祟字，似是从"易"（虺蜥）而示象"孳尾"，乃是象征虺蜥图腾部落之子嗣繁多。典籍"孳尾"义为交媾，从"孳尾"的 ⚹ 形祟字来看（⚹、⚹ 形祟字之叉尾也是示意孳尾），"孳尾"其义乃是用"后裔分支众多"的字形之意来示现的。

⚹ 形祟字象"大"（大人），而一足作拖尾形。"尾"示意性爱，象征子嗣后裔，以足拖之则是示意"遵迹"。"遵迹"是上古会合男女之程序，乃是出于遂人氏教诲而为女娲所继承、改进，并发扬光大的。

《楚辞·天问》："昏微遵迹，有狄不宁。"这两句话就是对上甲微屠灭有易的那场战争的高度概括，是说上甲微（"微"）率领的军队于仲春二月合会男女时节的黄昏时分（"昏"），假扮成外部落求偶的男子（这也是"昏"，婚也），来与有易部落的女子踏足迹而行（"遵迹"）①，而发动了屠灭有易的战争（"有狄"即有易）。

"遵迹"亦曰"践"，神圣其事则曰"有践"，《诗经·郑风·东门之墠》云"东门之栗，有践家室"，就是说的"遵迹"。"有践"、"遵迹"亦曰"履"，《诗经·大雅·生民》说有周先妣姜嫄"有践"于"大人"之迹而生后稷，而曰"履帝武敏"，也是说的这"遵迹"——"遵"大人之"迹"而"履"之的意思。

卜辞祟字三异构的字形皆可以从遂人氏说通，再加上遂、祟同音，可以证实甲骨文祟字取形于遂人氏，祟字的字形之意正是多子嗣分支的遂人氏，《说文》释其本义为"神祸"，溯其源正是遂人氏之祸。

《左传·僖公三十一年》："冬，狄围卫，卫迁于帝丘……卫成公梦康叔曰：'相夺予享。'公命祀相，宁武子不可，曰：'……相

之不享于此久矣。非卫之罪也……'"春秋时期的卫国被狄人所逼来
迁夏后相之故地，于此孝享其先人卫康叔。原来居于此地的夏后相
久已不得享受后人的黍稷馨香之祭，虽曰"非卫之罪"，但饥饿强梁
的夏后相仍然要夺卫康叔的祭品。遂人氏也是久已不得享祀于中原，
而殷商人难逃其责，所以遂人氏之"夺享"更在情理之中。

　　遂人氏"夺享"的事屡有发生，导致殷商祖先神魂不安，在天之
灵不堪其扰，则必然示梦于后世子孙（如卫康叔之示梦于卫成公），
故卜辞恒言"有祟有梦"。"祟"是通过骚扰祖先而祸及子孙，而祖先
就是"神"，故曰"神祸"。"祟"之骚扰祖先，必行之于祖庙，故又
曰"宗庙之祟"①。作为"神祸"、"宗庙之祟"，当然不全是遂人氏所
为，但遂人氏之"神祸"是最早的"神祸"，殷商的先人曾经参与过
对"龙"之后裔的屠杀，故殷商人由"神祸"首先想到的就是遂人
氏，所以就把"神祸"叫做"遂"（祟），而造其字象遂人。

　　对待"宗庙之祟"，殷商人也有厌胜术以对待之，就是卜辞所谓
"🉑寝"。卜辞于丁亥日行"🉑寝"，以对遂人氏之"祟"王亥的行为
施行厌胜，有可能殷商人的先公王亥托梦给后世商王，说他又遭到
遂人氏的骚扰了。

---

　　①　《战国策·齐策四》："寡人不祥，被于宗庙之祟。"

下　卷

十四　　金文笔记五则

（一）说"𦬊俎"

1976 年 12 月，陕西省扶风县庄白村出土了大量青铜器，中有微伯瘨器多件，名为"三年瘨壶"者两件，铭文相同，记载"隹（唯）三年九月丁巳，王在奠（郑）"，八天后"乙丑，王在居陵"，先后赏赐瘨两件俎，一为"𦬊俎"，一为"𣥂俎"[①]。以理度之，与"𣥂俎"相对并列的"𦬊俎"应当就是羊俎，但是甲骨文、金文皆有现成的羊字，与"𦬊俎"之𦬊字形相去悬远。也就是说，从意义上看，"𦬊俎"只能是羊俎，而从字形上看，认此𦬊字为羊字是非常困难的。

于是学者们试图释此字为羔字，"𦬊俎"就是"羔俎"。这样，与"𣥂俎"相对并列的"羔俎"其实还是羊俎，却又绕开了认𦬊为羊字的困难。

沿着这个思路，固然可以不必认𦬊为羊字了，却又陷入认𦬊为羔字的困境，其难度一点也不亚于证明𦬊字就是羊字。

[①]　陕西周原考古队：《陕西扶风县庄白一号西周青铜器窖藏发掘报告》，《文物》1978 年第 3 期。

　　笔者思之有年，未得其解。但是，既然不能证实𦍌字为羔，为羊，何不从古人用字假借上考虑。

　　压抑的抑字，也就是抑扬的抑字，甲骨文作𝌆、作𝌆，金文沿袭甲骨文，作𝌆（如《毛公鼎铭》"印邵皇天"作𝌆，印即抑之本字，此处假借为敬仰的仰），象以手（爪）行施压抑，被压抑者伏背弯腰屈膝之形（𝌆）。抑与扬意义相反，古人早就这样认识，《诗经·齐风·猗嗟》云"抑若扬兮"，以抑、扬对比，足可证明①。所以，试想古人造与抑字意义相反而音 yáng 的字，充分利用现成的抑字形无疑也是方便可行之法：以𝌆字为参照，先把𝌆字所从的𝌆（爪）背向所对的人，再令被压抑的𝌆挺背伸腰站直，就是𝌆，两者组合，即𦍌字形的上半部分𝌆。相形之下，𝌆与𝌆示意相反，𝌆既然示意抑，𝌆自然就可以示意扬了。

　　𝌆既然可以示意扬，若再有表示其读音方向的声符，就更完美了，于是在𝌆形之下又加了一个王字。王、扬都是上古阳部韵，王字匣纽（中古喻纽三等），扬字喻纽（中古喻纽四等），二者读音相近，"王"正好可以为这个音"扬"的𦍌字作声符。——匣纽的王可以为喻纽（中古喻四）的𦍌字作声符，正如喻纽（中古喻四）的隹（唯）可以为匣纽的淮字作声符，形声字是认可这种声符的。

　　可见，𦍌即抑扬的扬字，与后来常用的扬字是异体字关系，或者是常用的扬字的临时变体。所以《三年癲壶铭》是假借𦍌（扬）字为羊，"𦍌俎"即羊俎，正好与八天后赏赐的"麤俎"成双成对。

　　但是，既然早有现成的羊字，又何必用这个陌生的𦍌字而行假借呢？或者说，既然"羊俎"本来意义明确，何必写成这个生疏的

---

　　① 毛传"抑，美色；扬，广扬"，非确诂。

"羊俎"呢？

这很可能与这件"羊俎"的尊贵地位以及造器人（微白瘋）对羊字字形的理解有关。

《国语·周语中》记录了周定王对晋国随会的一番话，与我们讨论的"俎"有关，周定王说："禘郊之事，则有全烝；王公立饫，则有房烝；亲戚宴飨，则有殽烝。"这段话大体是说：天子祭祀，于禘祭供献全牲于俎上，曰"全烝"；王公于"立成"典礼供献半体牺牲于俎上，曰"房烝"；亲戚之间的宴飨，则不能将全体或者半体的牺牲抬到宴席上，需要将切开的肉块置之于俎上，曰"殽烝"。此等场合的俎也就因其供献品物有异而称名不同，《三年瘋壶铭》的俎，曰"羲俎"、曰"羊俎"者就是此意。

甲骨文、金文都有羊字，作 ，若 ，本义自然就是一般的羊，但是羊字之字形以及由这个字形决定的字形之意，却是作为牺牲祭献的羊头（牛字作牛头形，也是此意）。从文字学理论上说，画作羊头形的羊字是表示"羊"这个概念的，或者说是表示"羊"这个词本义的，它并不表示"羊头"这个概念，也并不表示"羊头"这个词本义。"羊头"只是羊字的字形之意，而字形之意是并未进入语言层面的意义。字形之意通过字本义进入语言层面，就是词本义，但是由字形之意向字本义的意义传递，此授彼受的两个意义的信息内容则可能有些出入，有的甚至出入不小。总而言之，字形之意并不是词义，更不是常说的字本义。虽然多数情况下字形之意与字本义是浑一的，甚至可以说是"统一"的，但是两者却是俨然不同的两个概念。

羊俎作长条形，是可以在这俎上供祭整体或半体羊的，这当然与单供一个羊头或者羊肝、羊脾的其他祭器（譬如鼎、豆）不同。羊字虽然并无"羊头"的词义，但是有"羊头"的字形之意，学识渊博的作器人可能觉得羊头形的羊字不足以示意供祭全羊、半羊的"羊俎",尤其是不足以示意天子所赐的这件"羊俎",于是就写了这个从饣、王声的鋈字,也即抑扬的扬字,以它假借全羊、半羊意义的"羊"。这样做,或许可以排除由"羊"字形造成的"羊头"心理暗示。从文字学理论上看,这番用心实在是多此一举,而从汉字文化意义层面上看,却反映出作器人的学识和情趣,而且还能看到表意文字对用字人的心理影响,自古而然。

(二)驳"经维"

《虢季子白盘铭》云:"子白寅武于戎工,经鋈四方。"鋈字(图一),旧释为维。于省吾先生说:"经维犹经纬也。"① 诸家对此说无异辞,后来又有学者进而判定"鋈是维的古文"②。其实常见的维字从糸、佳声,鋈字却是从糸、隻声,两个字所从声符相去悬远,所以鋈字断非维字。鋈字既然不是维,"经鋈"自然也就不是"经维",当然也就不可能"犹经纬也"。以往的认识看来并不恰当。

图一

隻字,甲骨文作𓃟,金文作𓃟(见于㦤簋)。甲骨文、金文隻字皆从又(右手)、从佳,实为"获"之古字,与《说文》训为"鸟一枚"的隻字并无关系。如西周器有"师隻壶",就是"师获壶"③。《虢季子白盘铭》的鋈字是从金文隻(获)声,而非从小篆的隻(音 zhī)声。金文隻(获)并非佳字之古文,因此认"鋈是维

① 于省吾:《双剑誃吉金文选》,中华书局,1998年。
② 马承源主编《商周青铜器铭文选》第三卷,文物出版社,1988年。
③ 《师获壶铭》参见徐中舒主编《殷周金文集录》,四川人民出版社,1984年。

的古文"的说法也是不可靠的。

既然𤤴、𤥐音huò，不音wéi，因此，获、穫与《虢季子白盘铭》的𤩴，都可能溯源到甲骨文的隻，本义为获取、获得、收获。后来田猎之收获写作从犬的獲；稼穑之收获写作从禾的穫；编织经营之收获写作从糸的𤩴。总之，甲骨文的隻，与后来一系列从隻、并以隻为声符，而或从犬、或从禾、或从糸的字，实为古今字关系：甲骨文隻字为古字，而获和穫，以及从糸、隻声的𤩴，则都是今字，或曰分化字。

获字古音匣纽、铎部韵，胡伯切；画字古音匣纽、锡部韵，胡卦切。但是古代画字另有胡伯切一读，与获字同音。《史记·田单列传》："燕之初入齐，闻画邑人王蠋贤，令军中曰：环画邑三十里无入。"《集解》引刘熙："齐西南近邑。画言获。"可见上古获字与画字有同音一读（胡伯切）。所以，可以理解《虢季子白盘铭》是以𤩴假借画字——"经𤩴"即"经画"，"经𤩴四方"就是"经画四方"。

《诗经·大雅·江汉》有云"经营四方"。"经"是画直线（经字本义是织布用的纵线，由画纵线而衍生出画直线，而不论其纵、横），画方形；"营"则是画圆形。综合这画直线、画方形的"经"和画圆形的"营"，就是"经营"一词的本义。

《说文》释厶字（今作私），引《韩非子》云："仓颉作字，自营为私。""自营"，今本《韩非子》作"自环"，可见营字有营围、环围之义，自然也就有画圆圈之义，"自营"这个措辞是说字形自己画作圆圈（"自"是以"厶"字的口吻说话，是"厶"字的自称）。而画字也有画圆圈之义。司马迁《报任安书》有言："故士有画地为牢，势不可入。"牢即监狱，古代的监狱是圆形的，所以又名"圜土"、"圜墙"。"画地为牢"就是在地上画一个圆圈以象征监狱，监狱是耻辱之地，"画地为牢"以象征耻辱，所以要脸面尊严的"士"是不会走进这耻辱之地的。

营与画既然都有画圆之义，则"经营"可以换言"经画"，"经画"也可以换言"经营"。所以《虢季子白盘铭》之"经画四方"，与《诗经·大雅·江汉》的"经营四方"是一回事。

总之，𤯔字不是维之古字，"经𤯔四方"不是经维四方，获、穫，以及𤯔字，都是从甲骨文隻字来，都是原始隻字的后起分化字；画字又音獲，所以《虢季子白盘铭》得以假借𤯔字为画字。

（三）释𢎺

《攈古录金文》卷二之三有"宗鲁彝"，铭曰："隹（唯）八月甲申公中在宗周，锡𢎺贝五朋，用作父辛尊彝。""在宗周"的周字作𠁩，宋代金石家误释为鲁。又旧时青铜器具名尚混乱，此器实为簋，容庚《金文编》正其名曰"𢎺簋"。

𢎺字，旧不识，今按此即羿字。

《说文》十二篇弓部有羿字，释云："帝喾射官，夏少康灭之。从弓、开声。《论语》曰：羿善射。"《说文》十四篇有作为羿字声符的开字，释云："平也。象二干对构上平也。"干字，只作为偏旁出现于甲骨文，作丫，又作丫（狩字、庚字偏旁），金文则有独体干字，作丫（《毛公鼎铭》），演变为小篆，作𢆉。而开字小篆作幵，不作𦬇。又《石鼓文·汧沔》汧字大篆作𣲺，从水、开声，所从之开亦不作𦬇。很明显，开（幵）字并不是"二干对构"之形，而且即使可以假设开字"象二干对构"，假设开字篆形可以作𦬇，却又并不"上平"。可见《说文》释开字之形、义皆无当，小篆开字的字形（幵）之示意及来路皆不明确，有待考证。

　　还有另外一个"羿"字。《说文》四篇羽部有羿字，释云："羽之羿风，亦古诸侯也。一曰射师。从羽、开声。"古人应该不会为一个灭于夏少康的"帝喾射官"的名字专门造字，也应该不会为一个模糊不清的"羽之羿风，亦古诸侯也，一曰射师"另行造字。羿字或者羿字，应当是为了一个重要的神话人物而造，而此人只能是夷羿。羿字、羿字都从开声，同音 yì（五计切），而一从弓、一从羽，其实很可能是一字而异构——从弓示意其人之善射，从羽则是示意箭尾之羽毛，甚至可能是示意羽毛之陨落。神话传说羿射九日，而十日"皆载于乌"（《山海经·大荒东经》），各自背负一个太阳的九只乌鸦一同铩羽而坠落飞散，这就是《楚辞·天问》篇的那两句问话："羿焉彃日？乌焉解羽？"

　　《天问》篇的羿字，今天所见的版本作羿，所从之开已经省变为开。羿字所从之开既然可以省简为开，则羿字形中的开亦可以省简为开，所以羿字就可以写作羿——此字未必实有，但金文的羿（羿）字可以为我们写作羿形的羿字提供证明：将金文羿字里上下相叠的干改为左右平行，就是开，以之居于"弓"之上，就是羿形的羿，就是羿字。

　　由此可见，羿字从开，固然可以理解为从开省变，而从文字发展之先后顺序来看，羿字大有可能是先从上下相叠的干，又从开，再从开，最后又省变为"开"的。

　　金文羿（羿）字为羿字之变化提供了证明，羿字的变化应当是这样的：羿字原作羿，干形可以由上下改为左右而示意不变，所以羿字原来亦可作羿；古文字恒于竖画点缀一点，开形就成开形，羿字就成羿形了；点缀的点又经常变为一横，开形就成开形，羿形就变成羿形了。

　　总之，《羿簋铭》中的羿（羿）字就是羿字，《羿簋》就是"羿篮"，就是"荸篮"，也即羿篮——一个名叫羿（羿）的人为纪念他已经作古的父亲（父辛）而作此篮。

（四）释

《比篮铭》云："比乍（作）白（伯）帚（妇）尊彝。"铭文中的形（图二）适占一字之位置，应当是图形而兼文字者，旧不识。于省吾《甲骨文字释林·释甲》以为"像武士右手执戈，左手执盾，首带盔甲形"，而未加以证明。笔者曾经论证此即《周礼·夏官》行施傩祭"索室驱疫"的"方相氏"形象①，而于形究竟为何字，当时未曾确凿言之。今释其字而证明之于次。

图二

《诗经·齐风·东方未明》末章云："折柳樊圃，狂夫瞿瞿。不能辰夜，不夙则莫。"毛传："折柳以为藩园，无益于禁矣。瞿瞿，无守之貌。古者有挈壶氏，以水火分日夜，以告时于朝。"郑笺云："柳木之不可以为藩，犹是狂夫不任挈壶氏之事。"毛传、郑笺虽然没有说"狂夫"是谁，但是"挈壶氏"原是《周礼·夏官》一职，则与之相对而不能胜任其职的"狂夫"，也应当是《周礼》一官。《周礼·夏官·序官》云："方相氏狂夫四人。"据此可知，方相氏又有"狂夫"之名，由此推断，则《齐风·东方未明》的"狂夫"似乎并非泛称，而是专指方相氏的。《周礼·夏官》的"方相氏"主要是以"蒙熊皮，黄金四目，玄衣朱裳，执戈扬盾"的形象出现于傩祭场合，并不负责"以水火分日夜，以告时于朝"，现在让他们干这挈壶氏的营生，等于是越俎代庖，瞽叟巡更，岂不是乱敲梆点（"不夙则莫"）？这就是《东方未明》末章的基本内容。

---

① 参见本书第一篇《释鬼》。

《比盨铭》的人物图形字"执戈扬盾"之形甚为明确，"黄金四目"之形亦可根据与其他青铜器花纹的对比而得以证实①，所以《比盨铭》的这个人物图形字是示意方相氏的，也就是示意"狂夫"的。

《说文》释壶字云："昆吾圆器也。"表面看，这个训释是说"壶就是昆吾人做的圆形器"。这个理解虽然正确，但并不十分到位。其实《说文》对壶字的这段说解可以归于"声训"范围，却又有其特别之处，这是以"急气言之"的"昆吾"二字解释"壶"："昆"字古代有"魂"之一读②，所以将"昆吾"二字快速念，念成一个字音，就是"壶"，所以"昆吾"就是"壶"。换句话说，以"昆吾"二字相拼（拼音），古人谓之"急气言之"，结果就是一个"壶"字。与"急气言之"相反的是"缓气言之"，将"壶"字拉长了念，结果就是"昆吾"二字。也就是说，"昆吾"就是"壶"，"壶"就是"昆吾"。所以说，《说文》对壶字的说解方法是声训。声训的目的在于探源，《说文》以"昆吾"解释"壶"，正好可以达到探源的目的，因为壶可能就是昆吾人发明原创的。

类似这样的训释不乏其例，譬如见诸《诗经》的，有《豳风·七月》的"八月断壶（瓠）"的"壶"，"壶"就是葫芦，"急气言之"就是"壶"，"缓气言之"就是葫芦。另有《庸风·墙有茨》的"茨"，"茨"就是蒺藜，"急气言之"就是"茨"，"缓气言之"就是"蒺藜"。元朝睢景臣的《汉高祖还乡》有这么两句："白胡兰套着个迎霜兔，红曲连打着个毕月乌。""白胡兰"就是一轮皓月，民间传说月宫中有玉兔，所以说"套着个迎霜兔"；"红曲连"就是一

---

① 十字可以示意四目，相关解释参见本书第一篇《释鬼》。

② 《史记·李将军列传》有"典属国公孙昆邪"，《集解》云"昆音魂"。

轮旭日，神话传说乌鸦背负太阳，所以说"打着个毕月乌"。"胡兰"形容月之圆，快读就是"环"，"曲连"形容日之圆，快读就是"圈"。"胡兰"、"曲连"，古人叫"缓气言之"（后世又叫"切脚语"）。所以，说"昆吾"就是"壶"，"壶"就是"昆吾"，是合乎训诂规律和古今汉语措词习惯的。

上古昆字，一般常用的意义是全清见纽字，但另有全浊匣纽一读，《史记·匈奴列传》之"昆邪"，昆字音魂，就是可靠证据。昆字既然另有全浊匣纽一读，"急气言之"的"昆吾"才可能是"壶"。狂字是全浊群纽字，但是狂字从王声，王字是全浊匣纽字，所以狂字有可能也有全浊匣纽一读，那么"急气言之"的"狂夫"也是"壶"。可见《比簋铭》中"狂夫"形象的图形字可以读为"壶"。

壶与"瑚琏"的瑚字同音，"狂夫"可以为"壶"，也就可以为"瑚"。也就是说，《比簋铭》中"狂夫"（方相氏）形象的图形字可以读为"瑚琏"的"瑚"。

"瑚琏"是礼器簠簋的古名。《论语·公冶长篇》有一节说孔子将子贡比方为"瑚琏"："子贡问曰：'赐也何如？'子曰：'女，器也。'曰：'何器也？'曰：'瑚琏也。'"孔子说的"瑚琏"就是后来的簠簋，原本不分方圆，后逐渐区分，圆者曰簋，方者曰簠。

青铜器簠簋多有以"瑚琏"的"瑚"自称者，"冉簋"就是典型一例①。《冉簋铭》云："用作季日乙画。"冉簋以之自名的这个"画"字，音"获"，而读为"瑚"，也就是说，《冉簋铭》的"画"字是假借"瑚琏"的"瑚"，而以之自名的。

簠簋以"瑚琏"的"瑚"自称，又有不同的表现，譬如又有自

---

① 参见本书第十五篇《释周、画》。

名"匦尊彝"若"匦尊彝"者。匦字、匦字
(图三)，一从古声，一从脯声，都是"瑚琏"
之"瑚"的本字。后来"匦尊彝"、"匦尊
彝"多用以指方形的"瑚琏"，本来音"瑚"

图三

的匦字、匦字遂音转为"簠"。从"脯"（脯字唇音帮纽）得声的匦
字古音"瑚"（瑚字喉音匣纽），此犹从"无"（无字唇音明纽）得
声的鄦字音"许"（许字喉音晓纽，鄦是许国本字，典籍常以许字
假借），于音理毫无滞碍。

《比簋铭》中示现"狂夫"（方相氏）形象而读为"瑚琏"之
"瑚"的䢼字，其实就是匦字、匦字——"䢼（瑚）尊彝"就是
"匦尊彝"若"匦尊彝"。不过，与其他自名"匦尊彝"若"匦尊
彝"的方形器具尚有不同，"䢼尊彝"是圆形的，这是因为作为簠
簋前身的"瑚琏"，本来可方可圆，"瑚琏"就是簠簋，既是簠，又
是簋。所以，自名"匦尊彝"若"匦尊彝"，以及《比簋铭》自称
"䢼尊彝"，都是"瑚尊彝"，都是声明该器之身份的措辞："瑚尊
彝"就是簠（器之小名）、尊（器之大名）彝，或者簋（器之小
名）、尊（大名）彝。

总之，《比簋铭》云："比乍（作）白（伯）帚（妇）䢼（瑚）
尊彝。"是说一个名叫"比"的人为"白帚"制作了这个"瑚尊
彝"——作了这个簋。

（五）释且己簋和䢼爵图形纹饰字，兼释甲骨文䢼

《比簋铭》的脸谱图形文字示意"狂夫"，而可以读为"瑚琏"
之"瑚"，已如上说。

且己簋纹饰也有脸谱图形，四纵目（臣字）之间插画盾牌（干

字），作◯（图四）。以铭文图形命名的◯爵，其铭文图形◯（图五）与且己簋示意相同而更趋抽象：干盾上之角抽象为菱形图案，四臣字目则抽象为◯，即双线虚廓之"十"字。

图四　　　　　　　图五

且己簋纹饰的四纵目脸谱图形，以及这个用以命名其爵的图形◯，都是方相氏形象。

我们曾经用且己簋和◯爵纹饰的方相氏身份，作为《比簋铭》的图形文字◯示意方相氏"狂夫"的证据①。以此证彼，当然也可以以彼证此，因为《比簋铭》的图形文字◯，以及且己簋和◯爵的方相氏"狂夫"脸谱纹饰，这三者本来就是可以互证的。既然《比簋铭》的图形文字可以读为"瑚琏"之"瑚"，那么，且己簋和◯爵纹饰的方相氏"狂夫"脸谱图形，也就可以读为"瑚琏"之"瑚"。

作为且己簋纹饰的方相氏"狂夫"脸谱图形，有两个作用：一是以其方相氏"狂夫"形象厌胜，以祈求吉祥；二是读为"瑚琏"之"瑚"以自名（器物自己声明自己是何器具）。

◯爵纹饰的方相氏"狂夫"脸谱图形，也有两个作用，而且与且己簋纹饰的两个作用大同小异：也是以其方相氏"狂夫"形象厌胜，以祈求吉祥；也是以之声明自己是何器名，不过，不是用"瑚琏"之"瑚"声明，而是以"觚"自名（将"狂夫"急气言之，差

────────────────

① 参见本书第一篇《释鬼》。

不多就是"觚")。觚与爵都是饮酒器，爵而自名"觚"，说明爵与
觚名称混乱。《论语·雍也篇》记载孔子说过这么一句话："觚不
觚，觚哉，觚哉!"对于这句话，前贤做过不少猜想而皆无实证。其
实"觚不觚"的最恰当翻译就是：觚不叫觚了，或者说，被叫做
"觚"的其实不是"觚"了。所以🍃爵自名"觚"，正好反映当时爵
与觚称名的混乱现象。

图六

甲骨文有🍃字（图六），有四目，有干盾，只缺干
盾上的角，与🍃爵的图形文字示意几乎完全相同。另
外，其四臣字目抽象为🍃，与🍃爵之抽象为🍃形者少
有变化而示意无别，都是虚廓之"十"字。这个甲骨
文字应当也是方相氏形象，与🍃爵图形示意完全相同。那么这个甲
骨文字的字形之意就是方相氏"狂夫"，读音应当就是"觚"，与🍃
爵相同。

十五　释周、画

（一）释周

甲骨文周字作囲、作囲。有周早期金文承袭甲骨文，亦作此形，如《德方鼎铭》"王才（在）成周"，《玕簋铭》①"公中才（在）宗周"，周字皆作囲。金文周字或省略四点，如《成周戈铭》周字作田，《董鼎铭》周字作田，皆其例。但是西周早期铭文周字从口作者也已多见，如《小臣单觯铭》之"周公"，《何尊铭》之"成周"，周字皆从口作圐。中晚期则多作圄、作周，如《大盂鼎铭》之"宗周"，《师汤父鼎铭》之"王在周新宫"，《史颂鼎铭》之"宗周"，《毛公鼎铭》之"配我有周"，《虢季子白盘铭》之"周庙"，《散氏盘铭》之"封于周道"，字体大同小异，皆如此作。

小篆周字已经讹变，作周。《说文》释周字："密也。从用、口。"下出古文作圕，释云："古文周字，从古文及。"从甲骨文、金文字形看不出周字是如何示意"密也"的，许慎所谓"密也"显然是周字的引申义（周密）。

① 玕簋旧名"宗鲁彝"，见《攈古录金文》卷二之三。

金文有图形字作𠂤、作𠂤（图一，分见于父癸斝、𠂤工鼎）。字虽不可识，但是以双手（廾）捧"周"的示意十分清楚。"周"可以手把之，说明"周"不是"密也"之类抽象意思，而是具体可把可持之物。

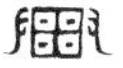

图一

我们得另外寻找索解周字本义的可能思路。

周字有圆周义，有周绕义，以及由圆周引申的周期义，这些意义都来源甚早，更早于周密、周纳。因此可以设想周字的本义可能是圆周、圆圈。

围形、田形的周字，皆作方形，而与圆周、圆圈相去甚远。但是除了方形，围形、田形的周字还有更主要的特点，就是四等分。圆形却不必定作圆形而又必须四等分的品物会是什么？或者说，必须四等分而又可圆可不圆的品物会是什么呢？

这令人想到太极图和太极。

太极图是圆圈形，是相对"形象"的象，而"太极"则是抽象甚至无象的。可以说，"太极"本是抽象的、无象的，而太极图则是"太极"的形象化，是形象的"太极"。"形象"的太极图是圆的，而抽象甚至无象的"太极"却未必是圆的。《周易·系辞上传》有云："《易》有太极，是生而仪，两仪生四象。""四象"是"两仪"生的，而"两仪"是"太极"生的，所以在"太极"的基础上四等分，就可以示意四象，而这时候是不必计较那个可以四等分的形象是否一定是圆圈了，因为"生四象"的，归根结底原是抽象甚至无

147

象的"太极"。

传说伏羲画太极,这首先说的就是画有形的太极圆圈,无形的"太极"当然是出自伏羲之心,至于无形的"太极"如何画,现分析如下:

先设想伏羲在一个具体的太极圆圈里从正上方向左、向下转,而顺序安排乾、兑、离、震四卦,再从右上方向下、向右转,而顺序安排巽、坎、艮、坤四卦,表示在天的先天八卦方位(天圆,地方)。然后将乾、坤连一竖线,将离、坎连一横线,两条垂直交叉的直线正好将一个太极圆圈四等分,如图二所示,这就可以示意"四象"了。

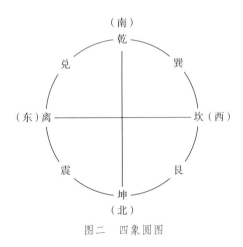

图二 四象圆图

在"四象"的基础上再分,如图三所示,就可以表示先天八卦方位了。

可见无论是"画太极",还是"画八卦",其基础还是太极图,是有形的太极。

再设想伏羲是借一个无象的"太极"画先天八卦方位,"太极"

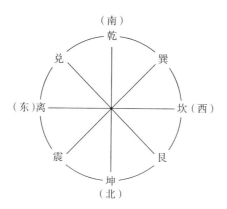

图三　先天八卦方位圆图

无象却又必得借象以示意，这借以示意的"象"就不必是圆形的了。最方便的方法就是如图四所示，化圆为方。

图四　四象及先天八卦方位方图

这是"四象"之示意，而且适可以表示地上的先天八卦方位（地方，天圆）。

这就是周字作方形的原因：甲骨文、金文周字所示意的是无象的"太极"，方形的周字（囲）则是示意无可奈何必得借"象"示

149

意、而原本实无其象的"太极"。

可见周字的字形之意就是太极图。这个字形之意完全可以决定周字的本义就是圆周，而且，如果有确凿的证据，周字的本义也可能就是太极图。

（二）释画

《说文》释画字云："界也。象田四界，聿所以画之。"聿就是毛笔，毛笔不可能在田地上画其四界，这是常识，而画字明确体现以毛笔画，则所画之物肯定不是"田四界"。

1. 甲骨文、金文画字的三种字形

甲骨文有ᛝ字（图五），金文作ᛝ（图六，见于子ᛝ簋），王国维《戬寿堂所藏殷墟文字考释》云："疑为古画字，ᛝ象错画之形。"今谓甲骨文ᛝ字实为古画字，而谓"ᛝ象错画之形"则不能令人信服。

甲骨文画字所从之ᛝ，在西周金文画字中演变为乂，如《师望鼎铭》作ᛝ（图七），《冉簋铭》作ᛝ（图八），皆从乂。

甲骨文画字从ᛝ（乂），西周早期铭文又有不从ᛝ（乂）而从囲（周）者，如《小臣宅鼎铭》作ᛝ（图九），《伯晨鼎》作ᛝ（图十）。

亦有既从田（周）又从乂的画字，如《吴彝盖铭》作ᛝ（图十一），《师克盨铭》作ᛝ（图十二）。画字所从之田（周），渐渐又有作囲者，如《师克簋铭》作ᛝ（图十三），《毛公鼎铭》作ᛝ（图十四）。

总之，西周金文画字有三种形式：其一，从聿、从乂作者；其二，从聿、从田（周）或从囲（周）作者；其三，从聿、从乂、又从田（周）作者。

图五　　　　图六　　　　图七　　　　图八　　　　图九　　　　图十

图十一　　　图十二　　　图十三　　　图十四

2. 从聿、从周的画字

我们已经证明周字的字形之意就是太极图，而且周字的本义也有可能是太极图，那么西周青铜器铭文从聿、从周的画字（聿、周），其字形之意就是以笔画太极图了。

同一个字的不同字形肯定有不同的字形之意，但是其字本义却应当是相同的。就画字而言，甲骨文、金文画字既然有三种不尽相同的字形，就应当具有三种不尽相同的字形之意，但是这三种字形的画字的字本义却应当是相同的。

需要注意的是，同一个字尽管有不尽相同的字形之意，但是这些不尽相同的字形之意是相通的，示意方向是一致的，不然的话，在它们身上也就不可能寄托相同的字本义了。

所以，既然从聿、从周的画字（聿、周），其字形之意就是以笔画太极图，那么从聿、从乂作的画字（聿、乂），其字形之意也应当与画太极图相去不远。

3. 画字形中的（乂）

西周金文画字从聿、从乂、从周，所从之乂，与甲骨文画字

151

（⿰）所从之⿰字形略同：⿰形模棱之，就是乂；乂形钩锐之，就是⿰。所以从聿、从乂、又从周（田或囗）的金文画字，其从聿、从乂（姑且不论其又从"周"），与甲骨文、金文画字只从聿、从⿰（乂）而不从周（不从田或囗）者示意方向相同；其从聿、从周（田或囗，姑且不论其又从乂）者，与金文画字只从聿、从周（从田或囗）而不从⿰（乂）者示意方向亦相同。

画字的难点就在这里：这些字形里的⿰形或乂形是什么示意（真如王国维先生所说，仅仅是"象错画之形"吗）？古人为什么要以毛笔（聿）作用于或者联系这个⿰（乂）？或者简单说，画字为什么从⿰（乂）？这个问题耐人思考，却是饶有趣味。

图十五

汉代画像有遂人拥伏羲、女娲图（图十五）[①]，化身蜥蜴的遂人居中，背后有一规、一矩，怀抱化身蜥蜴的伏羲、女娲，遂人撮合伏羲、女娲之意十分明显。

今审甲骨文⿰字聿下之⿰，金文⿰字聿下之乂，与汉画像遂人、女娲背后之圆规大致相同，可能就是最古老的圆规之象（汉画像遂人、女娲背后之圆规已经是汉代的圆规，较之殷商时代的圆规，可能有所改造但应大致未变）。如果⿰确

---

① 引自曾昭燏《沂南古画像石墓发掘报告》图版廿五（文化部文物管理局，1956 年）。

为圆规之象，那么甲骨文 🜚 字、金文 🜚 字之从聿、从 🜚 （乂），自然就是以笔（聿）和圆规（🜚）画圆之意，那么 🜚 （乂）就是用以示意圆规的，而非如王国维所说"🜚 象错画之形"。

《说文》有丈字："十尺也。从又持十。"甲骨文十字作丨，不作"十"（"十"是甲骨文七字、甲字）。而且即使"十"是十字，"从又持十"安知手中所把不是十寸、十丈，又安知不是十合、十升？所以丈字本义不可能是"十尺"。那么丈字本义是什么？是丈量。丈字字形之"从又持十"，不是以手持"十尺"，而是以手持圆规。这个"十"形（也可以理解为×形）的圆规，既可以画圆，也可以用于丈量。丈字的字形及其丈量义，可以证明汉画像遂人、女娲背后的那个近似×形的工具实为圆规，而这个实为圆规又近似×形的工具，自然也就可以证明画字形中的 🜚 （乂）确实就是圆规示象了。

4. 从聿、从 🜚 的画字，从聿、从 🜚 又从周的画字

画字形中的 🜚 （乂）实为圆规示象，甲骨文、金文从聿、从 🜚 （乂）的画字（🜚、🜚）当然就是示意（字形之意）以毛笔、圆规画圆，而金文从聿、从周（圕）的画字（🜚、🜚）是示意以毛笔画太极图，这两者的示意是完全吻合的。这证明我们从两个方向对周字形意的证明都是正确的。

从聿、从 🜚 的画字示意以毛笔、圆规画圆，从聿、从周的画字示意以毛笔画太极图，两者结合，就是金文从聿、从 🜚，又从周的画字（🜚、🜚）。

可见金文从聿、从周的画字，其字形之意乃是以笔画太极（可以通过"两仪"生出"四象"的那个"太极"）；甲骨文及金文从聿、从 🜚 或乂（圆规象）的画字，是示意以笔和圆规画圆圈；后期

金文从聿、从𠬛、又从周的画字，是既示意以笔画太极（周，或者
囗、田），又恢复了甲骨文画字的"圆规"意符（𠬛模棱之而为
乂）。总之，甲骨文、金文画字是示意以笔和圆规画太极圆圈（所以
才用到圆规𠬛），或者画抽象甚至无象的"太极"（所以所画太极图
以方形的田示意）。

5. 画字字形之意的旁证

甲骨文有从𠬛、从乙的
字，作𤣪、作𤰞（图十六）。
又有从𠬛、从水的字，作𤀣、
作𤀣（图十七），大概是地名

图十六　　　　　　　图十七

或者河流名，旧不识，《甲骨文编》以为"从水、从𠬛。《说文》所
无"。其实𤣪字、𤰞字，以及𤀣字、𤀣字，都是𠬛字异体。甲骨文中多
见从水作的澅字（大概多数是河流名）省作从乙，说明河流与
"乙"大有关系。

简单说，从乙或者从水的𤰞字、𤣪字，以及𤀣字、𤀣字，都是𠬛
字的异体。𠬛字示意画太极，从乙，则是以界分两仪的那条正弦曲线
（乙）示意所画之太极，并进而示意太阳轨迹，示意日躔。从水作的
异体则是示意水路：在古代神话里，太阳是从浸泡在"汤谷"里的
"孽摇頵羝"山扶桑树上启程的，启程以后，先要走一段很长的水
路，也就是说，日躔原本是从水路开端的[①]。

作为𠬛字的异体，从乙或从水，而乙字、水字形皆描画日躔正弦
曲线，足可以证明甲骨文和金文画字的字形之意，就是画太极图。

---

① 参见本书第十六篇《释乙》。

6. 画字本义的证明

画字本来就有画圆的义项，而没有引起训诂家的重视。

《释名·释天》："晷，规也，如规画也。"日晷是圆形之物，规能画圆，而晷、规同声韵，所以刘熙以"规"释"晷"。但是"晷"毕竟不是"规"，而是"如规所画之圆也"，而刘熙的措辞却是"如规画也"——好像是不经意地忽略了"圆"字。这恰恰说明画字本来就有画圆的义项。

司马迁《报任安书》说："故士有画地为牢，势不可入；削木为吏，议不可对，定计于鲜也。"古代的监狱是圆形的，所以又叫"圜土"、"圜墙"，司马迁就是因为说到这圆形的监狱才用到此"画"字的，所以"画地为牢"的画字，其义就是画圆圈。

《三国志·魏书》之《乌丸、鲜卑、东夷传》说夫余国俗："作城栅皆员，有似牢狱。"这证明直到汉末牢狱仍然是圆形的。

《史记·平准书》记大农丞孔僅、东郭咸阳上书建议："愿募民自给费，因官器作煮盐，官与牢盆。""牢盆"即煮盐之所用盆，而煮盐之所用盆何以名之曰"牢"，《集解》、《索隐》皆有说，而不能一致。其实"牢盆"既然与煮盐事相关，而且是"官器"，由官家统一发放，必定是为了统一其规格大小，与通常家用之盆有所区别，以防止民间私煮。所以"牢盆"之形制可想而知："牢"即监狱，也就是"圜土"、"圜墙"，特点是"圜"而深，所以较之一般的盆，"牢盆"必定是以"圜"而深体现其特点的。

《淮南子·览冥训》："画随灰而月运阙，鲸鱼死而彗星出。"《太平御览》引许慎注："有军事相围守则月晕。以芦灰环，阙其一面，则月晕亦阙于上。"许慎以"以芦灰环，阙其一面"注释"画

随灰而月运阙"，所"画"之月自然是圆月，所"画"之结果当然
也是圆。

《太平御览》引《慎子》佚文："斩人肢体，凿其肌肤，谓之
刑；画衣冠，异章服，谓之戮。上世见戮而民不反也，当世用刑而
民不从。"《史记·孝文本纪》："盖闻有虞氏之时，画衣冠、异章服
以为僇，而民不犯。"《慎子》遗失的这段文字，再证之以汉文帝诏
书，对我们正确理解"画"字本义十分重要。"画衣冠"就是在衣
服、帽子上画圆圈以为标志，所画之圆圈就是记号，相当于后世所
谓"戳记"，所以《慎子》佚文才说"谓之戮"（《孝文本纪》作
"僇"），"戮"就是"戳"，就是戳记。古代取圆形，譬如截断细竹
取其圆圈形，或者截断细木枝棍取其圆面形，用以印〇形或者●形
记号，就是原始的戳记。

《说文》释卒字："隶人给事者衣为卒。卒，衣有题识者。"卒
字本义为"隶人给事者"，即跑腿办事的奴隶（犹如后世所谓"衙
役"）；卒字的字形之意则是"衣有题识"，就是画着标志的衣服。
许慎以"隶人给事者"穿的衣服说解卒字，是把卒字的字形之意
（"隶人给事者衣"）错认成本义了。姑且不论许慎是说卒字的本义，
还是字形之意，"衣有题识"已足以证明古代有在衣服上画记号的传
统。"衣有题识"与"画衣冠"有相似之处，而其操作方式及其用
意却迥然不同：出现在"卒"的衣服上的不是圆圈，而是一竖，或
者一横，或者一勾，所以《说文》的措辞没有用"画"，而是用的
"有题识"——在衣服上勾一笔以做标志，有了这一"题识"，自然
就方便辨认了。可见在衣服上画记号用以识别，原是古今通用的方
法。卒字显示的"衣有题识"，可以作为古代"画衣冠"——在衣
帽上画圆圈——的一个旁证。

上古音戮字来纽，戳字透纽，二字都是觉部韵①。戮、戳二字声纽相通（来纽字与喉、牙、舌、齿、唇音声纽字皆相通），韵部相同，所以是可以通转的。在衣服上打了圆形戳记，画了圆形记号（"画衣冠"），以示薄惩，虽然未受鞭笞肉刑，也是耻辱，所以耻辱记号的"戳"也就是"戮"——"戮"字的耻辱之义就是这么来的。

尚有《论语》一例，更加典型。《论语·雍也》有孔子批评冉有的一番话，"力不足者中道而废，今女画。"这是说：力气不够的人，半路上走不动了，再退回来，（你却不是这种情况）你是事先画个圆圈把自己局限住了（并没有向前迈步）。

后来归纳《论语·雍也》的这番话，就有了"裹足"这个词。李斯《谏逐客书》中有"使天下之士退而不敢西向，裹足不入秦"，再后来就有了成语"裹足不前"（《三国演义》用过这个成语）。李斯说的"裹足"，以及后来的"裹足不前"，显然不是后世专门用于女性的"缠脚"。"裹足"的"裹"，其义与《论语·雍也》"今女画"的"画"相当。"裹足"的"裹"是个假字，本字却是"果"，"果"是圆的，所以《庄子·逍遥游》云"腹犹果然"，是说肚子还圆鼓鼓的，"果然"在此处是形容词，形容肚子圆圆的样子。这个"果"还可以用于动词，支配"足"，"果足"就是围着脚画圆圈，就是在自己画的那个圆圈里打转。而李斯用"裹"字假借"果"，造成两千年来诸家说"裹足"皆不能恰中肯綮。

---

① 有的音韵学家以为戳字是药部韵，大概失之片面。且看戳字从翟声，翟字有一读与迪字同音，而迪字从由声；从由声的迪字无疑属上古觉部韵，即可知戳字韵部归属矣。

《说文》有皀字，释云："谷之馨香也。象嘉谷在裹中之形，匕所以扱之。""嘉谷"就是米粒儿，"裹中"就是"果中"，"嘉谷在裹中之形"就是米粒儿在"果中"的样子。整个的谷粒儿是个圆圆的"果"，米粒儿就在这"果"之"中"，所以才说是"嘉谷（米粒）在裹（谷粒）中之形"。这也是古代用"裹"字假借"果"字的一个例证，可以证成"裹足"就是"果足"，"果（裹）足（不前）"就是走不出自己画的那个圆圈。

"裹足"、"裹足不前"既然是这番意思，这个词和成语所从来的"今女画"当然也是这番意思。"画"和"裹"都是画圆，都是针对"足"而言，只不过孔子把"画"所针对的"足"省略了而已。

以上诸条可以证明"画"字的字形之意，从而"画"字的本义（"画"字的字形之意与本义大致相同）大概就是画圆。

词义的引申多是从单一、具体、特殊而到宽泛，而到抽象，这是规律。画字既然有画圆圈的义项，画圆的义项较之一般"画"字意义（画线、画图、画画儿）要单一、具体、特殊得多，所以"今女画"、"画地为牢"中释为画圆圈的画字，自然是用的本义，而非引申义。

画字本义为画圆圈，以后词义范围扩大，就不限于画圆圈了，如成语"画卵雕薪"、"画蛇添足"，显然是引申义。当画字词义引申为一般的画，用画字的宽泛词义（引申义）也可以说通"今女画"、"画地为牢"，画字的本义就逐渐被人们遗忘了。

画字以"周"为形符，又以画太极图的字形之意表示画圆的本义，这对周字的字形之意（太极图）以及本义（可能是太极图，也可能是圆周、圆圈），都是极好的证明。

7. 青铜器铭文中"画"字的不同意义

青铜器铭文中的画字，有用引申义者，又有假借画字当别的字用的，还有假借别的字当画字用的。这三种情况皆与画字有关，而皆不容易认识。

《师望鼎铭》云："不敢不㑒不画。"① 前贤释㑒字为豸，为遂，义为顺，而于画字则多见付阙如。其实此画字即画字而用于引申义者。画字本义为画圆，由此可以引申出遵守规矩的义项（画圆圈要用圆规）。所以"不敢不豸（遂）不画"就是不敢不顺从，不敢不守规矩。

《师訇簋铭》云："今日天疾畏降丧，首德不克画，故亡承于先王。"② 此画字也是画字而假借为获字。《史记·田单列传》："燕之初入齐，闻画邑人王蠋贤，令军中曰：环画邑三十里无入。"③《集解》引刘熙："齐西南近邑，画音获。"《索隐》："画，一音获，又音胡卦反。" 这说明胡卦切（hua）的画字又音获，所以《师訇簋铭》得以假借画（画）字为获。

《师訇簋铭》的首字则假借为道："首（道）德不克画（获）"。（先人的）道德（后人）没得到，所以先王的规模就没有继承下来（"故亡承于先王"），这才是今天"天疾畏降丧"的原因。道字从首声，所以道字与首字可以互相假借。《逸周书·周月》有云："周正岁道：数起于一而成于十，次一为首，其义则然。""周正岁道"的道字就是假借为首字的，这句话是说周正以十一月为岁首的原因根据，也就是周正为什么建子：因为"数起于一而成于十"，"成于十"以后的"次一"就是第十一，所以周正以十月（亥月）以后的第一个月（即十一月，子月）为岁首，是合于"数起于一而成于

① 《愙斋集古录》五、七。
② 薛尚功：《历代钟鼎彝器款识法帖》。
③ 此"画邑"大概就是甲骨卜辞作、作的"潓"。

十"的规矩的。《逸周书·周月》假借"道"字为"首",可以从反方向证明《师訇簋铭》的"首德不克"是假借"首"字为"道"。

《史记·秦始皇本纪》记载会稽刻石:"群臣诵功,本原事迹,追首高明。"而司马贞当时所见之《会稽刻石》,"首"字作"道",《索隐》据之,云:"雅符人情。"可见首字、道字互相假借,是当时的习惯,《师訇簋铭》假借"首"字为"道",不足为奇。

《禹簋铭》云:"□□生蔑禹曆,用作季日乙𤣥。子子孙孙永宝用。"这是禹为季日乙作器,器自名为𤣥。这个𤣥字也是画字,音"获",而读为"瑚"。或者说,此画字盖假借为"瑚琏"的"瑚"。画字"一音获",获、瑚二字上古双声(匣纽),韵部阴入对转(获字铎部,瑚字鱼部),所以禹簋得以𤣥(画,读为获)假借为"瑚",而以之自名其器。

总之,《师望鼎铭》"不敢不𤣥不𤣥"是用画字的引申义;《师訇簋铭》"首德不克𤣥"是以𤣥(画)字假借为获;《禹簋铭》"用作季日乙𤣥",则是以𤣥(画)字假借为"瑚琏"的"瑚"。

《师訇簋铭》以𤣥(画)字假借为"获",而青铜器铭文又有假借获字为画字者,亦为诸先贤忽略。《虢季子白盘铭》云:"子白𤣥[1]武于戎工,经𤣥四方。"铭文"经𤣥"之𤣥便是假借为画,"经𤣥四方"就是"经画四方"[2]。这与《师訇簋铭》以𤣥(画)字假借为"获"的情况正好相反。

有周青铜器铭文既有假借获字为画字者,又有假借画字为获字者(假借画字为瑚字者姑且不论),这两者是可以互证的。

---

① 释为壮,或庄;又有释为庸字者。
② 参见本书第十四篇《金文笔记五则》第二节"驳'经维'"。

（三）释周字、画字的结论

《说文》有周字，也有画字。释周字云："密也。"释画字云："界也。"可见周字的字形之意以及本义（太极图）和画字的字形之意（画太极图）以及本义（画圆）均失传已久矣。

画太极图的意义只是画字的字形之意，并没有进入语言层面。从单纯的画太极图抽象，就是画圆，画圆的意义进入了语言层面，所以这是画字的本义，如"画太极"，"今女画"，"画随灰而月运阙"，以及"画地为牢"，"画衣冠"，都是画字的本义用法。

周字与画字稍有不同。周字的字形之意是太极图，这个意义早就进入语言层面了，所以周字的本义就是太极图，与其字形之意相同。我们借下面的题目为周字的本义提供证明。

（四）《周易》释名

《汉书·艺文志》说《周易》之为书，是"人更三圣，世历三古"。"三圣"就是伏羲、文王（兼带周公）、孔子，"三古"就是上古、中古、近古。关于《周易》的释名，最为流行的说法是："周，代名也；易，书名也。其卦本伏羲所画，有交易、变易之义，故谓之易；其辞则文王、周公所系，故系之周。"[①] 以上说法影响很大，却是漏洞百出，疑点甚多。现在只问：谁能想象一部经典的创作过程竟然经历了数千年之久，竟然经手过数代人物？历数千年时光，沾数代人手泽，会不走样变形吗？那还不全拧了麻花？而国人居然会奉这样一部全拧了麻花的书为"经典"，岂非咄咄怪事！

今既知周字的字形之意为太极，为太极图，那么"周易"就是

---

① 朱熹：《周易本义》。

"周"（太极图）与"易"，就是从"周"（太极）而衍生的"易"。太极图原是配经之图，"易"原是演绎太极之理的经典，所以才称之为《周易》。

我们终于在语言层面找到了周字的太极图意义，这个意义当然是其本义。

那么，作为经典的《易》竟然会成书于伏羲氏时代吗？作为经典的《易》显然不可能成"书"于伏羲氏时代，却完全可以成"言"于那个时代。在没有文字的时代，知识的积累以及文化的承递主要是凭借口耳相传来完成的，那时候人们的记忆力是后世人们难以想象的。早已成"言"的《周易》通过口耳授受而传薪，当然也免不了代有补充修改，直到有了文字，才用文字记录成《周易》这部经典。

秦始皇焚书，《周易》作为"卜筮之书"幸免于火厄。大约到王莽篡汉之后，或者汉光武帝刘秀恢复汉室之初，《周易》的《周》，也即太极图，因为涉嫌"谶讳"（所谓"图谶"）而未能免灾。五代末的陈抟希夷先生曾向世人展现过太极图，而后却又下落无闻。直到南宋朱熹派弟子蔡元定从四川民间购得一幅，作为配经之图的太极图才得以重新流传于世。

十六　　释乙

（一）两个字形相近的小篆"乙"字

甲骨文、金文乙字作乙、作乙，字形简单而示意玄妙幽渺，难可究求，自来试图解释者颇多，但可能是因为不能摆脱从《说文》辐射的"象人颈"之类的心理暗示，所以不见有得其真谛者。前贤释乙字不确，说明他们的思路在总体方向上可能出了点问题，所以欲求乙字形意之真谛，必须另辟蹊径。

《说文》有两个乙字，一个是天干之乙，作乙，一个是玄鸟之乙，作乙。《说文》释天干乙字云："乙，象春草木冤屈而出，阴气尚强，其出乙乙也。与丨同意。乙承甲，象人颈。（於笔切）"释玄鸟乙字云："乙，玄鸟也。齐鲁谓之乙，取其名自呼。……鳦，乙或从鸟。（乌辖切）"玄鸟就是燕子，《说文》又有玄鸟义的燕字，释云："燕，玄鸟也。籋口、布翅、枝尾象形。"玄鸟之乙字以扬其头、曲其尾体现与天干乙字不同[1]，两个乙字的字形差别甚微。於笔切的天干乙字与乌辖切的玄鸟乙字双声（上古影纽），邻韵旁转（天干乙字上古属质部韵，玄鸟乙字上古属月部韵），两者读音也差别

---

[1]　大徐本《说文》释玄鸟乙字，引徐锴曰："其形举首、下曲，与甲乙字少异。"

很小。

甲骨文、金文里"乙"字皆用于天干义，尚未见有用于"玄鸟"义的，但是这不能说明甲骨文、金文"乙"字的本义就是天干，因为天干字多从假借来（很多古文字学家持这种观点），"乙"字大概也不例外。那么，是天干"乙"字假借了玄鸟"乙"的字形吗？似乎也不是，因为"乙"字字形也不象玄鸟，玄鸟"乙"字的字形大概也是有所假借。现在我们面临两个小篆"乙"字，这两个小篆"乙"字的字形都可能是假借。那么，玄鸟和天干"乙"是假借了什么"字形"呢？

不妨姑且不论意义，即不论玄鸟、天干，只论字形，来看这个玄妙幽渺的"乙"究竟象什么？解决了"乙"字所象，然后以其所象分别与玄鸟、天干核对，看"乙"字之所象与哪个意义（玄鸟还是天干）吻合，以及怎么个吻合法。当然，我们也可以先假定"乙"字本义就是玄鸟，这样我们只需解答玄鸟"乙"字的字形本身究竟象什么即可。这两种方法可以根据需要而分别运用于论证过程的不同环节。

（二）乙字字形与古文风字的形符，以及太极图

《说文》小篆风字作🦗，后出古文风字作🦗。小篆风字以虫①为形符，从凡得声。与小篆风字对比，可以看出，古文风字也是从凡得声，所以声符"凡"之外的⊙𝒴肯定得是形符。而且可以推论，作为小篆风字形符的"虫"（蜥蜴），与作为古文风字形符的⊙𝒴，其示意应当大致相同。与太极图对比，又可以看出，这个理

---

① 这个"虫"是"虺蜥"虺字的古文，而不是"蟲"字的简化字。虫字音 hui，上声，就是蜥蜴，与虺蜥的虺是古今字关系。

应与"虫"（蜥蜴）之示意大致相同的 ⊙〉就是太极图的变形：将太极图 ⑦ 形中的那条正弦曲线移出 ⊙ 外，就是 ⊙〉，而古文风字以之为形符①。

　　本文的主题是考证甲骨文、金文乙字，而我们又说了风字，从而又说到太极图。这是因为甲骨文、金文乙字，很像是太极图中界分两仪的那条正弦曲线，很像是古文风字形中穿插于声符"凡"字右边线的那条正弦曲线——将甲骨文乙字去其波磔使之圆转（金文、小篆字形就是这样的），端正好就是太极图中界分两仪的那条正弦曲线，就是古文风字形中穿插于声符"凡"字右边线的那条正弦曲线。

　　如果能够找到甲骨文乙字与太极图、或者与古文风字形符之间意义上的密切联系，我们就能证明甲骨文、金文乙字就是从界分太极图的那条正弦曲线取形，就能向甲骨文、金文乙字本义的最终证明前进一大步。

　　从字形上看，甲骨文、金文乙字与太极图中界分两仪的那条正弦曲线，以及古文风字形中穿插于声符"凡"字右边线的那条正弦曲线，三者十分相似，而这三者之间有无意义联系，却是很难看清楚的。我们不能仅仅根据字形上的相似，就断言太极图中用以界分两仪的正弦曲线（以及古文风字形中的正弦曲线）就是"乙"；也不能断言甲骨文、金文乙字就是从界分太极图两仪的那条正弦曲线取形。看来，为了证明甲骨文、金文乙字的字意，我们的视野还得再扩大，不能仅仅局限在太极图以及风字形中的那条正弦曲线上。

　　我们把目光从太极图转向太阳投射于地球南北回归线之间的那条线，就会发现那也是一条正弦曲线，而且与太极图界分两仪的那

---

① 参见本书第九篇《释古文风》。

条正弦曲线十分相似。

现在我们要做的，就是证明太极图圆圈的两仪分界线与地球南北回归线之间的那条正弦曲线有无必然联系。如果能够证明这两者的必然联系，我们或许也就能够证明甲骨文、金文乙字的字形之意了。

（三）南北回归线之间的跨度与"大衍之数五十"

我们知道，在先秦典籍中，只有《周易》与"大衍之数五十"有关，由此可以推论，"大衍之数五十"很有可能与太极图有关，甚至就是只属于太极图的一个数据。

作为配经之图，太极图应当与《周易》密切相关，这是没有问题的；太极图界分两仪的正弦曲线与太阳投射地球南北回归线之间的那条正弦曲线相似，这也是没有问题的。而如果地球南北回归线之间的度数，也就是太阳投射地球南北回归线之间的那条正弦曲线的宽度，与《周易·系辞上传》所说的"大衍之数五十"正好吻合，自然就使得太极图——包括那条正弦曲线——与地球南北回归线、甚至与日躔之间的关系密切起来。

"大衍之数五十"与筮法（或曰"筮仪"）有关。古代用《易》卦占卜，首先须要确定六爻，而确定六爻必须用到五十枚蓍草。但是按照筮仪程序，先得从五十枚蓍草中抽取一枚搁置不用，所以实际上用到的蓍草只有四十九枚。也就是说，按照古代筮法的规定，虽然只有四十九枚蓍草派上用场，却必得要从五十枚起步，虽然一定要剔除一枚虚置，却还得将这虚设的一枚蓍草算在总数里。所以《周易·系辞上传》说："大衍之数五十，其用四十有九。"

从古到今，从汉代的京房、郑玄，中经魏晋的王弼、韩康伯，一直到宋朝的朱熹，很多人都试图解释这个奇怪现象。可惜的是，虽然众家骋骛其辞，纷纭其辩，极尽穿凿傅会之想象，却无一说能够中的。现将汉代的郑玄、京房，魏晋的王弼，以及南宋朱熹对这个"大衍之数五十"的理解抄录于此，看他们对这个"大衍之数"是多么的无可奈何。

《周易注》韩康伯引王弼："演天地之数，所赖者五十也。其用四十有九，则其一不用也。不用而用以之通，非数而数以之成，斯《易》之太极也。四十有九，数之极也。夫无不可以无名，必因于有，故常于有物之极，而必明其所由之宗也。"

《周易正义》孔颖达引郑康成："天地之数五十有五，以五行气通，凡五行减五；大衍又减一。故四十有九也。"

《周易正义》孔颖达引京房："五十者，谓十日、十二辰、二十八宿也，凡五十。其一不用者，天之生气，将欲以虚来实，故用四十九焉。"

《周易本义》："大衍之数五十，盖以河图中宫天五乘地十而得之。至用以筮，则又止用四十有九，盖皆出于理势之自然，而非人之知力所能损益也。"

以上诸家之说，可以大致综括古代各家的认识，但翻阅这些资料之后，却令人很是失望。先贤们除了挖空心思地利用应有尽有的"国数"进行加减乘除运算，做浅显无聊的"国数"熟套文章，再通过自定义的概念以行自定义推理（譬如"不用而用以之通，非数而数以之成"云云），竟然再无其他办法（朱熹承认此"非人之知力所能损益"，不强作解人，最为可取）。失望之余，我们不得不另想出路，于是我们想到了地球南北回归线之间的宽度。

其实所谓"大衍之数五十"，就是古人计算的南北回归线之间的宽度，而与这个"大衍之数"牵连的奇怪筮法现象，则是由古人计算的地球南北回归线之间的实际宽度决定的。

南、北回归线各在南、北半球的 23°26′ 纬度，所以南北回归线之间的宽度是 46°52′。这是现在科学计算的结果，当然是很准确的。

初看，"大衍之数五十"与这个数据并无必然联系，所以人们很难想到，这个"大衍之数五十"竟然就是我们的先民计算出来的南北回归线之间的宽度。确切地说，我们的古人计算的南北回归线之间的度数是 49°30′，这个数据也是十分准确的。

这个 49°30′ 就与"大衍之数五十"相去无几了，而且似乎与那个奇怪的筮法有些关系了。

但是我们的先民计算的这个近乎"大衍之数"的 49°30′，与现代人计算的南北回归线之间的 46°52′，这两个数据毕竟又有差距。这两个数据理应都是正确的，至少是各有其理据的，其中的差距是怎么造成的呢？

原因首先出在对周天度数的理解上。我国传统对周天的理解，不是 360°，而是 365.25°。这个周天 365.25° 与一年的 365.25 天正好吻合。我们的古人实际上是根据太阳一年行天一周圈的天数确定的周天度数，后来将周天以及圆周度数确定为 360°，是简便从事的需要。

根据周天 360° 计算，南、北回归线各在南、北纬 23°26′，南北回归线之间的度数是 46°52′。而根据周天 365.25° 计算，南、北回归线的纬度是 23°46′30″，这样计算的南北回归线之间的度数是 47.55°，也就是 47°33′。47°33′ 和现代人计算的 46°52′，这两个数据虽然不同，而代表的实际纬度线却是相同的。

但是我们的先民根据周天 365.25° 计算的南北回归线的纬度并不是 23°46′30″，而是 24°46′30″；南北回归线之间的度数也不是 47°33′，而是 49°33′。也就是说，古人在他们计算的南北回归线的纬度数上各加了 1°。

很显然，我们的先民早就发现光的衍射现象了。先民在观察日影的时候发现，在深刻的日影之外还有一层或者一段肤浅的影子，先民测量过这两种不尽相同、却肯定必有联系的日影的比例，是 47.5∶2（95∶4）。先民重视这段影子的存在，将它视为日影实际长度的衍长，太阳的轨道叫作"衍"（这是本义），所以日影的延长也叫作"衍"（这是引申义）。后来把多出来的数叫"衍"，这是从日影延长的意义的再引申。

太阳一年四季向地球南北回归线之间投射一段正弦曲线，前面说过，南北回归线之间的这个投影正好是太阳行天走的那条正弦曲线的翻版，或者倒影。因此，古人把他们计算出来的南北回归线之间的宽度视为太阳黄道的宽度，也就是说，在我们的先民看来，太阳黄道的宽度也是 49.5°。

作为太阳黄道宽度的 49.5°，当然是个"天数"。

这个"天数"可以解释那个奇怪的古代筮法：原来古人是根据太阳黄道的宽度，也就是地球南北回归线之间的度数来决定筮法的蓍草枚数的。以周天 365.25°计算出来的太阳黄道、地球南北回归线的度数，在 49°与 50°之间，比 49 多半度，比 50 少半度。这是一个由日躔，也就是日行轨道决定的"天数"，当然是显示天意的。但是用以占卜的蓍草却不能折断以表示半度之数，所以古人取"大衍之数"以联系大数"五十"，搁置一枚不用，以联系"其用四十有九"。古人认为这样做就能既顾及大数又兼顾小数，就能合于天意，合于天道之数的 49.5°了。

古人以"大人"形象写"大"字，以顶天的"大人"形象写"天"字（甲骨文大字作大，天字作天，作天），所以大、天二字的字形之意差不多是相同的。由于字形之意有时会向字本义自然渗透的原因，大、天二字的字义有时候也是相同的①。所以可以把"大衍"理解为"天衍"。

古人造衍字使之从"行"，说明衍字的本义与道路、行走有关，且《说文》以"水朝宗与海"释衍字，说明衍字本义可能就是水道。太阳投射地球南北回归线之间的那条正弦曲线，就是太阳行天轨迹的投影，正好就是一条"天道"。所以"大衍"就是"天衍"，就是"天道"；"大衍之数"就是"天衍之数"，就是"天道之数"。

地球南北回归线之间是49.5°，较之"大衍之数五十"要小一点。古人把多出来的数也叫"衍"，所以"大衍之数五十"的"衍"另有一层含义，即比"天"之轨道，也就是比太阳实际运行轨道（黄道）的宽度多出（"衍"）半度的一个数。

很显然，古代筮仪从"五十"起步，为的就是迎合这个"大衍之数"，这个"天道"之数。"大衍之数五十"的本质意义就在于此。

既然与《周易》筮法有关的"大衍之数五十"就是太阳黄道宽度，就是太阳投射地球南北回归线之间的那条正弦曲线的宽度，这说明与《周易》有关的太极图用以界分两仪的那条正弦曲线，就是照着太阳行天的轨迹，照着太阳投射地球南北回归线之间的那条正弦曲线的样子画的。

太极图中界分阴阳的那条反向 S 形线竟然就是太阳黄道，竟然就是太阳投射地球南北回归线之间的那条正弦曲线！我们离甲骨文、金文乙字的形意已经十分接近了。

接下来要做的，就是从另外一个角度，看甲骨文、金文乙字与

---

① 参见本书第十二篇《释大、天、舞》。

太阳黄道，与地球南北回归线之间的那条正弦曲线，有无意义上的必然联系。

四、玄鸟"乙"与徘徊于地球南北回归线之间的那条正弦曲线

古人认识二十四节气，是从认识二至、二分开始的。二至、二分主要是从对日影的观察得出来的概念。设想古人将一年间逐日测量的长短日影连续排列，然后将这些长短日影的顶端连接起来，就是一条正弦曲线。这条正弦曲线就是地球南北回归线之间的那条正弦曲线的缩影，也就是日躔正弦曲线的翻版缩影。日影最长的那天就是冬至，日影最短的那天就是夏至，日影取中的那两天分别是春分、秋分。有了二至、二分，其余的二十个节气就可以根据二至、二分而行推算了。

在下面的论述中，二分的作用显得格外重要。

女娲是我国古代第一任媒妁，先民称她为"高禖"。《礼记·月令》说仲春之月："是月也，玄鸟至，至之日，以太牢祠于高禖。天子亲往。"《礼记·月令》的这番话，说明玄鸟与仲春二月以及女娲的关系非常密切。

《礼记·月令》于仲秋之月也说到了玄鸟："是月也……盲风至，鸿雁来，玄鸟归。"仲春二月"玄鸟至"，半年后的仲秋八月"玄鸟归"。《月令》中说到过许多随节候变化而应景存现、出没来去的动物，多是说其来而不说其去，说其出而不说其没，或者反之，说其去而不说其来，说其没而不说其出，只有玄鸟有去有来，有始有终。这说明玄鸟与"月令"，与春秋阴阳，都有密切的关系。而密切关系"月令"春秋，也就等于密切关系日躔。可见玄鸟在传统文化中的地位非常重要。

《礼记·月令》又说仲春之月："是月也，日夜分，雷乃发声，始电。"仲春之月的这个"日夜分"就是春分。《月令》还说到仲秋之月："是月也，日夜分，雷始收声。"仲秋之月的这个"日夜分"就是秋分。与既说了二月玄鸟"至"，又说了八月玄鸟"归"一样，《月令》既说了雷声二月"发"，又说了雷声八月"收"，而且时间更加具体——春分"雷乃发声"，秋分"雷始收声"。可见《月令》说到来去终始的动物，就是玄鸟；说到发收终始的自然现象，就是雷电。

从春分，而夏至，而秋分，而冬至，再回到春分，这是一年的时间。这一年中，太阳直射于地球南北回归线之间的移动光点的连线正好是一条正弦曲线。这条正弦曲线，起于春分点，中间经过秋分点而止于来年的春分点，而春分、秋分正是玄鸟来而复去的日子。所以古人借这条太阳光点轨迹的正弦曲线、借这条反向的 S 形曲线写了玄鸟的乙字，寄托了玄鸟的本义。

当然，借太阳直射于地球南北回归线之间的移动光点的连线造乙字，也就等于借太阳黄道日躔造乙字。

总之，我们从《周易·系辞上传》的"大衍之数五十"，证实了太极图中界分两仪的那条反向 S 形线是从太阳投射地球南北回归线之间的那条正弦曲线取形，是仿照一年四季摆动于大黄道之间的日躔画其走势。并且从而证明甲骨文、金文乙字的本义就是玄鸟，也是从太阳投射地球南北回归线之间的那条正弦曲线、从太阳黄道日躔取形。

（五）玄鸟"乙"与生育

太极图是与《易经》相配的图，换句话说，太极图是《易经》的图解，所以太极图的示象应该与《易经》的主题一致。《左传·

僖公四年》："唯是风马牛不相及也。"旧注："牝牡相诱谓之风。"这说明"风"字有风情之义。示意风情的风字，其古文（𠘧）以变相的太极图（☉♪）为形符，说明太极图的示象不外乎男女风情，不外乎牝牡相诱。《易·系辞上传》有一句为"易"下定义的话，道是："生生之谓易。"这证明《易经》的主题就是"生生不息"。可见太极图的示象果然与《易经》的主题完全一致。

以"虫"（蜥蜴）为形符的小篆风字，以及以变相的太极图为形符的古文风字，其字形之意原是男女风情，牝牡相风，而太极图的主题正好是"生生不息"。这样看来，风字的字形之意与太极图的主题本来是一致的①。

太极图的主题既然是"生生不息"，这个主题就不可能与那条界分两仪的反向 S 形线无关，换句话说，太极图界分两仪的那条反向 S 形线应当就是反映"生生"这个主题的。这是因为太阳黄道日躔与徘徊于地球南北回归线之间的正弦曲线，天然地关乎春分、秋分，关乎春分、秋分，自然也就是关乎阴阳"月令"，当然也就关乎生育。而太极图界分两仪的那条反向 S 形线是照着太阳黄道、照着太阳投射地球南北回归线之间的那条正弦曲线描画的，所以太极图界分两仪的那条反向 S 形线，就从这条正弦曲线，获得了"生生不息"的主题。

如果甲骨文、金文乙字就是取形于太极图中界分阴阳两仪的那条反向 S 形线，就是取形于太阳黄道日躔与地球南北回归线之间的那条正弦曲线的话，那么玄鸟"乙"字也应当与"生生"不息的主题吻合，至少是相去不远才是。

而我们看到玄鸟"乙"字，以及以玄鸟"乙"字为形符的字，

---

① 参见本书第九篇《释古文风》。

其本义莫不倾向生育，莫不与"生生"不息的主题完全吻合。

《说文》："乳，人及鸟生子曰乳，兽曰产。从孚、从乙。乙者，玄鸟也。《明堂月令》：玄鸟至之日，祠于高禖以请子；——故乳从乙。请子必以乙至之日者，乙春分来，秋分去，开生之候鸟，帝少昊司分之官也。""乳"字本义就是生育，而字从玄鸟"乙"，说明乳字的生育义主要是由玄鸟"乙"表现的，因为"春分来，秋分去"的玄鸟"乙"乃是"启生之候鸟"①。

《说文》："孔，通也。从乙、从子，——乙，请子之候鸟也，乙至而得子，嘉美之也。古人名嘉字子孔。"甲骨卜辞生男孩曰"嘉"，其字从女、从力作𡥈，而"古人名嘉字子孔"，证明从玄鸟"乙"的"孔"字本义为生男孩，至少是与生男孩大有关系。

《说文》："禮（礼），履也，所以事神致福也。从示，从豊、豊亦声。𥘆，古文禮。"以"履"释"禮"，这是传统的声训法。声训要求用以训释的字与被训释的字读音相同或者相近，而禮、履二字上古是同音字（来纽、脂部韵）。声训还要求用以训释的字与被训释的字意义相近、相同，而且按照《说文》的体例，被训释的字的意义一定得是本义。所以，对于这条"禮，履也"的训释，是要求"履"的意义与"禮"的本义相同（至少是相近）。

"履"与男女风情有关。《太平御览》卷七八引《诗含神雾》："大迹出雷泽，华胥履之，生伏牺。"《通志·三皇纪第一》引《春秋世谱》："华胥生男子为伏羲，女子为女娲。"发生在雷泽地方的这次"履"意义非常重大，华胥氏女子就是因为这一"履"而怀孕并生育了伏羲和女娲兄妹二人，后来伏羲、女娲兄妹结合，于是天下有了人类。

---

① "开生"盖原作"启生"，汉代人避讳而改"启"为"开"。

《诗经·小雅·生民》篇说姜嫄是如何生育后稷的："厥初生民，实维姜嫄。生民如何？克禋克祀，以弗无子。履帝武敏，歆，攸介攸止。载震载夙，载生载育。时维后稷。""履帝武敏"，是说姜嫄踩到了"帝"的大脚印，就导致了怀孕，最后生下了后稷。有周人的男性始祖就是因为如此这般的"履"而降生的。

这可以证明原始意义的"履"是婚姻的先奏，是婚礼的雏形，是最早的婚礼。婚姻为人伦之始，婚礼是最早的"礼"，古文礼（𧤨）字从"乙"，是因为"乙"（玄鸟）之意关乎婚姻，关乎生育。

《说文》释乳字与孔字，说到"启生之候鸟"，"请子之候鸟"，是"乙"字本义关乎生育的极佳证据。《说文》释乳字还说到乙为"少昊司分之官"，"司分之官"就是管领春分、秋分的官，春分、秋分的起止点，叫作"春分点"、"秋分点"，正好就是向地球南北回归线之间投射其光线的太阳两次直射地球赤道的时间，所以借用起于春分，经过秋分再回到来年春分的那条南北回归线之间的正弦曲线来示意"司分之官"的玄鸟乙字，是非常合适的。

玄鸟之来而复归的行止，与春分、秋分的步履协调一致。春分、秋分的步履是由太阳黄道日躔决定的，可见玄鸟之作为"启生之候鸟"，"请子之候鸟"，是由太阳黄道和南北回归线之间的那条正弦曲线的"生生不息"的主题决定的。

《说文》释鼓字云"春分之音"，释钟字云"秋分之音"。春分、秋分时节玄鸟来而复去，此事关乎男女风情，所以"秋分之音"、"春分之音"的钟、鼓之声就成了象征婚姻的乐声。所以《诗经》以《周南》履端，《周南》以《关雎》开篇，《关雎》是说婚姻的诗，而以"钟鼓乐之"归结。

作为玄鸟的又名，"乙"果然与《周易》、太极图"生生不息"的主题非常贴近，这可以为我们的结论——甲骨文、金文乙字取形于太极图中界分阴阳的那条反向 S 形线、取形于地球南北回归线之间的那条正弦曲线，而归根结底取形于太阳黄道日躔——提供可靠的证据。

表示"玄鸟"义的"乙"字，却是从界分太极圆圈两仪的一条曲线取形。换句话说，"玄鸟"义的"乙"字，其字形之意是界分太极圆圈两仪的那一条正弦曲线——这是真正"六书"（六种造字法）意义上的"假借"造字法。具体说，"玄鸟"义的乙，是假借黄道日躔，假借地球南北回归线之间的正弦曲线即太极圆圈两仪分界线造的。

（六）天干"乙"与日躔

《说文》释天干"乙"字："象春草木冤曲而出，阴气尚强，其出乙乙也。"这个解释比较特殊，因为它只解释了字形，却没有解释字义。天干"乙"字只领三个字，乾字、乱字、尤字。释乾字云："上出也。从乙，乙，物之达也，倝声。"释乱（亂）字云："治也。从乙，乙，治之也；从𤔔。"释尤字云："异也。从乙、又声。"

《说文》释乾字本义为"上出也"，而乾字之所以从"乙"，是因为"乙，物之达也"；释乱字本义为"治也"，而乱字之所以从"乙"，是因为"乙，治之也"；至于尤字之从"乙"，许慎未置言。许慎释乙字原本就牵强（春天的草木只能这么个"出"法吗），进而说乾字、乱字和尤字从乙的原因，也就很难说得准确了。

其实天干"乙"字只是假借了日躔黄道，所以它并没有本义。乾字、乱字、尤字之从天干"乙"，只是取其"日躔"字形之意，并不是取其"天干"义。

乾字的本义应当是乾卦，这乾卦又有两层意义：一是三画乾卦，也就是八卦之一的乾卦；一是六画乾卦，也就是六十四卦之一的乾卦。这两个乾卦本身以及附加于其上的文化意义是贯通无碍的。

以后天八卦方位论，乾卦对应西北方位的"天门"，与乾卦方向相反的是巽卦，对应东南方向的"地户"。"天门"、"地户"就是阴阳所从出入的门户。（图一）

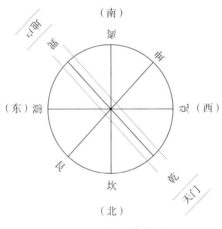

图一　天门、地户图

以六十四卦论，乾卦的六爻都是阳爻，示意阳气满盈，作为十二个"消息卦"而对应四月。四月则是"阳气巳出，阴气巳藏，万物见，成文章"[①] 的月份。（图二）

也就是说，三画乾卦对应阴阳所从出入的"天门"，六画乾卦对应四月。而太阳在黄道上走到西北方位的"天门"的时候，正好位于太阳黄道的赤道起点，阳光正好扫描到地球赤道至北回归线的中点，此时节逢立夏，正好是北半球的四月。（图三）

---

① 《说文》释巳字："巳也。四月阳气巳出，阴气巳藏，万物见，成文章，故巳为蛇，象形。"

图二 消息卦"乾"对应四月图示

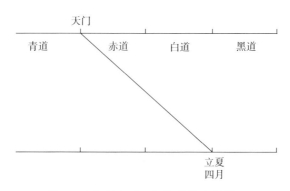

图三 太阳行经"天门"节逢立夏图示

"天门"这个位置就是后天八卦乾卦方位，而四月正好对应六十四卦的乾卦，所以乾字的本义就是乾卦，"上出也"的乾字之从乙，是表示太阳在黄道上走到西北方位的"天门"，并且要从"天门""上出"了。也就是说，乾字之从乙，是示意太阳在黄道上走的那条正弦曲线，是示意日躔的。

古代传注经常以"治之"释乱字，训诂学家把这种现象叫作"反训"。

　　《尔雅》以《释训》开卷，《释训》首条训"落"为"始也"，这是"反训"的最佳例证，但是除了像"落，始也"，以及"肆，故，今也"（《尔雅·释诂下》）这类特例，就很难再找到典型的"反训"了。而且像"落，始也"这样的"反训"，虽然出现在《尔雅》，却并不适宜出现在《说文》。因为《尔雅》只负责训诂，而《说文》则是负责"说解"字形之意，并且落实字本义的，所以《说文》并不以"落"释"始"，也并不以"始"释"落"。

　　但是《说文》以"治之也"释"乱"。

　　《尚书·泰誓》："予有乱臣十人，同心同德。"孔安国传："我治理之臣虽少而心德同。"孔颖达《正义》引《尔雅·释诂》："乱，治也。"这"同心同德"的十个"乱臣"自然是"治臣"，所以《说文》以"治之也"释"乱"是有根据的。

　　《说文》以"治之也"释"乱"，这与《尔雅·释诂》的"乱，治也"，以及孔安国传的"治理之臣"，性质是不同的。《尔雅》的"乱，治也"只是一般性的训诂，而按照《说文》的体例，则是需要交代"乱"字的字形之意，落实"乱"的字本义的。那么，"乱"字的本义为什么可以用意义截然相反的"治之"训释呢？

　　其实"乱，治（之）也"的古训也是从太阳黄道来的。太阳行天的黄道是一条正弦曲线，可以根据其扫描地球南、北回归线和两次扫描地球赤道的时段，将太阳黄道日躔的正弦曲线细分为黑道二、赤道二、青道二、白道二，连同"黄道"总名，就是太阳的九条道路，《汉书·天文志》把这九条道路归纳为"九行"。古人说的"九行"中有八条道路两两同色，为了叙述和理解的方便，又将"九行"归纳为"五行"，就是五条道路。太阳走五条（或者说九条）道路，形势错综纷纭，这就是"乱"；太阳从大黄道，也就是从其"五行"，交错射向地球南北回归线之间，这也是"乱"。但是这种

"乱"的局面是无须治理而自然有序的,是天然的"乱"中有"治"。所以"乱,治(之)也"的训诂是就太阳黄道的"五行"说的。有了这番认识,"乱"字之所以从天干"乙"就好理解了:天干乙字的字形之意就是太阳行天的黄道轨迹,就是乱中有治的"五行"。

乾字和乱字中的"乙"示意太阳行天的黄道轨迹,换句话说,天干"乙"在乾字和乱字中,就是太阳行天的黄道轨迹的标志。

至于释义为"异也"的尤字从天干"乙",今以意度之,则可能是取日躔偶然出现异常变化之意。未敢断言,权寄于此,留待日后再论。

甲骨文日字象太阳之形,于口中含"一",作⊖,古文日字于口中含"乙",作⊙。与乾字、乱字形中的"乙"一样,古文日字形体现的口中所含之"乙",也是太阳行天的黄道轨迹的标志。两者可以互证。

可见乙字的字形之意就是太阳黄道日躔,这个字形与玄鸟义结合,就是本义为玄鸟的乙字。乳字、孔字以及古文礼字从乙,都是取乙字的玄鸟本义。这个字形与黄道轨迹的标志意结合,就是作为黄道轨迹标志的乙字。乾字、乱字从乙,就是取乙字的黄道轨迹标志之意。作为太阳黄道轨迹标志意的"乙",很早就被假借为天干字了。

天干"乙"与玄鸟"乙"意义上的联系是显而易见的,所以可以初步断定这两个乙字的字形、字音原来可能是相同的,后来为了区别两个意义,遂使其一略变其形,略改其音。不过,两者的区别毕竟很小,所以还可以想象它们原本同形、同音的事实。

十七　释凡，及其相关字

（一）释凡

凡字，甲骨文作Ħ、作Ħ，金文作Ħ（见于召鼎）、作Ħ（见于禹比盨），小篆作Ħ。《说文》释凡字："最括也。从二，二，偶也，从彐，彐，古文及。"对比甲骨文、金文，小篆凡字已经严重失形，从小篆字形看不到凡字是怎么"从二"的，许慎据早已讹变的字形立说，其可信程度自然大打了折扣。但是甲骨文、金文凡字形中确实有"二"，这说明许慎谓凡字"从二"可能有师承的根据，并非仅仅针对现成的小篆字形。所以这句"二，偶也"，或有可能就是多少泄露点儿天机的话语，可以由此索解、或者验证凡字的本义以及字形之意。

甲骨文有字（图一），于省吾先生识其字为"虹"[1]，释其字形为交合的双龙，而交合之意由两端各出一首示之。

图一

我们已经考证过太极图的原始意象就是回旋相逐相诱的双蜥蜴，神化之就是双龙[2]。既然甲骨文虹字（）的字形

①　于省吾：《释虹》，《甲骨文字释林》，中华书局，1979 年。
②　参见本书第九篇《释古文风》。

是两端有头的龙，可见甲骨文虹字与太极图的原始意象相去不远，两者的文化内涵差不多是一样的，只不过太极图示意永恒的追逐，而甲骨文虹字（🐉）则是定格于追逐的结果。

从甲骨文🐉字形可以看到变形了的凡字：将🐉字简化，就是⌒，将这个⌒平展开，就是⊨，缩短就是ℍ，就是凡字了。（图二）

图二

可见甲骨文凡字就是形象的虹字（🐉）的高度抽象，甲骨文凡字的字形之意有可能与甲骨文虹字的示意相同，即交合的双龙。

示意交合双龙的甲骨文虹字既然与太极图的文化内涵差可相似，而甲骨文凡字可能从虹字而来，那么凡字的字形之意可能也与太极图的示象相去不远。

甲骨文周字作田，早期金文作田、作田，后来则在田的基础上加口，作周、作周①。今将甲骨文、金文凡字（ℍ）与甲骨文、早期金文周字（田、田）对照，可以看出两者的轮廓完全一样，这说明它们的字形之意有可能也是一致的。我们已经考证过甲骨文、金文周字的字形之意以及本义就是太极图，那么凡字的字形之意有可能也是太极图。考虑到甲骨文凡字与周字的相似性只在字形轮廓，所以两者字形之意在相似的前提下还应当有所不同，那么周字是既已分四象的太极图，凡字（字形之意）则应是未分两仪、四象的太极，还处于"惟初太始，道立于一"②的状态。

---

① 参见本书第十五篇《释周、画》。
② 《说文》释一字："惟初太始，道立于一，造分天地，化成万物。"

以上将凡字字形与虹字、周字对比，凡字表现其字形之意指向交合的双龙，指向太极图。

（二）释用

《周易》之《乾》卦、《坤》卦有"用九"、"用六"辞（"用九，见群龙无首，吉"，"用六，利永贞"），卦辞也多见"用"、"勿用"的说法，可见"用"以及"勿用"是古代占卜的重要术语。而用字的这种用场恰巧与其字形之"从卜"吻合。由此看《说文》释用字为"可施行也"，则失之过于宽泛，尚未能曲尽古人造字之初意。

甲骨文用字，作用或反向作用，金文大致与甲骨文相同，小篆则更加整齐划一，方向固定，作用。《说文》释云："可施行也。从卜、从中。卫宏说。"下出古文用字，作用。甲骨文中字作、作，金文中字正文作（见于何尊），伯仲字作 φ①，小篆中字作 中，皆与用字所从之用相去甚远，可见用字并不从中，许慎从卫宏说解释用字的字形并不可靠。

如果甲骨文凡字（用）从虹字（用）来，中间经过从用到用的过程，那么甲骨文用字所从之用其实就是凡字。

可见用字并不如卫宏说"从卜、从中"，而是从卜、从凡。从凡，不是取其"最括"本义（而且凡字的本义也未必就是"最括"），而是取其字形的双龙交合之意，所以用字从凡，犹若从太极图。而太极图作为占卜之图，正好可以解释用字之所以"从卜"。

所以用字的字形之意是对于占卜结论的采用，其本义恐怕也是

---

① 罗振玉：《增订殷虚书契考释》，东方学会，1927 年。

这个意思，至于《说文》所谓"可施行也"，则是用字的引申义。

（三）释同

甲骨文同字作👤、作👤，金文作👤（见于沈子它簋）、作👤（见于矢尊），字形中也有👤。《说文》释同字："合会也。从👤、从口。"《说文》释同字所从的👤为"重覆"，而表面看"重覆"（👤）与嘴巴（口）如何"合会也"，是不好理解的。

对照甲骨文、金文同字字形，小篆同字所从👤实为👤之讹变。如同视用字所从👤为凡一样，同字也可以视为从凡，这样，同字的字形之意就得以解释了。《国语·郑语》："夏之衰也，褒人之神化为二龙，以同于王庭。"韦昭注："共处曰同。""共处"就是交合，这可能就是同字的本义用场，所以《说文》释其本义为"合会也"。同字"合会也"的本义显然是由其形符凡字的字形之意（变相了的两端有头的龙）支撑的。

《说文》释👤字义为"重覆"，而关键则是对"重"字的理解。我们在这里见到的这个"重覆"，并不是现在常说的"重复"，而是交合。《说文》解释媵字曰"重婚也"，这个"重婚"也不是现在法律意义上的"重婚"，而是交合。"重覆"、"重婚"的交合义，主要是由"重"字承担的。所以《说文》"重覆"的解释并不错，而错在将这个原本正确的释义安排在了一个既已讹变的字形后面了。

既知同字形中的👤实为凡字（👤）之讹变，那么《说文》释👤字为"重覆"，说明凡字的本义应当就是"重覆"，就是交合。凡为交合，从凡的同字为"合会"，两者是可以互证的。

同字、用字皆从"凡"，都是取"凡"字的字形之意，而有所不同：同字是取其两端有首、示意交合的双龙，所以同字的本义是

"合会"；用字是取其双龙相逐、交合的太极图之意，进而以"从卜"（占卜）圈定所从"凡"的太极图身份，所以用字的本义是占卜场合的"采用"。

（四）用字、同字的古音，以及风字形意补说

两个偏旁的合体字，如果一个偏旁是"口"，另一个偏旁往往表音（或者是单纯声符，或者是形符兼声符），如叱咤、呻吟、叫喊、呼吸、吞咽、喁喁、喈喈等字，皆是（从口会意的字是少数，不在斯例）。小篆同字从凡、从口，所以同字应当是从口、从凡，凡亦声。如果此说不误，与同字叠韵的用字也应当是从卜、从凡，凡亦声。

卜辞没有风字，而以凤字假借。甲骨文凤（𩿨）字从凡声，小篆、古文凤字也因之从凡声，这个说法原来是不成问题的，但是我们既然从凡字字形看到了太极图的示象，这种说法就值得推敲了。画太极图的伏羲氏姓风，小篆风字以"虫"（虺蜥）示意伏羲氏图腾，古文风字以⊙♪示意太极图①，那么小篆风字，以及在卜辞中曾经代替过风字的凤字，其所从之"凡"就不仅仅是声符，而应当是以示象太极图的作用兼作形符。也就是说，小篆风字是以"虫"示意伏羲氏图腾，又以"凡"示意太极图；古文风字是从⊙♪和"凡"两个方向示意太极图，一个是形象的太极（⊙♪），一个是抽象的太极（日）；甲骨文凤字也是以"凡"示意太极图。

姑且不论凡字的形符作用，只说其声符作用。凡字、风字、凤字皆上古唇音声纽、侵部韵（结-m尾），所以风字、凤字皆从凡声。用字、同字都是上古东部韵（结-ng尾），用字、同字与凡字

韵部相去遥远，而且声纽也有距离（用字喉音喻纽，同字舌音定纽，而凡字唇音并纽），所以粗浅一看，凡字是不能够作用字、同字的声符的。但是用字、同字可能原本是结 – m 尾的。

据王国维先生考证，"郦与奄声相近"，同地而异名，奄就是邶、郦之郦，而"奄在鲁地"，所以郦应当在鲁地①。同一地域，或以"郦"名，或以"奄"名，可能是因为方国差异所致，但是归根结底是体现古今不同，可见后来读东部韵的庸，是从谈部韵的奄演变来的。郦、奄既然声相近，郦字从庸声，庸字从用声，所以用字也与奄字声相近。而奄字就是结 – m 尾的谈部韵字，所以用字原来也可能是结 – m 尾的。

司马迁《报任安书》："同子参乘，袁丝变色。""同子"是武帝时宦官赵谈，与司马迁的父亲同名，所以司马迁以"同"避"谈"。避讳无非就是取意义或者声音相近的字替代，"谈"与"同"意义无关，可见司马迁是用声音相近的字避讳。司马迁足迹遍天下，学问贯古今，所以他之以"同"避"谈"，可能是知道以上古音读同字与谈字是相近的。

奄字、谈字都是结 – m 尾的谈部韵字，可见用字、同字的上古音可能属谈部韵，所以结 – m 尾的凡字可以作为用字、同字的声符。

凡字是唇音字，能否给喉音、舌音的用字、同字作声符，可能也是个问题。但是唇音"丙"作牙音"更"的声符（牙音"更"又作唇音"便"的声符），舌音"勺"作唇音"构"、"豹"的声符，以及唇音"每"作喉音"悔"的声符，说明在谐声时代（形声字最初形成的时代），唇音字与非唇音字虽然各守界线，但是并非森严壁

---

① 王国维：《北伯鼎跋》，《观堂集林》第三册，卷十八，中华书局，1959 年。

宔，个别情况还是可以互相作声符的。所以唇音的凡字给非唇音的用字、同字作声符，是完全可能的。

（五）释佩

金文佩字从凡，作、作（图三，分见于癲簋、颂簋），《说文》释云："大带佩也。从人、从凡、从巾：佩必有巾，巾谓之饰。"许慎没有说明作为"大带佩也"的佩字为什么

图三

必须"从凡"，而这正是佩字字形的难点。既然现在知道凡字从甲骨文虹字（　　）简化，其字形之意是交合之双龙，是未分两仪、四象的太极，那么佩字"从凡"，就是取其字形的双龙（两端各出一首的龙）之意，就是后世所谓"双龙佩"。玉佩固然不必尽雕琢为双龙之形，但是古人为玉佩造字不能包罗万象，于是富有特色的双龙玉佩为造字人选中，以表示佩字纷繁陆离的"杂佩"本义，是完全在情理之中的。

（六）释南

甲骨文南字作、作、作（图四），金文作（图五，见于散氏盘），字形已经讹变，小篆承金文趋势，作（图六），已经完全失形。《说文》释南字："艸木至南方，有枝任也。从宋、羊声。"许慎据完全讹变之字形立说，其说显然不可靠。

图四 　　　　　　　图五 　　　　　图六

今审甲骨文南字，从凡、从 火，凡字的字形之意是已知的，所以关键是如何理解南字所从"火"的字形之意。另外，我们倾向视南字的本义为方向、方位意义上的"南方"，是因为这个基本意义一直没有向周围蔓延，没有产生过偏离"南方"方向意义的引申义。如果南字的本义就是"南方"，那么南字的字形之意也应当从方向、方位上索解。

假如古人树立标杆以观察日影，并把观察的结果记录下来，那他们肯定是用"十"字形记录正南、正北、正东、正西方向的日影，用"×"字形记录东北、东南、西北、西南方向的日影。他们看到过正北、西北、东北、东南、西南各方向的日影，但是不容易见到正东方、正西方的日影，更不可能见到正南方向，以及正南方向左右各45°范围之内的日影。他们认识到没有日影的方向就是正南方以及接近正南方左右的方向。

现在看甲骨文南字所从的"火"，能够看到明确的"南方"示意：有日影的北方，以丨示意；有日影的西北、东北、东南、西南方向，以×形示意。从而强调没有日影的方向为正南方以及贴近正南方左右各45°范围之内的方向。

对于南字所从的这个"火"的字形之意，除此而外恐怕很难找到更好的索解方法了。

甲骨文南字所从的凡（月），基本还是取双龙交合之意。火、月会意，就可以示意特殊的南国风情了。

《诗经》有十五"国风"，都是各方国的民歌，而且多半是情歌。十五"国风"有《周南》、《召南》，说明"南"也属于"风"，也是民歌、情歌，但与传统的"中原"民歌、情歌有所不同。所以这个包在"风"里的"南"有强调与"风"不同的作用，即声明这是不同于另外十三"国风"的另类别样的民歌、情歌。

　　《周南》、《召南》诸篇反映的是周公制礼，召公①推行周公之礼的情况，而周公所制之礼的主要内容就是婚礼。虽然多数《小序》从古至今都是一笔糊涂账，但是个别《小序》如《甘棠》、《行露》、《摽有梅》，还是道出了召公推行周公所制婚姻之礼的真相。《甘棠·小序》云：“美召伯也。召伯之政，明於南国。”《行露·小序》云：“召伯听讼也。衰乱之俗微，贞信之教兴，强暴之男不能侵凌贞女也。”《摽有梅·小序》云：“男女及时也。召南之国被文王之化，男女得以及时也。”所谓“召伯之政”、“召伯听讼”，以及“男女及时”、“被文王之化”，就是说的召公推行周公婚姻新政的情况。“周南”、“召南”的“南”就是周王朝新拓边地，这些新拓边地都在南境，这些地方的婚姻制度较之王畿及周边相对滞后，周公的新政、新礼当然是在全国推行，但是唯独这里的风土民情与周公新政、新礼形成较大的落差，所以需要用特殊的措辞特别标目，于是“南”字入选。周公的新政、新礼很大程度上保护了妇女的利益，所以深得“南国”妇女拥护。

　　《吕氏春秋·音初》篇说过“南音”：“禹行功，见塗山之女，禹未之遇，而巡省南土。塗山氏之女乃令其妾候禹于塗山之阳，女乃作歌，歌曰：‘候人兮猗！’实始作为南音。周公及召公取风焉，以为《周南》、《召南》。”与“南音”并列的，还有“东音”、“西音”（以及从“西音”分化出来的“秦音”）、“北音”，皆与“南音”大相径庭，文繁不具引。

　　塗山氏之女以这句“候人兮猗”始创“南音”，《周南》、《召南》的名堂就是这么来的。至于“周公及召公取风焉，以为《周南》、《召南》”，则说之未允：《周南》、《召南》诸篇的内容固然是

_____

　　① 《诗经·小序》称“召伯”。

歌颂周公、召公，而《周南》、《召南》诸篇却肯定不是周公、召公"取风焉"而作，实际情况是周公及召公在这里遇到了跟塗山氏之女时代相同的婚姻风俗。

十五"国风"都是"风"，都是风俗、风情，作为十五"国风"开篇的《周南》、《召南》当然也是风俗，也是风情。但是较之其他十三《国风》，二《南》反映的是周公制礼时期亟待改革的"南方"风俗，是特殊的边地风情。周公时代"南方"尚如此，可以想见殷商时代的"南方"是何情景（姑且不说塗山氏之女时代）。所以造字的殷商人使"南方"的"南"字从示意交合的"凡"，以反映"南方"相对滞后的婚姻制度。

可见"周南"、"召南"的"南"，犹如现在说"南国风情"，是基于"南方"、"南国"本义的引申义。所以对十五"国风"开篇的《周南》、《召南》应当这样释名：周、召之教，化彼南国也。

总之，甲骨文南字从"火"，是示意没有日影的标杆以南方向；从凡，是示意性爱交合。两者会意，示意南方相对滞后的婚姻风俗制度。

卜辞有𣪊字。或反向作𣪊（图七），武丁时贞人名。此字可能是形声字，从殳、南声，与南字形意无关。

图七

东、西、南、北四个方位字，只有南字的字形是示意"南方"本义的。

（七）释子

甲骨文巳字作𢀯、作𢀯、作𢀯、作𢀯，金文巳字与甲骨文巳字同形，作𢀯（见于格伯簋），均象婴儿、小孩形。甲骨文早期子字作𣎆、作𣎆，中晚期作𣎆、作𣎆。𣎆形、𣎆形子字并不象婴儿、小孩形，

形、形子字勉强象婴儿、小孩形。金文子字作
（图八，见于利簋），象婴儿、小孩形而非常繁复。

图八

甲骨文形子字并不象婴儿、小孩之形，后期甲骨文子字添加头发、双脚，作，才勉强象小儿之形。这种变化，说明殷商人要将原来并不象婴儿、小孩的子字进行改造，使其象婴儿、小孩形。小篆子字作，象婴儿之形。很显然，从甲骨文巳字（）到金文巳字（），再到小篆子字（），是一脉相承的；从甲骨文形子字，到形、形子字，再到金文子字（），是一脉相承的。

从小篆字形看，子字的本义应当就是小孩，而甲骨文子字（）既不象胚胎或者婴儿、小孩之形，而且似乎也看不出"十一月阳气动"的示意，那么该如何理解甲骨文子字（）的字形之意呢？

让我们重新审视《说文》对子字的解释："十一月阳气动，万物滋，人以为称。象形。"这个"十一月阳气动"正是对甲骨文子字的字形之意的正确说解：字从（凡），示意交合；从丨，指示正北方向的日影。用丨示意日影，我们在南字里已经见到过，但是南字是以五条日影反衬一个不可能有日影的正南方，而子字则是以一条正北的日影示意此时的"月令"——这时的节气正是冬至，月份正好是十一月。

殷商时期还没有用十二支作为十二月的别名，当然也就不可能把十一月叫作子月，但是十一月交冬至节，这是古人熟知的历法知识，"十一月阳气动，万物滋"的月令现象早就深入人心，所以将十一月叫作子月的条件在殷商时代早已经具备了。

许慎针对小篆字形的说解，竟然与甲骨文字形吻合，这说明对汉字字形的说解已经通过经师们的口耳相传不知传了多少代了。于是在许慎的《说文解字》里，才出现了"照抄"前人口授的这句"十一月阳气动，万物滋，人以为称"，而口授此句的前代经师应是

见过金文、甚至甲骨文子字的。

总之，甲骨文凷字的字形之意是这样的：从凡（），取阴阳交合之意，也就是取"生生"之意（《周易·系辞上转》："生生之谓易"）；以一竖（丨）示意正北方的、最长的日影，进而示意冬至交节一阳复生的月令。而殷商人利用这个字形之意先是寄托十二地支第一支，后来又用这个字形之意寄托儿女的本义，却又感觉这样示意不太明确，这才把这个并不象婴儿、小孩的字形（凷）改造，以向婴儿、小孩形象（兇）靠拢的。

从"六书"角度看，甲骨文子字在示意冬至交节的凷字上寄托地支的意义，是假借法；将此字旧型改造，向儿童形象靠拢，以便表现子女的意义，是象形法。

（八）释古文周

现在可以讨论古文周字了。

小篆周字作凲（图九）。《说文》释周字："密也。从用、口。"下出古文周字作凲（图十），云："古文周字从古文及。"古文周字与小篆周字皆从用，与甲骨文以及金文字形上有区别。一般说来，同一个字的不同字体会因为字形不同而表现出不尽相同的字形之意，但是这些不尽相同的字形之意却往往能在某个层面上获得统一，因为它们的本义应当是相同的。譬如风字，小篆从虫、凡声，古文从变相的太极图（⊙ʃ）、凡声，它们的字形之意不尽相同，但是却能够在伏羲氏图腾和姓氏上获得统一[1]。周字

图九　　　图十

---

[1]　参见本书第九篇《释古文风》。

也应当与风字一样，甲骨文、金文周字（囲、田），与小篆、古文周字所从的"用"（用），以及古文周字所从的"古文及"（乀），它们之间不尽相同的字形之意也应当在某个文化层面上获得统一。

我们要进行的讨论有两个前提：前提一，甲骨文"乙"字的字形之意本是太阳黄道日躔轨迹，这是已经确定的事实。前提二，周字的本义是太极图①。关于周字的本义，因为甲骨文周字只向我们示现了分四象的太极图，却没有向我们示现那条界分阴阳两仪的正弦曲线，所以在我们认定太极图中界分两仪的那条正弦曲线就是甲骨文"乙"字的时候，总是有点放心不下。

古文周字从用、从乀，作用。只从字形上看，古文周字既以其所从"用"向我们示现了太极图，又以其所从的乀向我们示现了太极图中界分两仪的那条正弦曲线，这两个事关太极图的重要文化内容出现在同一个古文周字里，证明太极图中界分两仪的那条正弦曲线就是一个"乙"字。

既然太极图中界分两仪的那条正弦曲线就是一个"乙"字，这就与甲骨文"乙"字的字形之意以及本义的证明接上茬了②。

（九）关于古文及

但是许慎解释古文周字字形并没有说从"乙"，而是说"古文周字从古文及"，这是为什么？很简单，这是因为古文周字所从的"古文及"与乙字字形完全相同。

《说文》释及字云"逮也"，释逮字云"唐逮，及也"，释隶（音 dài）字云"及也"。隶字象以手持牛尾之形（小篆作隶），

手把牛尾，是牝牡相诱之意。使隶字从辵（辶），以示意牝牡相诱意义的追逐，就是逮字。可见隶、逮可能是古、今字关系。甲骨文及字作 ，象后面的手（又）逮及前面的人①。手把牛尾而追逐的隶、逮，皆以"及"释之，可以证明甲骨文及字示意男女风情。

后来的金文、大篆、小篆的"及"字都承续甲骨文字形，但是"古文及"字却是另一种样子。

《说文》记录了及字的三种古文形体，作 、作 、作 。第一种形体与小篆玄鸟乙字基本同形；第二种形体象"尸"形"人"字（甲骨文卜辞"夷方"的"夷"字），下部顺势屈曲，我们在小篆凡字形中可以见到这个古文及字（小篆凡字从古文及，作 ，说见下）；第三种形体像"逮"字而有附加笔画。

太极图原是两条蜥蜴回旋相逐之象（抽象），是示意"风化"，示意"风情"的。两条高度抽象的蜥蜴，中间需要一条高度抽象的曲线界分，以使两条蜥蜴轮廓界线分明，于是太阳黄道上的日躔轨迹，也就是太阳投射地球南北回归线之间的那条正弦曲线，正好入选。

太极图里的这条正弦曲线，原是界分太极图圆圈"两仪"的，自有"风化"、"风情"的滋味。而"及"字的本义是男女在回旋相逐过程中后者追及前者，与从蜥蜴取象的太极图之示意风情者十分相近，所以战国时期的六国人才借这条界分太极图圆圈"两仪"的正弦曲线以造"古文及"字。但是太极图里的这条分界线，其实质是太阳黄道日躔，也就是太阳投射地球南北回归线之间的那条正弦曲线。所以从本质上说，太极图中的这条分界线是取形于玄鸟羲和

---

① 参见本书第十篇《传上古风情的几个古文字》。

天干义的"乙"字，说它是"古文及"字，与太极图产生的时间差距太大，是不太合适的。

汉代人可能对太极图界分两仪的这条正弦曲线已经不甚了然，对"乙"字（甲骨文、金文作乚，小篆作乁）的形意也已经说之不清。古文周字（𠂤）所从的乚，婉转匀整，是一条标准的界分太极图圆圈两仪的正弦曲线，应当是甲骨文"乙"字，许慎以为"从古文及"，可能反映了一个时代错误。

小篆市字作𢍰。《说文》："市，买卖所之也。市有垣，从冂；从乚、乚，古文及，象物相及也。之省声。""市"为"买卖所之"，交易之所，趋利者朝去暮归，与太阳朝升暮落以及春来冬去颇有些相似，故小篆市（𢍰）字所从之乚，也是以太极图界分两仪的那条正弦曲线示意，视为"古文及"似乎并不准确。

甲骨文今字作Ａ，上象社屋之形，示意"仲春二月，令会男女"的地点，下从"－"，示意二月一日①。《说文》："今，是时也。从亼、从乛，乛，古文及。"小篆今字作亼，与甲骨文一样，也是上象社屋之形，示意会男女之所在，但是又与甲骨文不同，下不从"－"，而是从反向的"古文及"（𠃌，即反向乁），示意男女之相风相及。可见小篆今字与甲骨文今字的示意相去不远，许慎释小篆今字从"古文及"，也不为错。

不过，因为古文及字与小篆乙字字形相同，所以小篆今字所从的反向乁（𠃌），归根结底还是应当理解为反向的小篆乙，理解为由日躔决定的月令。

总之，古人对这条界分太极图圆圈"两仪"的正弦曲线，也

---

① 参见本书第十篇《传上古风情的几个古文字》。

就是太阳黄道日躔轨迹、对太阳投射地球南北回归线之间的那条正弦曲线，曾经反复注意留心过，殷商人借其形造了甲骨文"乙"字，而春秋战国时代的山东六国人则借其形造了古文"及"字。至于有些被许慎理解为"从古文及"的字，其实就是"乙"，而有的理解为"古文及"亦未必不可，需要具体问题具体分析。

（十）凡字本义与小篆凡字的字形

我们已经解释了甲骨文用字、同字、佩字、子字、南字以及古文周字，这些字形中皆有凡字。甲骨文凡字字形是在甲骨文虹字字形基础上的简化，与虹字一样示意交合的双龙，所以凡字本义应当就是交合。

现在分析小篆凡字字形，因为这可以有助于我们对凡字本义的理解。

小篆凡字作凡，与甲骨文、金文凡字相较已经讹变至于失形，许慎解释其字形"从二，二，偶也，从彐，彐，古文及"，从小篆凡字可以看到一个模糊的古文及字（彐），大概就是《说文》释及字记录的三种古文及字的第二种字形（彐），这个字形可能就是两个古文及字（乁，整齐之就是彐）重叠的样子（彐）。

甲骨文、金文凡字形中有"二"，有"八"。许慎分析小篆凡字"从二"，从"古文及"（彐，又讹变为彐）。甲骨文八字本义为怀孕、孕育①，及字（不论是甲骨文，还是古文）的本义是男女相风相及，所以甲骨文、金文凡字从"八"，与古文凡字从"古文及"，其示意是完全一致的。

---

① 参见本书第十八篇《释八、公、申、水、莽》。

　　小篆凡字"从二，二，偶也"，与甲骨文、金文凡字的字形具有大致相同的字形之意，因为我们从甲骨文、金文凡字的原型👐，看到的正是"偶也"的示意。另外，我们还能从《说文》解释冂字的"重覆"看到凡字的"重覆"义，而"重覆"就是交合。许慎对小篆凡字字形的说解，以及错置于冂字下的释义，都可以作为凡字交合本义的有力旁证。

十八　释八、公、申、水、菁

（一）由《说文》从八诸字看八字的字形之意

甲骨文八字作)（ （图一），形简而意玄，说其字形良多不易。笔者此前曾经试图将八字形置于《周易》和太极图的环境里解释，认为已经接近事实，但是现在想来，依然未能恰当中的。所以，对八字之形意，有必要重新考虑。

图一

《说文》释八字云："八，别也。象分别相背之形。"释胤字云："子孙相承续也。从肉，从八，八象其长也；从幺，象重累也。"八字形既"象分别相背之形"，又"象其长"，令人颇生疑惑，八字到底究竟象什么呢？

另外，有些字形中的八字被许慎视为形符，但是许慎对这些八字之所以为形符并未作任何解释。如释豖字："豖，从意也。从八、豕声。""从意"究竟是什么意思？"从意"的豖字为什么竟然以"别也"的八字作为形符？"从意"的豖字之从八，是取其"象分别相背之形"的"别也"之意，还是取其"象其长也"的"子孙相承续也"之意呢？而且，"徐醉切"的豖字岂能用"式视切"的豕字作声符？上古书纽、支部韵的豖字岂能作邪纽、物部韵豖字的声符？豖字岂能"豕声"？许慎对从八的豖字的解释，其形、音、意皆令人不解。许慎构建的《说文》大系统在涉及八字的时候出现的这些纰漏，其症结何在呢？

我们仍以豢字为例，首先，豢字和豕字的声、韵皆相去悬远，豕字显然不是豢字的声符，豢字应该是会意字，即从八、从豕会意。

《说文》以肖、胤、胄、肸四字连属。通观这四个字的释义，可能有利于对胤字、豢字形中的“八”的理解。

肖字，《说文》释云：“骨肉相似也。从肉、小声。不似其先，故曰不肖也。”因为“骨肉相似”，所以肖字从肉。但是“骨肉相似”的意义仅仅用“从肉”来解释和表达是远远不够的。

胤字为“子孙相承续”，所以从肉以示骨血体胤之意。肝、肺、脾、肾、肩、肘、臂、腹、臀诸字之从肉，令人感觉理所当然。而骨血体胤之意仅仅用一个肉字却不能明确达意，所以胤字才又从八，从幺。故而胤字所从的八、幺，至少应有其一是示意体胤的，当然也可能是以从八、从幺共同示意体胤的。

胄字，《说文》释云：“胤也。从肉、由声。”如我们分析肖字一样，欲表达像体胤这样繁复的字形之意，单凭“从肉、由声”云云，理由显然是不充足的。

《说文》以肸字接续于肖、胤、胄三个字后，释肸字：“肸，振肸也。从肉、八声。”其实许多《说文》家对这个“振肸也”已经不知其所以然，因此也就不能完全理解肸字的字形，譬如说“八”在肸字里究竟起什么作用。上古八字帮纽、质部韵（八字博拔切），肸字晓纽、物部韵（肸字许讫切），上古质、物二部相近（只有开口、合口之分），从音理上讲，八字是可以作肸字的声符的，但是作为肸字声符的八字未必不是声符而兼形符。

祳字，《说文》释云：“社肉，盛以蜃，故谓之祳。天子所以亲遗同姓。从示、辰声。《春秋传》曰：石尚来归祳。”盛在蚌壳

（屋）里的"社肉"叫"祳"，是周天子用来分赠同姓诸侯的。出现在典籍里的社肉"祳"字多作"脤"。

《说文》以肖、胤、胄、肎四字连属，其义应当相关相近，肖、胤、胄三字义皆关乎体胤遗传，则释为"振肎也"的肎字，其字形之意也应当离体胤骨肉不远。既然肎字的本义不应当与体胤脱节，所以笔者认为许慎释肎字的"振肎"应为"祳肎"。典籍"祳"字又多作"脤"，所以"振肎"、"祳肎"，其本字应当就是"脤肎"。"脤肎"就是《左传·定公十四年》说的"归脤"（"天王使石尚来归脤"，许慎引作"归祳"），归，读为馈赠的馈，"归脤"就是分赠社肉"脤"。周朝天子分赠社肉以亲和同姓诸侯，并且用分赠社肉的形式象征血脉源远流长，寄托血脉传之久远的期望。肎字意为分赠社肉（"归脤"），所以从肉以示意社肉，从八以示意体胤，两者会意，示意同一源头的血脉体胤共同分享供祭过祖先的社肉。

《说文》释胮字："胮，响布也。从十，从肎。"这个释义为"响布"的胮字既然从肎，其义应当与"振肎"有关，也就是与"归脤"、与分赠社肉有关。

可见胮、肎应当是异体字关系：肎字以八、肉示意"脤肎"（"归脤"），胮字则是在此基础上以"十"示意分赠之社肉之馨香四布。"胮响布"的"响"应当读为"香"，"胮响布"就是"胮香布"。

"胮响布"其义难晓，清代《说文》诸大家如段玉裁、桂馥、朱骏声，注释胮字皆曾引过《上林赋》的一句"胮蠁布写"，而将《说文》释胮字的"胮，响（香）布也"点断为"胮响，布也"，甚是武断失据。

桂馥引证最富，还曾经引过《甘泉赋》的"胮蠁丰融"，《蜀都赋》的"景福胮蠁而兴作"，《吴都赋》的"芬馥胮蠁"。而这些诗赋中的"胪蠁"，皆可以读为"胪香"，理解为"胪之香"，就是"脤胪（肴）"之"香"。胪字的本义是"归脤"，所以《说文》才释胪字云"响布"，读为"香布"，芳馨远布也。

许慎显然是将异体字胪、肴错当成两个不同的字处理了。不过许慎对这两个异体字的解释肯定有师承依据，因为当我们把《说文》对这两个字的解释结合在一起，竟然贴切合符，而且释义清楚——"胪（肴），振（脤）肴响（香）布也。"而许慎割裂"振肴响布"，这才导致了后来学者的误解。

肴字、胪字义为分赠社肉，周朝天子以社肉分赠同姓诸侯，为的就是亲和同姓，同时还有血脉传之久远的象征意义。我们看到，肴字、胪字的本义不离乎体胤，《说文》肉部以肖、胤、胄、肴四字连属，为的就是体现这四个字在"体胤"意义上的关系。

既然肖字义关涉体胤，单单"从肉"是不足以显示其意的，所以笔者认为"骨肉相似"意的小篆肖字，其字形中有隐形的"八"。换句话说，肖字不是"从肉、小声"，而是"从肴（示意体胤）、小声"。因肴字形中有"八"，小字形中也有"八"，为了使字形紧凑，故保留形符肴字形中的"八"，而省略声符小字形中的"八"。所以，肖字的字形应当这样说解：从肴，小省声。

肖、胤、肴之意皆与体胤有关，而字形中皆有肉、有八，说明八字的字形之意必定关乎体胤。

（二）八字的字形之意：孕育

《说文》有从重八的𠔼字，就是后来的"别"字，释云："分也。从重八：八，别也，亦声。《孝经说》曰'上下有别'。"𠔼（别）字从重八，则八字之意或又可以从𠔼（别）字看出些端倪。

《说文》有兆字，小篆作𣥠（𪃟），古文作𡰥，现在用的兆字是从小篆省略（省略"卜"）。小篆兆字（㕚）从卜，释云："灼龟坼也。从卜，兆象形。㕚，古文兆省。"既然小篆兆字（㕚）"从卜，兆象形"，那么古文兆字（㕚）自然就是灼烧龟甲之"象形"了（"灼龟坼也"）。虽曰"象形"，但从小篆兆字（㕚）看到的"兆象形"，其实就是一个"从重八"的小篆"別"字（㕚）；从古文兆字（㕚）看到的"兆象形"，也是一个小篆"別"字（㕚），而又以"乙"（㇀）标志。再看甲骨文的兆字（㕚），干脆就是一个"从重八"的小篆"別"字（㕚）。这个有趣的现象，说明别字与兆字的字形之意几乎是完全相同的。

《说文》肉部有脄字，与"妇孕一月"、"妇孕三月"的胚、胎字类聚，释云："脄，妇始孕脄兆也。从肉、某声。"以"妇始孕"释脄字，而云"脄兆"，说明"兆"的意义与怀孕有关。而古文兆字形中有"乙"，以遍宣阴阳的太阳黄道字形示意"启生之候鸟"的玄鸟①，适可与怀孕的意义吻合。兆字与别字的字形之意几乎相同，那么，既然兆（㕚、㕚）字有怀孕义，说明"別"（㕚）字的意义也当与怀孕有关。

《国语·鲁语上》："宣公夏滥於泗渊，里革断其罟而弃之，曰：'……今鱼方别孕，不教鱼长，又行网罟，贪无艺也。'"里革的这番话以别、孕并列，这个特殊的"别孕"措辞说明"別"乃是"孕"的原因，而不是我们通常理解的"分别"，正如韦昭注说的："別，別於雄而怀子也。"②

《礼记·经解》："昏姻之礼，所以明男女之别也。……故昏姻

---

① 参见本书第十六篇《释乙》。
② 《荀子·王制》有云"孕别"，杨倞注："别谓生育，与母别也。"杨倞注不确，今不取。

之礼废，则夫妇之道苦，而淫辟之罪多矣。"《史记·乐书》："婚姻冠笄，所以别男女也。""昏姻之礼"只是用来"明男女之别"的，"婚姻（冠笄）"只是用来"别男女"的，"别"还会是"分别"吗？这个用婚姻实现的男女之"别"，其义只能是怀孕的前提或者原因。

《尔雅·释山》："大山宫小山，霍；小山别大山，鲜。"郭璞注"宫"："宫谓围绕之。"注"别"："不相连。""宫"与"别"相对待而相提并论，其意义必定有联系。郭璞注虽然是正确的，但是"围绕之"、"不相连"并没有揭示"宫"与"别"的内在联系。大山围绕小山，有包孕之象，这就是"宫"；小山在环状的大山之外，有与大山相携相连之势，这就是"别"（"别针"的"别"就是此意）。往"宫"与"别"的内在联系上考虑，"宫"既然是包孕之象，"别"就是孕育前提之象——"别"是"宫"的前提，"宫"是"别"的结果。

《素问·阴阳别论》："阴搏阳别，谓之有子。"王冰注："阴谓尺中也，搏谓搏触于手也。尺脉搏击，与寸口殊，别阳气挺然，则为有妊之兆。何者？阴中有别阳故。"医家触及尺中脉，明显感觉到突挺之势，而与寸口之脉不同，这就是女子怀孕的征兆，因为在阴脉里出现了"别阳"脉。"别阳"就是怀孕之脉，证明"别"字确实是怀孕的前提或者原因之义。

"别"为怀孕的前提或者原因，而其字形从套叠的两个"八"，证明八字的字形之意应当与"别"字相去不远。

再回到我们讨论过的豙字。《说文》释豙字本义为"从意"，而"从意"所云究竟何事，《说文》大家则言人人殊。《说文》有与豙字同音的遂字，释云"亡也"，而古代典籍中的遂字多见成功、遂心如意之类意义，这与《说文》释豙字的"从意"大有关系。仔细看，

"从"就是"遂","意"就是"心","从意"正好就是"遂心",正是遂心如意。我们终于知道《说文》为什么以"从意"解释豙字了：这个以"从意"解释的豙字，其实就是遂字的古字，豙、遂是古今字关系，而豙字的本义"从意"就是"遂心"，遂心如意也。

豙字从八、从豖会意，本义为"遂心"（"从意也"），自然是说的"豖"的"遂心"，或者是借"豖"而说一般的"遂心"。不管是直接说"豖"，还是借"豖"说事，令"豖"遂心如意的事不过就是饱食、温暖，还有求偶成功，进而就是孕育。而豙字形示现的令"豖"遂心的事，不会是饱食、温暖（饱食之意应当用食旁、口旁、或者欠旁示现；温暖之意应当用日旁、火旁示现），那么，令"豖"遂心的事只能是求偶、怀孕，或者育崽。所以本义为"从意"的豙字，其字形之意大概就是一头怀孕的猪，而怀孕之意无疑是用"八"示现的。

《国语·晋语七》记晋悼公回忆魏颗之功，云："昔克潞之役，秦来图败晋功，魏颗以其身却退秦师于辅氏，亲止杜回，其勋铭於景钟。至于今不育，其子不可不兴也。"韦昭注："育，遂也。"可见遂字有生育义。今字"遂"有生育义，可见古字"豙"也有生育义，豙字、遂字的生育义是从怀孕本义引申来的。

甲骨文有豙字，从八、从豖，作𦏆（图二），就是《说文》以"从意"释之的豙字——怀有身孕的猪。甲骨文还有从八、从虎的字，作𧆞（图三）；有从八、从象的字，作𧰼（图四）；有从八、从犀的字，作𤉗（图五）；有从八、从隹的字，作𨾴（图六）；还有从八、从鱼的字，作𩵋（图七）；从八、从龟（？）的字，作𪚩（图八）。这些字的字形之意应当都是示意怀孕的动物：八字下的虎、象、犀、隹、鱼以及龟（？），就是怀孕的虎、象、犀、隹（鸟）、鱼以及怀孕的乌龟（？）。

图二　　　图三　　　图四　　　图五

图六　　　　图七　　　　图八

我们说过，豕字不是豙字的声符，豙字应该是会意字（从八、从豕会意）。因此，从八，而分别从虎、从象、从犀、从隹、从鱼、从龟（？）的字、字、字、字、字、字，大概也都是会意字，字形中示意怀孕的虎、象、犀、隹、鱼、龟，都不是声符。由此推论，这些字皆当与豙字同音，甲骨文诸多从八、从某种动物的字都应当读"徐醉切"。

甲骨文出现的这么多的字从八、从某种动物，大概反映了古人对怀孕期的动物的保护意识。这种保护意识一方面是出于资源考虑，另一方面则是出于仁爱之心。古代典籍中多见这种出于仁爱之心的规定，如《周礼·月令》篇就说过在"孟春之月"，"牺牲毋用牝，禁止伐木，毋覆巢，毋杀孩虫、胎夭、飞鸟，毋麛，毋卵"；《王制》篇也说过"不麛，不杀胎，不卵疾夭，不覆巢"的话。另外如《周礼》、《左传》、《国语》、《孟子》也多见类似的话语。

从八之字还有半字。《说文》释半字："物中分也。从八、从牛：牛为物大，可以分也。"与牛相比较，瓜之物甚小，然而亦可以分之，而且更容易分之，所以"牛为物大，可以分"的说法，颇乖

205

于情理。可见半字的字形之意，大概不是"物中分也"。"物中分"的意义，也就是常说的半数、一半的意义，可能只是引申义。半字的字形之意也不是交配、怀孕或者分娩的牛，而可能与婚姻有关。因为半字所从的"牛"，有可能不是本义，而是有别于本义的字形之意，这个"牛头"就是出现于婚礼上的"大牲"。而判字有婚姻义项，《周礼·地官·媒氏》说媒氏之职，首言"掌万民之判"，"判"就是婚姻，从判字的婚姻义可以想见半字的本义可能与婚姻相去不远。

半字的字形之意不是交配、怀孕或者分娩的牛，其本义可能是婚姻，所以半字与本义为怀孕动物的豕、𧱤、𦏲、𧱵、𧳇诸字，读音不同。

"八"在胤字、冎字、肧字以及豕字等表现出的怀孕之意，说明《说文》以"别也"释八字，可能是根据口耳相传的古训。"八，别也"这个古训原是以"别"字的怀孕前提本义解释"八"字的怀孕本义，是以原因解释结果。许慎可能只知"八，别也"之古训，而不能确知"别也"这个古训之真正所指，所以只能从"别"字的"分别"义想象"八"字的形意，而云"象分别相背之形"，误矣。

（三）释"公"，兼说形符"八"在公字中的作用

甲骨文公字作𠫚，金文作𠫈，小篆则基本承续甲骨文、金文字形，大段无改。《说文》："公，平分也。从八、从厶：八犹背也。《韩非》曰：'背厶为公。'"《说文》："厶，奸邪也。《韩非》曰：'苍颉作字，自营为厶。'""自营为厶"，今本《韩非子》作"自环为厶"。"自营"、"自环"的说法，正好与甲骨文、金文公字形中的口形吻合。

《诗经·召南·小星》两章，章五句，皆以"嘒彼小星"交代

背景："嘒彼小星，三五在东。肃肃宵征，夙夜在公，实命不同。嘒彼小星，维参与昴。肃肃宵征，抱衾与裯，实命不犹。"单从字面上看，《小星》诗大致说的是：一个或者两三个女子，在夜晚怀抱被褥奔波，她（或者她们）仰望星空，哀叹命薄不如人。至于这几位女子是什么身份，为什么夜晚奔波还得抱着被褥（毛传："衾，被也；裯，禪（单）被。"），就不好理解了，我们还得看《小序》。这首诗的《小序》说："惠及下也。夫人无妒忌之行，惠及贱妾，（贱妾）进御于君，知其命有贵贱，能尽其心矣。"就是说：国君夫人不嫉妒，分恩惠给"贱妾"，因此那些个嫔妃"如夫人"们也就有幸得以接受国君的"恩典"。而"如夫人"们知道自己命贱，自然也就格外尽心尽力侍奉国君。

面对这么一篇《小序》，汉代的训诂家也无可奈何，郑康成敷衍道："诸妾肃肃然夜行，或早或夜在于公所，依次序进御者，是其礼命之数不同也。"但即使是"诸妾"们"依次序进御"，亦不过度壸升陛、移辇就宫而已，何必戴月披星地"肃肃然夜行"（"肃肃宵征"），而且还得自抱被褥？原本一篇原生态的《小星》，肯定是被《小序》以及演绎《小序》的毛传、郑笺，一板正经地曲解了。

《礼记·月令》说"孟冬之月"："是月也，大饮烝，天子乃祈来年于天宗。大割，祠于公社及门闾，腊先祖五祀，劳农以休息之。"《月令》说天子于"孟冬之月""祈来年"，行事的地点是"公社"，而且还有"门闾"，而且还要"腊先祖五祀"，可见天子所"祈"的"来年"不只是农业收成，还有人口增长。天子是向"天宗"祈祷"来年"的，所以这个"天宗"就是"大宗"，指向骨肉血脉。作为行事地点的"公社"，在其他先秦典籍里有时直接以"公"称之。

郑玄注解《月令》"孟冬之月"的"大饮烝"，曾经引《诗经·

豳风·七月》的末章为证："……十月涤场。朋酒斯飨，曰杀羔羊。跻彼公堂，称彼兕觥，受福无疆。"① 可见郑玄认为《七月》篇的"朋酒斯飨，曰杀羔羊"云云，就是《月令》说的"孟冬之月"的"大饮烝"，就是"大割，祠于公社及门闾"，"劳农以休息之"的景象。因此《七月》篇的"跻彼公堂"，其实就是《月令》说的"大割，祠于公社"，"公堂"就是"公社"之"堂"。这说明"公社"也可以单以"公"称，所以"公"就是"公社"，也就是"社"。

《说文》："社，地主也。从示、土。《春秋传》曰：共工之子句龙为社神。《周礼》二十五家为社，各树其土所宜之木。"《说文》以"地主"解释土地之神，而引"共工之子句龙为社神"，是本义用法；又引"二十五家为社"以为义证，则是引申义用场。《礼记·月令》中"大割，祠于公社及门闾"的"公社"则与这两个用法皆有关系而又稍微不同，指的是当时人们的社会活动场所。不仅《礼记·月令》如此，《诗经·豳风·七月》的"跻彼公堂"，由"公"字反映的"公社"、"社"，也是指的当时人们的社交场所。

由此可见，《诗经·召南·小星》说的"夙夜在公"的"公"，应当也是"公社"、"社"，是古代人们社会活动之地。

由此联想到古代会男女于社，想到《小星》篇说的应当就是古代会男女之事。传自远古女娲的一道命令，规定了濒于超龄却又延误未婚的男女于仲春二月相会的风俗，这个风俗一直保存到商周之交，《召南·小星》就是反映这个古老民风民俗的。阴历二月，春寒尚料峭，所以奉命参与其会的大龄女子需要"抱衾与裯"；赴会男女的活动在夜幕降临繁星初现的时候开始，所以说"嘒彼小星，三五在东"（"嘒"读为"会"，"嘒彼小星"者，男女相"会"之时所

① 今本《诗经·豳风·七月》作"万寿无疆"。

见之繁星也）；相"会"于公社，所以说"夙夜在公"（"公"，就是公社）；公社位于郊外，这几个女子走至郊外，为了遇上如意知情郎，屡屡移动坐待之地，所以说"肃肃宵征"；长夜即将过去，参星远去了，薄暮时分出现在西方地平线上的大昂星（长庚，今民间又称之为"大昂"）又从东方（这时候叫启明，民间称"三昂"）升起了，黎明即将到来，所以说"维参与昂"；这几个出场女子终夜未能等到意中之人前来"问名"，所以才有"实命不同"、"实命不犹"之叹。

我们将《召南·小星》"嘒彼小星"的"嘒"，读为《月令》仲春之月"令会男女"的"会"，是有根据的。《召南·摽有梅》第三章以"迨其谓之"终篇，而郑玄就是将这个"谓"读为"会"的。"迨其谓之"就是"迨其会之"，就是女子跟男子相约于仲春二月"令会男女"的日子。可见我们将"嘒彼小星"的"嘒"读为"会"，并不孤立。《小星》篇的"嘒彼小星"一语双关，既以"嘒"状"小星"之闪烁，又以"嘒"提醒一个"会"字，所以"嘒彼小星"就是"会彼小星"，就是仲春二月令会男女的日子里见到的夜幕群星。

可见《召南·小星》果然就是古代会男女之诗篇，"夙夜在公"的"公"，果然就是公社，就是社。

我们把话题回到"社肉"，回到那个以蜃盛之的脤肉。从"公"想到"社"，再从"社"想到社肉，"公"与"社肉"、"脤肉"就有关系了——此"肉"来源于"社"，也就是来源于"公社"，来源于"公"，也就是说，"公"是"脤肉"的来源之地。"公"既然是"脤肉"的来源之地，而"脤肉"是体胤的象征，所以"公"也就成了体胤之源头的象征，所以公社的"公"字从"八"示意体胤。

那么，公字形中的□示意什么？这是示意帝乙留下的一圈足迹。

当年帝乙（也就是遂人氏）在雷泽引领一个名叫羲和、一个名叫恒的女子跑过一个圆圈，跑过一圈的羲和与恒，一个生下了十个太阳，一个生下了十二颗月亮①。若干年后，华胥氏女子来到雷泽，看到了这圈大神留下的神圣足迹，便沿着神圣的足迹跑过，生下了伏羲和女娲。这个由神话铺垫并与神话交融的古老传统一直延续，人们在各地仿造了大神帝乙的足迹圆圈，有周人的女性始祖姜嫄，就是在周原地方踩过这样的仿造神迹而后生下后稷的。直到殷商、有周时代，在仲春二月男女相会于公社的日子里，男子还是引领女子跑过这么一个圆圈，这个圆圈就是当年帝乙神圣足迹的象征②。

总之，从囗，示意当年帝乙神迹，从八，示意体胤，示意体胤传之久远，两者会意，就是公社的"公"。

以上对公字形意的说解，可以旁证八字的字形之意就是孕育。我们对公字、八字的说解是可以互证的。

（四）释申

甲骨文申字作（图九）。申字与电字是古今字。

图九

我们平常说中华五千年文明史，但是所谓五千年的文明史，有两千年属于史前史。我国的史前史可以上溯到炎帝、黄帝，更远则可以上溯到遂人氏。遂人氏，而后伏羲氏、女娲氏，而后炎帝、黄帝，一直到尧、舜、禹，很长一段时间的历史是与神话杂糅在一起的，也就是说，史前的一段时间里，神话与史话参半。这段史前神话与史话，由一道电闪和一声雷鸣发

① 参见本书第二十一篇《关于月神家族的几个古文字》。
② 参见本书第十二篇《释大、天、舞》。

轫，从天地剖分的那一刻开始。而与这亘古第一电闪雷鸣相随的，是天地两间亘古第一大神的降生。

后来这位大神创造了日月星辰，创造了人间的始祖——"人之先"，"人之先"则繁衍了人类。这位大神在神国的身份是"帝乙"，而在人间的身份则是"三皇"第一皇，作为人间子嗣的始祖，他又号称"遂人氏"，是创造、生育人类的一位"大人"①。

《说文》释雷字："阴阳薄动，雷；雨②生物者也。"释电字："阴阳激耀也。从雨、从申。"雷是"阴阳薄动"，电是"阴阳激耀"，可见雷、电皆与"阴阳"有关。亘古第一的雷、电就是亘古第一的阴阳，也就是亘古第一的生育（"雨生物者"），所以作为电字初形的"申"，是渗透着"阴阳"意义的，从而包含着由"阴阳"衍生的那些意义的。

"申"的字形之意自然是闪电，但是闪电的形状千变万化而无定型，申字并不是非这个形状而别无选择，所以我们必须重视这个事实，即殷商人是在若干个可供选择的字形里理所当然地选中了这个⏀形的。笔者认为，殷商人在诸多可能选项中立即或者终于选择了⏀形，而⏀字形中有⏀，所以"申"字形可能与"乙"字的字形之意大有关系。

乙字的字形之意是黄道日躔轨迹，是太阳光芒投射地球南北回归线之间的那条正弦曲线③，"乙"的字形之意浸透了遍宣阴阳"月令"的玄机。电是"阴阳激耀"，是于阴阳薄动之中产生的万千变化的电光石火。电闪和太阳黄道都是"阴阳"，殷商人为闪电"申"

---

① 《国语·晋语七》韦昭注："育，遂也。"豕、遂为古今字。
② 雨字读为去声，动词"下雨"义，"雨生"犹言"下生"。
③ 参见本书第十六篇《释乙》。

造字，自然会挑选一个既象闪电又象黄道日躔以示其遍宣阴阳之意的字形，于是甲骨文的申字就看似不期然，却又是必然的如此这般模样了。

而如果从申字的电闪意义再想到每年初次电闪的日子，甲骨文描画电闪的"申"字之必以"乙"字形为其骨干，就更加顺理成章了。

我们还记得《礼记·月令》说过玄鸟来去的时间：仲春之月"玄鸟至"，仲秋之月"玄鸟归"。《月令》于随节令而出没来去的动物，多数是言其来却不言其去，言其出却不言其没，而唯独于玄鸟既言其"至"，又言其"归"。

与玄鸟的情况相仿佛的，则是雷电。《礼记·月令》说仲春之月："是月也，日夜分，雷乃发声，始电。"说仲秋之月："是月也，日夜分，雷始收声。"与说玄鸟之既言其"至"，又言其"归"者相同，《月令》于雷电也是既说其"发"，又说其"收"的。

雷电"申"之"发"、"收"与玄鸟"乙"之"至"、"归"的"月令"脚步相同，如果古人要在字形上示意这一同步节奏，那么，以玄鸟"乙"（〗）字形作为雷电"申"（〳）字的骨干，可就是最合适不过的选择了。

大神从闪电中诞生，也就是从"申"中诞生，所以从电闪的申字引申出了"神"的意义；申字以"乙"为骨干，所以这个大神以"帝乙"为号。

（五）八字字形的来源

我们解释过甲骨文、金文的凡字，说抽象的凡字是形象的虹（ ）字的简化型（当然也可以说虹字是凡字的繁复型），凡字的

字形之意就是双龙交合①。甲骨文、金文凡字作)(，作뷰。从凡字形中可以看到"二，偶也"（《说文》释凡字），还能看到一个"八"，这令人想到《国语·鲁语上》里革所言"鱼方别孕"。因为甲骨文凡字，尤其是它的繁复型，正好就是"龙方别孕"之意。甲骨文虹字以及甲骨文、金文凡字，既然明确示意"龙方别孕"，八字的本义又是孕育，所以八字取甲骨文、金文凡字形中与"二，偶也"相辅相成的"）（"以为字形。

八字形意，就是这么来的。

示意怀孕或孕育的独体"八"字，假借为数字，人们就看不到"八"的字形本意了。但是作为构字的部件，"八"仍然体现它的怀孕、孕育之意。所以胤字、育字、胚字从八，就是示意连续不断的孕育；豪字、字、字、字、字、字、字等从八，也是示意怀孕。作为字形中有"八"的凡字，"从重八"的"别"字，以及同样"从重八"的甲骨文兆字，也是以"八"体现怀孕、孕育之意。我们就是从以上诸字所从的"八"，解读出八字的字形之意与本义的。

（六）释水

《说文》释水字："水，准也，北方之行。象众水并流，中有微阳之气也。"甲骨文水字作ꀳ、作ꀳ（图十），一般人即使从水字形看不到"中有微阳之气"，却都能看到"众水并流"之象，因此也就认为水字就是河流象形

图十

---

① 参见本书第十七篇《释凡，及其相关字》。

了。表面上看，这个认识好似并无错误，而其实不然。甲骨文水字并不是一般意义上的河流象形，止步于这个表面认识，也就不会看到甲骨文水字形的深层文化内涵。

重审水字形，中间的"微阳之气"其实就是乀字，与申字形（乀）一样，水字也是以乀字为其骨干。而且就像电闪万千姿态，并非局限于"乀"形一样，河流也是情况各异，并不都是"乀"字形规模。

那么，是什么原因使殷商人最终选定了如此这般的水字呢？答案与申字的情况一样，是殷商人对日躔的认识决定了水字必定如此这般写法。

我们知道，神话中当日执勤的那颗太阳是在汤谷里沐浴过后，才从贴近水面的扶桑树上缓缓踏上征程的①。也就是说，漫长的乀形黄道是从一段漫漫水路发祥的。地上的河流千姿万态，但是太阳黄道却是固定的乀形，殷商人想到了太阳黄道，于是借太阳黄道启程之初的那段漫漫水路造了河流义的水字。

甲骨文河字从水、可声，作（图十一），又有异体从"乙"，作乀、作乀（图十二）。甲骨文从水的河流字，大多皆有从"乙"之异

图十一　　　　图十二

体。研契诸家大多认为，甲骨文河字以及诸多从水的河流字之从"乙"，实际上都是从水省。这可能不错，但是甲骨文河流字从"乙"作者不在少数，大量从水的字从"乙"，从水省，其中应当是有些原因的。大概古人在创制黄河的河字时，想到的是汤谷，想到

① 参见本书第二十篇《论"五行"：日躔相关字试释》。

的是从汤谷启程的太阳黄道，所以仿照源于一段水路的太阳黄道造了黄河的河字以及众多河流字。

河流意义的水字，与黄河的河字以及众多河流字，都是借太阳黄道启程之初的那段漫漫水路造的，水字、河字以及众多河流字，是可以互证的。

（七）释冓

《说文》释冓字："交积材也。象对交之形。"《说文》另有遘字，释云："遇也。从辵、冓声。"甲骨文冓字作X、作X（图十三），或从止作X、从辵作X，就是遘字（图十四）；金文遘字则作X、作X（图十五，分见于保卣、乩卣二）。卜辞颇见X字、X字用于"遇也"的场合，可见冓、遘大概就是古今字关系。

图十三　　　　　　　图十四　　　　　　　图十五

甲骨文画字形中有X，金文画字形中有X，我们曾经在解释画字时分析过这个X、X形，而以圆规视之[1]。但是古文字中许多比较抽象的字形，其示象、示意并不一定是单一的。这些抽象的字形可以向人们展示不同的侧面，而从不同的侧面去看这个抽象的字形，就可能看到不尽相同的文化内涵。出现在画字里的X形正是这样，从一个侧面看，它就是圆规，但是从另外一个侧面看，X形还有另外的示象、示意。

---

① 参见本书第十五篇《释周、画》。

今审甲骨文菁字形，是在这个"圆规"形上下各加了上下对称的一个勾，将这上下对称的两个勾（ˇ）拆出，平放（）（），就是甲骨文示意怀孕的八字。

古代重视婚姻，重视生育，因为这是关乎血脉传之久远的大事，因此古代也就重视婚礼。婚礼是诸礼之先，是最要紧的礼，婚姻要按规矩来。婚姻的规矩有天然的，也有人为的：婚姻的天然规矩就是太阳行天于黄道上的轨迹，就是太阳向地球南北回归线之间投射的那条正弦曲线，它向当婚当嫁的男女提出了"月令"要求；婚姻的人为规矩则是婚礼。

太阳行天于黄道上的轨迹是太阳遍宣阴阳的根据，太阳投射地球南北回归线之间的那条正弦曲线就是随着"月令"走的一条遍宣阴阳的道路，这两条正弦曲线的交叉当然是示意阴阳交合了。而甲骨文菁字正好就是这个样子。

甲骨文菁字，既象圆规，又象那两条特指意义的正弦曲线的交叉，这两者是并行不悖的，甚至可能原初的圆规就是根据日躔轨迹和日躔轨迹向地球上的投影而创造的，是仿照两条交叉的正弦曲线的样子造的。

甲骨文菁字以交叉的两条特指意义的正弦曲线为主干，当然也可以说是以圆规之象为主干。而无论示意两条特指意义的正弦曲线，还是示意圆规，都是指向阴阳，指向婚姻规矩。所以配合这层意义，就有了示意孕育意义的"八"。将"八"字形的左右两笔拆开，分别穿插在交叉的两条特指意义的正弦曲线上（ˇ），就是甲骨文菁字。所以在甲骨文菁字里，"八"也是孕育之象。

十九 对陵阳河陶文的再认识

（一）时贤对陵阳河陶文认识的局限

1960 年及 1979 年，山东莒县陵阳河大汶口文化遗址先后出土了多件陶尊，在陶尊的颈部刻有单字陶文符号，被称为"陶尊文字"。在这些"陶尊文字"中，文化内容最丰富多彩，最引人注目，也最为典型的，是🜚形字和🜚形字（图一）。

图一

刻画该陶文的陶器出土数件：一件出土于莒县陵阳河遗址；一件出土于莒县大朱家村遗址；一件出土于诸城市前寨遗址，字已残。

尚有刻画🜚字的陶器数件（图二），三件出土于陵阳河遗址（其一字残），一件出土于大朱家村遗址。

217

于省吾先生首释字为"旦"字，说这是"用三个偏旁构成的会意字"，其"上部的⊙，象日形，中间的⌣，象云气形，下部的⩘，象山有五峰形"①。唐兰先生则以中间的⌣为火，释其字为"热"，而隶定为"炅"②。

图二

裴锡圭先生把仰韶、马家窑、龙山和良渚文化陶文与大汶口文化陶文相比较，称前者为"记号"，后者为"象形符号"，而这些"象形符号跟古汉字相似的程度是非常高的，它们之间似乎存在着一脉相承的关系"，它们"应该已经不是非文字的图形，而是原始文字了"③。高明先生观点大致与裴先生相同，他把裴先生称为"记号"的符号称为"陶符"，而把裴先生所谓的"象形符号"称为"陶文"，认为"从现有资料来看，时代最早的陶文，应以山东大汶口文化莒县陵阳河与诸城前寨等遗址出土的陶文为冠"④。

于省吾、唐兰先生分别对字之偏旁做了足以启发思路的分析，裴锡圭、高明先生揭示了这类"象形符号"、"陶文"与"古汉字"一脉相承的关系，为我们重新认识这类陶文提供了借鉴。

沿着上述各家的思路，重新审查字，笔者认为于、唐二位先生对该陶文的隶定和解释尚有不能尽如人意之处。

譬如说，作为一天时段的"旦"，其字形之意不过就是日出，为

① 于省吾：《关于古文字研究的若干问题》，《文物》1973 年第 2 期。

② 唐兰：《从大汶口文化的陶器文字看我国最早文化的年代》，《大汶口文化讨论文集》，齐鲁书社，1981 年。

③ 裴锡圭：《汉字形成问题的初步探索》，《中国语文》1978 年第 3 期。

④ 高明：《论陶符兼谈汉字的起源》，《北京大学学报》1984 年第 6 期。

什么放着一条现成的地平线不用①，而必借"山"为之？若谓此处为山地，故先民土著必以"山"上之"日"会意，那为什么创造"旦"字的殷商人（甲骨文旦字作🝒，金文旦字作🝒）眼界中不见山岳？陵阳河人造"旦"字从"山"，与殷商人所造"旦"字之不从"山"者，两者字形明显不同，如果不能说明这个陵阳河陶文是如何发展、演变到甲骨文和金文旦字，而仅仅把两者字形的不同归因于偶然，是不能令人信服的。即使认可这一偶然，相信陵阳河人"偶然"造了从"山"的"旦"字，那么，古代陵阳河人心目中的山为什么又"偶然"以五峰出之（三峰出之岂不更省事些）？

而且此字既然是"用三个偏旁构成的会意字"，而于、唐二家隶定为象形字的"旦"，或两偏旁会意的"杲"，岂不是明知下面的"山"是多余的吗？如果有人隶定其字为日在山上，却又释其字义为"杲"，于先生将如何反驳？或者如果有人也认同其字形为"杲"，却又释其字义为"烤"，或者为"烫"、为"灼"，唐先生又将如何反驳？还有，五千年前的古陵阳河人为什么要反复地在陶尊上写这么一个孤零零的"旦"字或"杲"字呢？这个孤零零的"旦"字或"杲"字，与古陵阳河人有什么必然联系呢？

这些问题不解决，则于、唐二家对该陶文的隶定和解释就不能成为定论。

当然，于、唐二家对该陶文所做的偏旁分析是值得借鉴的。据于先生说，🜲为山，☉为日，这应当是正确的，但如果于先生当年能说明为什么此山必作五峰秀出之形就更好了。

至于该陶文日、山中间的🜺，如果没有其他证据确凿而更为

---

① 《说文》释旦字云："明也。从日见一上，一，地也。"可见小篆旦字形就利用了这条地平线。

令人信服的解释可供选择，释其为云气，也是可以接受的，但相较之下，唐先生把 <ᗐ> 释为"火"，似乎要比释为"云气"更有依据些，因为甲骨文、金文的火字正是此形。看来解读该陶文的关键是对 <ᗐ> 的认识。

（二）陵阳河陶文与汤谷

1. 陶文有山有太阳，贴近汤谷

我们知道对 <ᗐ> 的理解是解决问题的关键，但是我们不妨将这个关键问题暂时搁置，姑且不说它应当释为"云气"，还是释为"火"，先来看容易统一的，容易解决的。陶文字形中尚有山，有日，这是容易被大家认同的，对该陶文的字形之意的索解，可以由此切入。

从该陶文之反复出现于数个陶尊来看，此山、此日应当是陵阳河人根深蒂固的观念，它应当与古代陵阳河人的文化生活密切相关。史前的文化生活离不开神话与巫术，而与山、与日有关，而且以山、以日为主题的古代神话只有"汤谷"（别的神话情节有山则无日，有日则无山，而且未必以山、日为主题）。所以我们应当将眼光投向"汤谷"。

《山海经·大荒东经》："大荒之中有山，名曰孽摇頵羝，上有扶木，柱三百里，其叶如芥。有谷曰温源谷——汤谷。上有扶木，一日方至，一日方出，皆载于乌。"《山海经·海外东经》："下有汤谷，汤谷上有扶桑，十日所浴，在黑齿北。居水中，有大木，九日居下枝，一日居上枝。"

"汤谷"亦作"旸谷"。《尚书·尧典》："分命羲仲，宅嵎夷，曰旸谷。寅宾出日，平秩东作。"孔安国传："东表之地称嵎夷。旸，明也。日出于谷而天下明，故称旸谷。旸谷、嵎夷一也。"《说文》：

"暘，日出也……《虞书》曰'暘谷'。"这些"暘谷"都是"汤谷"。

"汤谷"、"暘谷"，亦作"崵谷"。《说文》："崵……一曰崵铁（即《尧典》的"崵夷"），崵谷也。""崵谷"就是"汤谷"，也就是"暘谷"。

"汤谷"、"暘谷"、"崵谷"，字或从水，或从日，或从山，这可能会为我们认识陶文 ⛰ 字提供思路。

2. 陶文部件的 ⛰ 是"汤谷"之象

曰"汤谷"，或曰"暘谷"，亦或曰"崵谷"，这些名堂只不过是典籍对同一个事物名称的不同写法而已。在这些对同一个名号的不同写法里，我们看到有热水（汤谷），有日（暘谷），有山（崵谷）。而陵阳河陶文正好从 ⛰，从日，从山，所以如果能够证明 ⛰ 可以表现"热水"之意，也就是可以表现"汤"之意，那么该陶文就可以理解为"汤谷"之意，进而可以断定该陶文字为"汤谷"的"汤"字。

《说文》有"谷，泉出通川为谷"，而"汤，热水也"，所以"汤谷"可以理解为"热水谷"，这与汤谷又名"温源谷"（"温源谷"即温泉谷）是吻合的——"汤谷"正是以"热水也"有别于一般的泉谷。

甲骨文和金文火字作 ⛰、作 ⛰，用于金文偏旁时则作 ⛰、作 ⛰、作 ⛰。热水之沸涌，与烈火"炎上"之形极为相似，所以该陶文偏旁 ⛰ 可以理解为热水沸腾之示意，与甲骨文、金文火字的字形之意相同。

罗振玉先生《三代吉金文存》第二十卷有所谓"剑秘"者，铭文十二行，行三字，重文九字。铭文以"行气"二字开端，而"气"字从气、从火。又道书"气"字作"炁"，亦从火。这些

"气"字之从火，大概也都是因为造这些字的人从热水之沸腾（或者云雾之蒸腾）联想到烈火之"炎上"了。

又甲骨文铸字作（图三），金文铸字作（图四），示意双手持坩埚将融金倒入型范，而融化的铜液正是以"火"（ᐁ、ᐃ）示意，证明"炎上"的"火"字形也可以示意融金之鼎沸。"火"形可以示意融金之沸涌，自然也就可以示意热水之沸腾，因此，陶文偏旁的ᐁ可以用"汤谷"之沸水说通。

图三　图四

3. 陵阳河陶文应当就是"汤谷"的"汤"字

关键偏旁解决后，陵阳河陶文就很好解释了：这是示意日（⊙）浴于"蘗摇頞羝"山（ᐁ）之"汤谷"（ᐁ），其字应当隶定为"暴"。以后分别用这个陶文字的三个偏旁（日、沸水、山），写了暘、汤、崵三个异体字。换句话说，这三个异体字皆以"昜"为形符而兼声符，另外的那个形符正好分别是"日"、"（沸）水"、"山"；而将陶文暴字做偏旁分析，也正好可以分析为日（⊙）、水（沸水ᐁ）、山（ᐁ）。这就好比是作坊里闭门造车，出门上路贴然合辙，如果不是后来的造字者（造暘、汤、崵三个异体字的人）事先有了类似这个陶文字的字形之意，这一切都是不可能的。

还有那个作五峰秀出形的山字，看似与甲骨文、金文常见的三峰山字是两套路数，但是出现于陵阳河陶文的这个五峰山字并不孤立。殷商青铜器有"山形父壬尊"①，该尊铭文"父壬"之上有一个公认的"山形"，作ᐁ（图四），正好就是五峰秀出之形。这个"山形"与陵阳河陶文的五峰山形神似，尤其是与作ᐁ形者形神若

---

① 参见《积古斋钟鼎铭文款式》卷一，《攈古录金文》卷一之二。

一，看来绝非偶然巧合。如果事先没有"汤谷"的概念，如果不是联想到"汤谷"，"山形父壬尊"的铸造者是不可能将山字写成五峰秀出之形的。"山形父壬尊"的山字大有可能就是从陵阳河陶文的五峰山来的。

就🔥字看，既然可以用上"日"下"（沸）水"示意"汤谷"，用之既久，"汤谷"之下的"孽摇�"山就可以省略，以求简便。所以🔥字应是🔥之省，当隶定为"杲"。当然，也可能是先有🔥字，示意日浴于"汤谷"，后来又于其下加"孽摇�"山，使"汤谷"的内容更为丰富，示意更为明确。

我们重新审视甲骨文、金文的旦字，🔵、🔵形中"日"下之椭圆形应该是太阳的倒影，即初出水面的太阳倒映在水中的影子。此处呈现太阳倒影的水面可以理解为东海的海水，但是若将这个太阳倒影的背景放在"汤谷"，认🔵、🔵字形里椭圆形的太阳倒影就是"汤谷"里的倒影，岂不是更加贴切（神话中的"汤谷"去东海亦不甚远）？省略"孽摇�"山的陵阳河陶文🔥字，示意日浴于汤谷，甲骨文、金文旦字则是示意刚刚从"汤谷"启行的太阳，这轮太阳与其投射在"汤谷"里的倒影尚没有拉开距离。

问题远比我们事先想象的要复杂得多，因为如果认同了笔者上述考证结论，我们就得承认，甲骨文与陵阳河陶文是一脉相承的。进而还得承认，东夷文化可能深深影响过殷商人，甚至殷商人就是从东夷人那里学会造字的。

4. 古陵阳河盖即太阳神故里

这么多的"汤谷"字形出土于陵阳河一带，绝对不可能是出于偶然。古代的山东是东夷人所居之地，《尚书·尧典》有云："宅嵎夷，曰暘谷。"孔安国传云："暘谷、嵎夷一也。"《经典释文》引马融："嵎，海嵎也，夷，莱夷也。""海嵎"、"莱夷"的解释直指后世以"海右"称之的山东，可见作为神话传说中的史前地名"旸谷"，必定是在山东东部范围。

《淮南子·地形训》："何为九州？东南神州曰农土，正南次州曰沃土，西南戎州曰滔土，正西弇州曰并土，正中冀州曰中土，西北台州曰肥土，正北泲州曰成土，东北薄州曰隐土，正东阳州曰申土。"这套"九州"与《禹贡》及《职方》的九州皆不同，学者或谓此乃山东之九州，是有道理的。"阳州"（"正东阳州"）盖与神话中的"汤谷"有关，而地处"正东"——以泰山（姑且假定泰山是《淮南子·地形训》说的"正中冀州"）为准，莒县、诸城一带正好就在"正东"。《淮南子·地形训》的"阳州"之得名盖与"汤谷"有关。

古陵阳河人在陶器上划画了这么多示意"汤谷"的字，说明他们在陶器作品上寄托了对"汤谷"、对太阳神的由衷崇拜，这就等于向后世人们昭示："汤谷"就是古代的太阳神国度，古陵阳河人就生活在神雾缭绕的"汤谷"，生活在一个神话气息浓郁的太阳神国度里。生活在这里的古陵阳河人深切地热恋着这片故土，与对太阳神血脉的自我认同意识相伴生的部落优越感曾经使他们过得十分舒心惬意。

二十　论“五行”：日躔相关字试释

（一）从“九行”到“五行”

1. 日有中道，月有九行

根据《山海经》的《大荒东经》和《海外东经》提供的信息①，我们知道有一座孽摇頵羝山，孽摇頵羝山的谷涧翻滚着热气蒸腾的沸水泉，所以名叫“汤谷”，“汤谷”之上有十个枝杈的扶桑树。平时十个太阳就在这“汤谷”里洗澡，当值的一个太阳于黎明前出浴，爬到浮出水面的扶桑树上的一个固定枝杈，从那里开始巡天执勤。根据陵阳河陶文提供的信息，我们还知道，孽摇頵羝山作五峰秀出之形②。

这些都是很珍贵的上古神话信息。

太阳行天的道路叫“黄道”，古人又称其为“中道”、“光道”。

《汉书·天文志》说过这条太阳行天大道：“日有中道，月有九

---

① 《山海经·大荒东经》：“大荒之中有山，名曰孽摇頵羝，上有扶木，柱三百里，其叶如芥。有谷曰温源谷——汤谷。上有扶木，一日方至，一日方出，皆载于乌。”《山海经·海外东经》：“下有汤谷，汤谷上有扶桑，十日所浴，在黑齿北。居水中，有大木，九日居下枝，一日居上枝。”

② 参见本书第十九篇《对陵阳河陶文的再认识》。

行。中道者，黄道，一曰光道。"太阳黄道，也就是太阳在天球上的大道，是一个倾斜的圆圈："光道北至东井，去北极近；南至牵牛，去北极远；东至角，西至娄，去极中。"根据分布在太阳黄道左近的周天二十八宿之间的度数，用加法就可以算出东井与牵牛差不多成180°，角星与娄星差不多也是180°。所以太阳在黄道上"北至东井"、"南至牵牛"的时候，太阳分别直射地球南、北回归线；"东至角"、"西至娄"的时候，太阳两次直射地球赤道。

"日有中道，月有九行"的说法可能会给人们造成误解，认为太阳走"中道"（黄道、光道）一条大道，月亮走"九行"九条道路，其实不然。细看《汉书·天文志》，就知道古人是怎么认识月亮的"九行"的："月有九行者，黑道二，出黄道北；赤道二，出黄道南；白道二，出黄道西；青道二，出黄道东。立春、春分，月东从青道；立秋、秋分，西从白道；立冬、冬至，北从黑道；立夏、夏至，南从赤道。"

综合《汉书·天文志》说"光道"、"九行"的这两段文字，可以看到：当"光道北至东井，去北极近"而节气适值立冬、冬至的时候，月亮"北从黑道"；当光道"南至牵牛，去北极远"而节气适值立夏、夏至的时候，月亮"南从赤道"；当光道分别"东至角，西至娄，去极中"而节气分别适值立春、春分和立秋、秋分的时候，月亮也分别"东从青道"，"西从白道"。可见走"光道"的太阳和走"九行"的月亮其实是走的同一带大道。古人早就知道太阳和月亮走的是同一带黄道，所以《汉书·天文志》才根据这个现象说"日之所行为中道，月、五星皆随之也"。如果不是与太阳走的大致同一带道路（"黄道"、"中道"、"光道"），月亮、五星怎么可能"皆随之"呢？

根据《汉书·天文志》，黄道一，黑道二，赤道二，白道二，青道二，这是日、月共有的"九行"（九条道路）。这"九行"可以归纳为"五行"，即日、月共行的五条道路：将黑道二、赤道二、白道二、青道二归并，就是黑道、赤道、白道和青道，再连同黄道，正好就是"五行"。从"九行"到"五行"，似乎存在天然的归并之势。而从"九行"归纳的"五行"，又凑巧与我们常说的水火木金土"五行"重名。怎么会这么巧呢？

2. "五行"与"衍"，以水道比类日月行天道路

无论是"九行"，还是"五行"，都有"黄道"。而其实太阳在春、夏、秋、冬四季，分别走的是青道、赤道、白道、黑道，却并没有哪个季节专走"黄道"，因为"黄道"（"光道"、"中道"）是个总名。也正因为"黄道"是个总名，所以如果不区分四季，倒可以把整个太阳的轨道叫作"黄道"。

"五行"一词最早见于《尚书·洪范》。《尚书·洪范》记载了箕子回答周武王关于"彝伦攸序"的一番话，这番话是这样开端的："我闻在昔，鲧堙洪水，汩陈其五行。"在"鲧堙洪水"的话题下说到鲧胡乱摆布（"汩陈"）"其五行"，这个"五行"当是指洪水的五行。箕子为"五行"开宗明义，显然是说的水道，而不是现在通常理解的物质意义上的水火木金土。箕子是借日、月共行的五条道路说水道，是借太阳大黄道说水道的。

《说文》有衍字，释云："水朝宗于海也。"江河沿水道流向海，这是许慎理解的衍字的本义。若从其字形看其字形之意，从行、从水，就是示意水道，所以衍字本义有可能是水流，更有可能是水道。古代衍字实际用于名词道路的场合较多，而用于"水朝宗于海"之类动词意义的很少见，这就令人更倾向于视衍字的本义为水道。

衍字意义重大，因为《周易·系辞上传》说到过"衍"字，而且不是一般的"衍"，是"大衍"——"大衍之数五十"。

227

笔者在别处考证过这个"大衍之数五十",证明这个"大衍之数五十"是49.5°,是古人计算的太阳黄道的宽度。[1]

既然"大衍之数五十"是古人计算的太阳黄道的宽度,那么,"大衍"自然就是太阳黄道了。而衍字从水,这就意味着,古人为太阳黄道造了一个从水的"衍"字,也意味着,古人认为这条太阳黄道"大衍"与一条水道相去不远。

古人以水道"衍"字表示太阳黄道,《尚书·洪范》借太阳行天的"五行"道路比类水道。这说明,借太阳行天的五条道路来说水道,或者借水道来说太阳行天的"五行"道路,本来就是古人的习惯做法。

神话中的孽摇頵羝山原是太阳的起居之地,孽摇頵羝山的山涧就是太阳沐浴的"汤谷",平时十颗太阳都泡在辽阔的汤谷里,只有轮番执勤的太阳在黎明前出浴,爬上浮出水面的扶桑树,进入"五行"中既定的一"行",贴着水面缓缓滑行,冉冉升空。也就是说,在我们先民的神话眼界里,太阳黄道的"五行"是从一段很长的水路发端启行的。这就难怪古人借水道"衍"字以说太阳黄道,而箕子又借太阳黄道说水道了——因为太阳黄道"衍"原本就有一段水路。

3. 太阳从黄道向地球南北回归线之间交叉投射光芒

我们的先民认为,太阳黄道的宽度决定了地球南北回归线之间的宽度。太阳在黄道上走的是一条正弦曲线,作为这条正弦曲线的投影,也就是太阳投向地球南北回归线之间的光点的连线,也形成一条正弦曲线。但是这两条正弦曲线的形状是相反的,也就是说,如果将太阳行天的那条正弦曲线放在地面上,与地球南北回归线之间的那条正弦

---

① 参见本书第十六篇《释乙》。

曲线并摆在一起，这两条正弦曲线是对称的。这是因为，太阳是在黄道上的不同位置交叉向地球南北回归线之间投射光芒的。

说地球南北回归线就是太阳黄道的交叉投影，这并不是把现在的观点强加于古人，而是古人的实际认识。

从《汉书·天文志》可以看到一个奇怪的现象：当太阳"北至东井，去北极近"的时候，适值立冬、冬至节气；当太阳"南至牵牛，去北极远"的时候，适值立夏、夏至节气。太阳从接近直射、直到直射地球南回归线，是立冬、冬至节气，这时候太阳"去北极近"，说明阳光是从离北极近的太阳黄道北边（太阳黑道）直射地球南回归线；太阳从接近直射、直到直射地球北回归线，是立夏、夏至节气，这时候太阳"去北极远"，说明阳光是从离北极远的太阳黄道南边（太阳赤道）直射地球北回归线。总之，太阳是从大黄道南边直射地球赤道以北，而从大黄道北边直射地球赤道以南的。

明代张景岳著《类经图翼》，有专章《奎壁角轸天地之门户说》，说到"七政躔度"（就是日月五星经天的脚步跨度），云："春分二月中，日躔壁初，以次而南，三月入奎、娄，四月入胃、昴、毕，五月入觜、参，六月入井、鬼，七月入柳、星、张。秋分八月中，日躔翼末以交于轸，循次而北，九月入角、亢，十月入氐、房、心，十一月入尾、箕，十二月入斗、牛，正月入女、虚、危，至二月复交于春分而入奎、壁矣。"

日躔就是太阳的实际脚步。从二月春分的"日躔壁初"，而三月、四月、五月，再六月、七月，日躔在这段过程是"以次而南"的。但是这段历程分明起步于二月春分而经过五月夏至（这时候日躔抵达觜、参），从二月到五月，太阳从直射地球赤道到直射北回归线，太阳直射的光点实际上是渐次向北的，这与说日躔方向的"以次而南"正好相反。同样，从八月秋分的"日躔翼末以交于轸"，而九月、十月、十一月，再十二月、一月，"日躔"是"循次而北"的。但是这段历程起步于八月秋分而经过十一月冬至（这时候太阳脚步抵达尾、箕），从八月到十一月，太阳从直射地球赤道到直射南回归线，太阳直射的光点实际上是渐次向南的，这与说日躔方向的"循次而北"也正好相反。

日躔走的是如图一所示的一条正弦曲线。

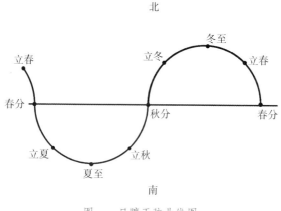

图一　日躔正弦曲线图

将这个日躔正弦曲线南北颠倒过来，正好就是太阳投射地球南北回归线之间的那条正弦曲线。（图二）。

张景岳还说过："自奎、壁而南，日就阳道，故曰'天门'；角、轸而北，日就阴道，故曰'地户'。"太阳经过"天门"时走的是"阳道"，而"天门"在西北方戌位；太阳经过"地户"时走的是"阴道"，而"地户"在东南方己位。也就是说太阳在黄道南缘"日就阳道"（就是《汉书·天文志》说的太阳"赤道"）的时候直射西北方（古人以十天干标记方位，西北方的"天门"在戌位），

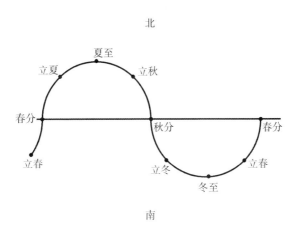

图二　太阳投射地球南北回归线之间的正弦曲线图

在黄道北缘"日就阴道"（《汉书·天文志》所谓太阳"黑道"）的时候直射东南方（东南方的"地户"在巳位）。

日躔的南北方向与移动的太阳光线直射地球南北的方向相反，说明太阳走南路（所谓"日就阳道"，也就是太阳走大黄道的"赤道"）的时候直射地球赤道以北，太阳走北路（所谓"日就阴道"，也就是太阳走大黄道的"黑道"）的时候直射地球赤道以南。

这是古人的认识，而这些认识都是正确的。

（二）释五、𝕏、🖋，释幺、玄、🗡、御、午

1. "阴阳在天地间交午"

甲骨文五字作𝕏，这个字形直到小篆都没有多大变化。《说文》释云："五行也。从二，阴阳在天地间交午也。"后出古文作乂，云："古文五省。"

"二"示意天地，不仅表现在五字里，另有𝚊字（甲骨文作

231

丂、作𠀹）、恒字（甲骨文作𠄢，古文作𠄨）也是以"二"示意天地，可以与五字中示意天地的"二"互证，因此义就是"阴阳在天地间交午"之象。许慎对此义之说解已经非常贴切允当，但是越到后来，真正理解其义者就越少了。许慎解释五字为"五行"，以往的《说文》家都没有提出异议，但后来的学者们却认定了"五行"就是五种物质，而从"五"字形是无论如何看不到被物质化了的水火木金土的。

其实许慎以"五行"解释"五"字，虽然有失于以字形之意当本义，但解释五字的字形之意却是完全正确的（五字的本义是数字五，五字的字形之意才是"五行"），只不过后来人们已经看不懂"五"字形中天地（"二"）两间的义究竟是什么示意了——时过境迁，原来一看就明白的"阴阳在天地间交午"的说法已经超出了常人的知识范围，显得过于深奥，难于理解了。

前面说过，太阳分别从黄道北缘（所谓"阴道"、"黑道"）、南缘（所谓"阳道"、"赤道"）交叉正射地球的南、北回归线，徘徊于地球南、北回归线之间的正弦曲线就是日躔轨迹的交叉投影，而"五行"本义就是太阳黄道，就是太阳行天的五条道路——这在古代原是人所尽知的常识。

春天太阳走青道：日躔踏到青道 1 的始点的时候对应立春点；踏到青道 1 的终点，也就是青道 2 的始点的时候，阳光直射地球赤道，对应春分点；日躔踏到青道 2 的终点的时候对应立夏点。夏天太阳走赤道：日躔踏到赤道 1 的始点的时候对应立夏点；踏到赤道 1 的终点，也就是赤道 2 的始点的时候，阳光直射地球北回归线，对应夏至点；踏到赤道 2 的终点的时候对应立秋点。秋天太阳走白道：日躔踏到白道 1 的始点的时候对应立秋点；踏到白道 1 的终点，也就是白道 2 的始点的时候阳光直射地球赤道，对应秋分点;踏到白道2的终点的时候对应立冬点。冬天太阳走黑道:日躔踏到黑道1的始点的时候对应立冬点;踏到黑道1的终点,也就是黑道2的始点的时候,阳光直射地球南回归线,对应冬至点;踏到黑道2的终点、也就是青道1的始点的时候,对应立春点。(图三)

阴阳就是如此"在天地间交午"的。

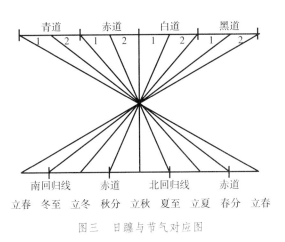

图三 日躔与节气对应图

2. 释五、𝕏,释⿱些,释⿱業

将日躔与节气的对应关系简化,则太阳踩到赤道起点的时候,阳光差不多直射地球赤道与北回归线之间中点,大约北纬11°43′,我国北方正好交立夏;太阳踩到黑道起点的时候,阳光差不多直射地球赤道与南回归线之间中点,大约南纬11°43′,我国北方正好交立冬。(图四)

古人造"五行"的"五"字,是以乂示意太阳从黄道以北、以南,分别射向地球赤道南、北的立夏点和立冬点:太阳踩到赤道起点的时候,阳光直射地球北纬大约11°43′,我国北方正好交

233

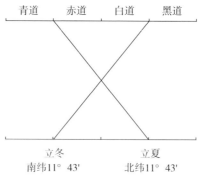

图四　日躔与立夏点、立冬点对应图

立夏，此以\示意；太阳踩到黑道起点的时候，阳光直射地球南纬大约11°43′，我国北方正好交立冬，此以ノ示意。两者交错，就是乂。再想象出在上的天、在下的地，组合在一起就是一个甲骨文五字——⊠。

甲骨文有⊠字，旧不识，《甲骨文编》作为不识字列入《附录》。

⊠字示意太阳从大黄道赤道起点射向地球立夏点，从黑道起点射向地球立冬点的两条光线的交叉。在⊠字的基础上，将日躔走完赤道、踏上白道时直射地球立秋点的那道阳光也画上，就是⊠。（图五）

⊠字可能就是⊠字的异体，两者字本义相同，而字形之意则有所区别：⊠字形示意"五行"，⊠字形则是在"五行"的基础上又强调了立秋。

甲骨文有⊠字（图六），旧亦不识。此字从⊠，可以示意"五行"而强调立秋；从西（酒），可能是声符。这个从五（⊠）、西（酒）声的⊠，可能就是春秋的"秋"本字（上古西字精纽、幽部

234

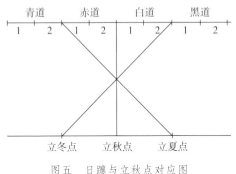

图五 日躔与立秋点对应图

韵，正好可以给清纽、幽部韵的秋字做声符）。

甲骨文有字，或作字，金文与甲骨文相同，作字（见于沈子它簋）。《甲骨文编》作为不识字列入《附录》，《金文编》释为吾字。字既然是字异体，字自然就是吾字异体，这是显而易见的。

图六

许慎对五字的解释为我们保存了远古的天文学资料，印证了古人对太阳黄道、对地球南北回归线的认识，所以弥足珍贵。但是五字的本义并非"五行"，其字形之意才是"五行"，许慎是把五字的字形之意错当成字本义了。以太阳黄道"五行"写数字"五"，这是真正"六书"（六种造字方法）意义上的"假借"造字法。

3. 释幺

幺字，甲骨文作、作。《说文》释幺字云："小也。象子初生之形。"这说明幺字的本义与婴儿初生有关。甲骨文、金文乙字作，我们已经知道其字形之意就是一条日躔正弦曲线，一条太阳投射地球南北回归线之间的正弦曲线①。我们还证明了，太阳是从黄道

---

① 参见本书第十六篇《释乙》。

向地球南北回归线之间交错投射光线的，所以日躔轨迹的正弦曲线与地球南北回归线之间的正弦曲线是对称的。

现在看甲骨文幺字，正好就是两条正弦曲线交错之形，可以理解为两条正弦曲线——日躔轨迹的正弦曲线与阳光投射地球南北回归线之间的正弦曲线——互相交错。这两条正弦曲线交错，自然可以示意"阴阳在天地间交午"，天地两间的阴阳交午产生生命，所以幺字的本义就是幼小生命，甚至就是胚胎。许慎释幺字"象子初生之形"，总体理解是正确的。

幺，就是胚胎，就是生命之初生，就是由天地阴阳产生的幼小生命。

4. 释𤔔

亂（乱）字从𤔔。《说文》释亂字："治也。从乙，乙，治之也；从𤔔。"亂字本义为"治"，这个本义是由"乙"和"𤔔"共同完成的，所以说"从乙"、"从𤔔"。《说文》释𤔔字："治也，幺子相乱，受治之也。读若乱同。一曰理也。"𤔔字"读若乱同"，而许慎说乱字"从𤔔"，却没有说"𤔔声"，当然，这也不足为怪，因为《说文》这样的情况并不少见。但是也可能许慎并不认为𤔔是乱字的声符，今本《说文》释𤔔字云"读若乱同"，可能是后人以己意添加的。如果是这样，就很值得研究了。

金文𤔔字作𤔔（图七，见于召伯簋），从𭅊中套幺（𤫩），从上下两手（上手作爪，下手作又）。许慎将这上、下两手以及中间的"𭅊"释为"受"，所以才说"受治之也"。

图七

𤫩字的字形之意既然是那两条交叉的正弦曲线，那么𤔔字的字形之意应当离太阳运行的乱中有治相去不远。

236

　　观⚚字之形，似上下两手对套在神圣符号ㄩ①中的§有所为。结合"𤔥，治也"、"乱，治也"的训诂，我们对金文𤔥字以及乱字的字形之意应当有新的理解：这是超自然的上下两手作用于天地两间神圣的（以ㄩ示意）、两条交错的正弦曲线（§）。这两条正弦曲线虽然貌似凌乱，却始终在上下两手的掌控之中而有条不紊——这是𤔥字；又重复强调那条正弦曲线，从乙——这是乱字。可见乱字的字形之意是以𤔥字的字形之意为基础的。

图八

　　《召伯簋铭》云"余弗敢⚚"，于省吾《双剑誃吉金文选》读⚚为辝（辞）。《毛公鼎铭》云"参有辝"，辝字作𤔩（图八），于省吾认为就是《小雅·十月》"择三有事"的"三有事"。后来的学者有认为⚚字假借为辝，如果⚚字假借为辝，则说明⚚、辝音相同或相近。而如果⚚与辝同音，就可以解释为什么许慎释乱字云"从𤔥"，却不说"𤔥声"了，而且还可以推论今本《说文》释𤔥字的"读若乱同"四字，确实是后人加上的。

　　《说文》释辝（辞）字："讼也。从𤔥，𤔥犹理罪也；𤔥，理也。𤔩，籀文辝从司。""𤔥犹理罪"，而《说文》释辛字云"从一、辛，辛，罪也"，又皋（罪）字、辜字皆犯法、获罪之义而皆从辛，说明在辝字里，"𤔥"就是"理"，"辛"就是所"理"之"罪"，所以辝字是从𤔥、从辛会意。《召伯簋铭》假借⚚字为辝，说明⚚与辝同音，所以𤔥字不仅是辝字的形符，而且是声符。

　　由此，笔者怀疑今本《说文》释辝（辞）字，"从𤔥"之后脱去"从辛"；"𤔥犹理罪也"，"理"为唐人从"治"字改，"𤔥"后

_____

　　①　ㄩ为神圣符号，说见本书第七篇《释帝》。

落一"辛"字。故原本应当是"辭，讼也。从詈，从辛：詈辛，犹治罪也；詈亦声。"。

詈字既然是辭（辞）字的形符兼声符，詈字就与治字音同或者音近了。

詈字既然有"治之也"的本义，又有与治字同音或者音近的可能，所以詈字应当就是治理的治字的本字。后来治理义的詈字用"治"字假借①，习久忘本，遂不知治理义的本字原来是詈字了。

5. 释御

甲骨文御字从幺（），从卩（），作（图九，隶定为卸、卸、御同字），或从彳、从幺、从卩，作（图十）。金文御字形中的幺（）演变为午，作、作、作（图十一，分见于盂鼎、牧师父簋、颂壶）。《说文》释御字，云："使马也。从彳、从卸。"下出御字古文，从又、从马，作"驭"。甲骨文、小篆御字不从马，所以许慎"使马也"的解释与甲骨文、小篆字形不合。

图九　　　　图十　　　　　　图十一

《说文》有卸字，云："舍车解马也。从卩、止、午。"徐铉解释卸字何以从午，云："午，马也，故从午。"甲骨文、金文时代尚

---

① 《说文》释治字云："水出东莱曲城阳丘山南，入海。"可见从水的治字的本义只是一条水流的名字，典籍中的"治"字多见用于治理意义，其实却是假借义。

238

没有生肖概念,所以此说不通。

甲骨文自有午字,作&、作&,与幺字形近而不同。今细审甲骨文御字,所从&是幺字,而非午字。甲骨文御字之从幺,是取幺字的字形之意。幺字(&)的字形是两条正弦曲线的交合之形,这两条正弦曲线,一条是日躔,一条是太阳投射地球南北回归线之间的光点连线,所以幺字的字形之意乃是天地两间的大阴阳。日躔走五行(此以彳示意),按时把节,自就其道,错综复杂,周而复始,太阳投射地球南北回归线之间也是如此(此以&,即幺示意),这一切都是自然有序的,无须人力操纵(此以坐视而无所作为的卩示意)。甲骨文御字的字形就是反映这些意义的。

所以甲骨文御字的字形之意其实是不御而御,是一种超乎人力的自然力量对天地两间大阴阳的掌控。由这个字形之意升华的御字本义就是驾驭,却不是驾驭车马,而是驾驭天地两间的大阴阳。《楚辞·九歌·大司命》是祭祀伏羲氏的巫歌,其歌词云"乘清气兮御阴阳",就是御字的本义用法①。由此引申出驾驭天下,后来又引申出驾驭车马,这才有了从又、从马的金文、古文驭字。金文、古文驭字只是分领了甲骨文御字的一项引申义,所以在驾驭车马的意义上,御、驭是古今字关系。

6. 释午

甲骨文午字作&、作&,金文作&、作&,小篆承金文趋势,作&。《说文》释云:"牾也。五月阴气午逆阳,冒地而出。"甲骨文午字形与"五月阴气午逆阳,冒地而出"关系不大,其实甲骨文午字与御字所从的幺字(&)相去无几,其字形仍然是日躔正弦曲线与太

---

① 国光红:《九歌考释》,齐鲁书社,1999 年。

阳投射地球南北回归线之间的正弦曲线，是示意天地两间的大阴阳的。

与幺字（8）相比，甲骨文午字多出了尖端的竖线（丨），这条竖线的作用即表示正北方向的日影。既有日躔，又有太阳向地球投射的日光（这两者以8示意），在此基础上再用一条竖线表示正北方的日影，是很合理的。我们考察过甲骨文南字（凿），南字形中也有日影，而且也有正北方的日影，不过较之甲骨文午字，南字又多出来四个方向的日影而已。甲骨文午字与南字可以互证。

午字、南字形中都有正北方向的日影，正北方向的日影皆向上，证明殷商时代以北为上。

午字字形是在天地两间两条特殊意义的正弦曲线之上示意正北的日影，所以午字的本义应当就是正午。

（三）"五行"的类比导致了几千年的误解

行字，甲骨文作卅、作朴，字形之意是四通的十字路，本义则是道路。道路的行字引申为行走，再引申为行为，进而引申为与道路、行为有关的行列、行当、行业，与行走、行为有关的品行、德行、道行，以及发行、行程、行头等。《汉书·天文志》的"九行"就是用的行字本义，"九行"就是九条道路。由"九行"自然归纳的"五行"，也是本义用法，"五行"就是太阳行天的五条道路。

在行字的诸多义项中，只有一个义项与道路、行走以及从道路、行走引申的行列、行当、行业、品行、德行、道行等等无关，这个义项就是我们常说的五种物质意义上的"五行"。只有这个"五行"的行字表现出物质的意义，反言之，除了这个"五行"，行字再没有物质意义的用场了，这是很奇怪的现象。道路、行走的行字与"物质"了无关系，怎么会引申出"物质"的意义来呢？既然行字引申出"物质"的意义来了，为什么这个"物质"意义没有继续引申，而只在"五行"这一个词中孤零零地存现呢？

这说明常说的"五行"，其五种物质的意义并不准确，因为从"行"字是引申不出"物质"的意义来的。也就是说，"五行"原本不是五种物质意义上的概念，"五行"不是五种物质，而是太阳的五条轨道，是从太阳、月亮的"九行"归纳合并的五条道路意义上的"五行"。

《尚书·洪范》说了"汨陈其五行"，又有对"五行"的一番解释："一曰水，二曰火，三曰木，四曰金，五曰土。水曰润下，火曰炎上，木曰曲直，金曰从革，土爰稼穑。润下作咸，炎上作苦，曲直作酸，从革作辛，稼穑作甘。"人们就是根据这段解释，根据这里的水火木金土认定"五行"是五种物质的。其实这是对《尚书·洪范》的误解。《洪范》的水火木金土，是对太阳行天的那五条道路的类比，是太阳行天的黑道、赤道、青道、白道、黄道，也可以说是水道、火道、木道、金道、土道。天文学的"五行"概念毕竟不容易被一般人理解，所以才用司空见惯的水火木金土类比，却不料想经由箕子传古的这番类比竟然造成了几千年的误解。

作为中医理论的基础，"五行"学说原是被广泛地用于类比的。古代圣贤的这些类比，尤其是对人体五脏的类比，体现了先民"天人合一"的思想。试想人生于天地之间，生活于太阳、月亮笼罩的大环境之中，岂有脱离太阳轨道、脱离月亮影响的道理？换句话说，人体，包括人体五脏、血脉、经络，必须按照太阳轨道的"五行"才能造就生成，必须适应太阳轨道的"五行"才能顺势发展。所以，以太阳轨道的"五行"比类人体，比类人体五脏、血脉、经络，是完全正确的，甚至可以说，若正确理解"五行"理论，回归和发扬真正意义上的"五行"理论，中医势必蓬勃发展，前程无量；反之，若继续误解"五行"理论，误解与"五行"有关的那些类比，中医将全无出路。几十年的经验教训已经证明后者，今后的事实也将会证明前者。

二十一　关于月神家族的几个古文字

——释🔲、🔲、🔲、夸、屮、逆、朔、泝（溯）、欻

（一）嫦娥神话：释🔲

1. 嫦娥原名"恒"、"恒羲"，别号"噎鸣"

《山海经·大荒西经》："有女子方浴月。帝俊妻常羲，生月十有二，此始浴之。"这条神话资料告诉我们，帝俊是十二颗月亮的父亲，常羲是十二颗月亮的母亲。

《山海经·海内经》："炎帝之妻，赤水之子听訞，生炎居。炎居生节并，节并生戏器，戏器生祝融。祝融降处于江水，生共工。……共工生后土，后土生噎鸣，噎鸣生岁十有二。""噎鸣生岁十有二"不辞，所以袁柯先生推断"古神话当谓噎鸣生十二岁或噎鸣生一岁之十二月"[①]。这条神话资料告诉我们，噎鸣是十二颗月亮的母亲。根据这条神话资料，还可以知道共工后四世的谱牒：

共工→后土→噎鸣→十二颗月亮

[①]　袁柯：《山海经校注》，上海古籍出版社，1980年。

常義是十二颗月亮的母亲，噎鸣也是十二颗月亮的母亲，但是十二颗月亮不可能有两个母亲，所以"常義"和"噎鸣"应当是同一个人的两个名字。这两个名字可能一个是本名，一个是别号。这样，上面的谱牒就可以写成：

共工→后土→常義（噎鸣）→十二颗月亮

《山海经·大荒南经》还有一段与"帝俊"有关的神话情节："东南海之外，甘水之间，有羲和之国。有女子名曰羲和，方浴日于甘渊。羲和者，帝俊之妻，生十日。"说明这个"帝俊"不只是"妻常義"（妻字用如动词），他还有另外一个妻子"名曰羲和"，他的这两个妻子分别为他生了十二颗月亮和十个太阳。

我们来对见诸《山海经》的共工氏谱牒作一番梳理。根据《山海经·海内经》的记载，是炎帝而后炎居，炎居而后节并，节并而后戏器，戏器而后祝融，祝融而后共工，然后再"共工生后土，后土生噎鸣，噎鸣生岁十有二（月）。"生育十二颗月亮的噎鸣，也就是常義（常義别号噎鸣），乃是帝俊的妻子。根据《山海经·大荒南经》，帝俊的另一个妻子叫羲和，羲和生了十个太阳。而十个太阳以及十二颗月亮，必定是要早于第一代炎帝的，所以共工、后土更是早于炎帝的神，不可能反而是炎帝的子孙云仍。况且这位"炎帝"（假设这是第一代炎帝）之前尚有作为"人之先"的伏羲、女娲，伏羲、女娲之前又有遂人氏（即帝俊，说见下），往他身后数又历七代（炎居、节并、戏器、祝融、共工、后土、噎鸣，共七代）才有了月亮，实在不合情理。没有太阳、月亮的"日月"本身就是悖论，更何况是一段这么漫长的"年月"。所以笔者认为，这段神话谱系很可能是被后人以己意点乱了次序。

常羲和噎鸣既然是同一个人，而据专家考证常羲就是嫦娥①，所以噎鸣也就是嫦娥。也就是说，后来叫作嫦娥的女神，原本名叫常羲，又叫噎鸣。

《淮南子·览冥训》："羿请不死药於西王母，姮娥窃以奔月，怅然有丧，无以续之。"《淮南子》说的这个窃走夷羿"不死药"的"姮娥"就是嫦娥。"嫦娥"、"姮娥"都是汉代人的叫法（写法）。

汉文帝名"恒"，"姮"与"恒"同音；"嫦"可以读为"常"，而"常"与"恒"同义（《说文》："恒，常也"）。一个人的两个名字——"姮娥"、"嫦娥"，竟然都与文帝的名讳相关相似，说明汉代人曾经对这位生了十二颗月亮的女神的名字先是有所关注，后来又有所改为——汉代人为了避讳把"恒娥"改成了"姮娥"、"嫦娥"。汉代人不仅把"恒娥"改成了"姮娥"、"嫦娥"，而且还改《山海经》的"恒羲"为"常羲"，改五岳之一的"恒山"为"常山"。这些协调一致的举措，都是汉代人避文帝讳的表现，是可以互相印证的。

可见嫦娥原来名字的关键就在于"恒"。

《诗经·小雅·天保》有云："如月之恒，如日之升。如南山之寿，不骞不崩。如松柏之茂，无不尔或承。"对于"如月之恒"，毛传云："弦升出也。"郑笺云："月上弦而就盈。"嫦娥是十二颗月亮的母亲，她的名字关系到"恒"（恒羲、姮娥），"恒"又是"弦升出也"，"月上弦而就盈"。将这些散点信息联系起来就能够看出，这位生了十二颗月亮的女子的名字原本就是"恒"。"恒"是从"弦升出"、"月上弦而就盈"的上弦月取义，其他名字，"常羲"、"姮

---

① 《吕氏春秋·勿躬》有句云"尚仪作占月"，清毕沅作注说："尚仪即常仪（羲），古读仪为何，后世遂有嫦娥之鄙言。"认为嫦娥与常羲实为一人。

娥"、"嫦娥",都是从这个"恒"衍生的("噎鸣"则另作别论,说见下)。

2. 释 ☒、☒

甲骨文有☒字,王国维识其字为恒。这个☒字或从弓作☒(图一),《甲骨文编》以为"弦本弓上物,故字从弓"。王国维没有详说此字的字形之意,今代为补说之。

图一

卜辞☒字隶定为亙,即"恒"之本字。☒字从"二"以象天地,天地之间的☒则象"上弦而就盈"的月亮。此外,甲骨文☒字还是嫦娥的名字——十二颗月亮的母亲就以上弦月的"亙"为名,后来写作"恒"。

至于☒字或从弓,也并不是仅仅因为"弦本弓上物",而是因为月神家族离不开弓。月神家族和日神家族自来多灾多难,他们时不时地会受到"夭鸟"("九婴"、"大风"之类)的侵犯。而且月神家族和日神家族两家也有矛盾,日神家族经常凭借强势侵凌月神家族。所以月神家族既要提防"夭鸟"的伤害,还要反抗日神家族的倾轧,一直过着提心吊胆的日子。

《周礼·秋官·庭氏》:"掌射国中之夭鸟,若不见其鸟兽,则以救日之弓与救月之矢射之;若神也,则以太阴之弓与枉矢射之。"郑玄注:"太阴之弓,救月之弓;枉矢,救日之矢与?不言救月之弓与救日之矢者,互言之:救日用枉矢,则救月以恒矢可知也。"《秋官·庭氏》的"救日"、"救月"之辞,就是针对日神、月神的灾难说的。当天上的日、月面临这些灾难的时候,人间要有相应的解救声援措施,于是分别使用"救日之弓"、"救月之矢"等,向天而射之。与"救日之弓"常规配套的是"救日之矢","救日之弓"实际上就是"太阳之弓";与"救月之矢"常规配套的是"救月之弓","救月之弓"实际上就是"太阴之弓"。"救日之矢"又叫"枉矢",

"救月之矢"又叫"恒矢"。

"救日"、"救月"之弓、矢也可以交叉使用："救日之弓"（"太阳之弓"）配"救月之矢"（"恒矢"），以射看不到的"夭鸟"；"救月之弓"（"太阴之弓"）配"救日之矢"（"枉矢"），以射冥冥之中的"神"。

可见对于月亮来说，"救月之弓"与"救月之矢"是十分重要的。"救月之矢"被命名曰"恒矢"，自然是从嫦娥本名的"恒"来的。有"恒矢"了，还得有相配的"救月之弓"，所以殷商人在亘字的外围加上一张"弓"（弓），这张"弓"就是"救月之弓"。甲骨文以"弓"（弓）围"亘"（亘）的恒字（恒），表现的就是与"恒矢"配套的"太阴之弓"。

（二）夸父逐日神话的文化内涵

1. "恒"又被汉朝人改为"信"

《山海经·大荒北经》："大荒之中有山，名曰'成都载天'。有人珥两黄蛇，把两黄蛇，名曰夸父。后土生信，信生夸父。夸父不量力，欲追日景，逮之于禺谷。将饮河而不足也，将走大泽，未至，死于此。"这段神话资料提供了"后土生信，信生夸父"的信息，使我们又认识了共工后四世的另外一个谱牒：

共工→后土→信→夸父

姑且将共工后世的两个谱牒做一番对比：

共工→后土→噎鸣（常羲）→十二颗月亮

共工→后土→信→夸父

初步看来，噎鸣（常羲）和信都是后土的女儿，而噎鸣（常羲）生了十二颗月亮，信则生了夸父，噎鸣（常羲）和信是亲姊妹，十二颗月亮与夸父是两姨表兄弟。

　　"信"这个名字颇引人注目。前面说过，"常"、"恒"同义，"常"就是"恒"。现在来看，"信"字的意义也通向"恒"——"恒"就是专一，就是不二其行，就是"信"。"恒"是上弦月（"月上弦而就盈"），潮水随上弦月之行止而有涨落，女子之经水也随上弦月之行止而定期来潮，所以古人认为潮水有信①，也认为女子经水有信，所以称潮水为"潮信"，称女子经水为"月信"，为"信水"。现在通常说的"月经"，其实就包含着"月恒"、"月常"、"月信"的意义。所以"信"就是"恒"。

　　"常"字与"恒"字同义，《山海经》的"常羲"原来作"恒羲"，这是前面已经说过的。现在我们又看到"信"字与"恒"字同义，这说明《山海经》"后土生信，信生夸父"的"信"其实就是"恒羲"，就是"恒"，而且原来就作"后土生恒，恒生夸父"，汉代人出于避讳的原因，将这两个"恒"都改为"信"了。

2. 接力助跑的夸父

　　既然"后土生信，信生夸父"的原文就是"后土生恒，恒生夸父"，上面的两个谱牒就应当是这个样子：

　　　　共工→后土→常羲（恒羲、噎鸣）→十二颗月亮

　　　　共工→后土→信（恒、恒羲）→夸父

　　可见十二颗月亮与夸父还不是两姨表兄弟，而是一母同胞兄弟。"常羲"（恒羲）就是"信"（恒），后来称作"嫦娥"，就是她生了十二颗月亮，以后又生了夸父。

　　《山海经·大荒北经》为我们保留了"夸父逐日"的重要神话情节："夸父不量力，欲追日景，逮之于禺谷。将饮河而不足也，将走大泽，未至，死于此。"

----

　　① 李益《江南曲》："早知潮有信，嫁与弄潮儿。"

《山海经·海外北经》也有夸父逐日，而且说到了夸父的手杖："夸父与日逐走，入日，渴欲得饮，饮于河、渭，河、渭不足，北饮大泽。未至，道渴而死。弃其杖，化为邓林。"

《山海经·中山经》："又西九十里，曰'夸父之山'……其北有林焉，名曰桃林。"这里的"桃林"，就是《海外北经》的"邓林"，夸父丢弃的手杖所化。

在古代神话里，十二颗月亮的作用十分明确，它们是被安排在一年内逐月当值的，因此与十二颗月亮一每同胞的夸父，大概就是被安排在闰月当值的那颗月亮。

一年有365.25天，而一年有十二个月，每月有29.5天，十二个月只有354天。也就是说，在一年十二个月的时间里，每天轮番当值的十个太阳总共走了365.25天，而每月轮番接力的十二颗月亮总共只走了354天，比太阳少走了11.25天。为了弥补这个差距，古人想到设置闰月，也就是于十二个月之外增加第十三个月。开始是年终置闰，于十二月后添上第十三个月（卜辞有"十三月"的说法），后来发展为年中置闰，置于某月后，称"闰某月"。古人置闰是逐渐趋向严密的，开始是三年一置闰，后来又五年两置闰，最后是八年三置闰。八年日行2922天，月行2832天，三置闰，加上88.5天（29.5×3），结果是2920.5天，只比太阳少走一天半的路程。这样，月亮就差不多赶上太阳了。

可见追赶太阳的夸父，就是第十三颗月亮，就是被安排在闰月当值的那颗月亮，是伴随传统历法中特有的闰月而生的神话。换言之，夸父逐日神话，其原型就是置闰调历。调历的初始阶段，可能经久、甚至未必经久即生误差。先民回忆那些失败经历，归结失败的原因，于是产生了夸父死于逐日的神话情节。

这才是夸父逐日神话的真正文化内涵。

（三）大泽、老虎、"大人"

1. 月亮与老虎

《楚辞·天问》："夜光何德，死则又育？厥利维何，而顾菟在腹？"王逸注："言月中有菟，何所贪利，居月之腹，而顾望乎？""顾菟在腹"可能是战国时期楚国的俗语，意思原本是很清楚的，而后来这个俗语却因为一个重要神话情节的失传（下文还要对这个既已失传的重要神话情节进行钩沉）而逐渐被误解为回头看的兔子，于是月宫中就有了一只兔子。东汉时期的王逸大概就是根据这个民间误解，把"顾菟在腹"解释为"顾望"的兔子的。

重要神话情节的失传导致的另一个误解，是月宫里的那只蟾蜍。《初学记》卷一引古本《淮南子》，说姮娥"托身於月，是为蟾蜍，而为月精"。闻一多赞同这种说法，他在《古典新义·天问释天》一文里否定了王逸之说，重新解释了《楚辞·天问》篇的"顾菟在腹"，道是："顾菟当即蟾蜍之异名。"

后来汤炳正先生又力排众议，提出别解："《天问》之'顾菟'，既非'玉兔'，亦非'蟾蜍'，乃指'於菟'而言。即楚人'谓虎於菟'之'於菟'。"[①] 其根据是《方言》卷八的这一条："虎，陈魏宋楚之间或谓之'李父'，江淮南楚之间谓之'李耳'，或谓之'於菟'。"

现在研究《楚辞》的学者大多都赞同汤炳正先生的见解。

总之，在原生态的嫦娥神话里，月宫中既没有兔子，也没有蟾蜍，只有老虎。至于月亮上的老虎何以逐渐化为兔子，则显然是因

---

① 汤炳正：《〈天问〉"顾菟在腹"别解》，《屈赋新探》，齐鲁书社，1984年。

为楚方言把老虎叫作"於菟"的缘故。

就在月亮上的老虎已经被误解为兔子若干年载之后，民间仍然有"虎交而月晕"的"仙话"（《西阳杂俎·广动植·毛篇》）。以常理论，"虎交"而导致"月晕"（"月孕"），只能证明"虎"与"月"血脉贯通。这说明月亮与老虎的关系虽然已经在人们记忆中走形，但是并没有被彻底割裂。

古语有云"皋比"，就是虎皮。《左传·庄公十年》记述了六月间发生的一次战争，鲁国的公子偃给战马蒙上虎皮，驱赶战车向驻扎在郎的宋国军队发动进攻，原文是："（公子偃）自雩门窃出，蒙皋比先犯之。"蒙虎皮叫"蒙皋比"，"皋比"的"比"读"皮"，"皋比"就是虎皮，说明"皋"就是虎。

《诗经·小雅·鹤鸣》："鹤鸣于九皋，声闻于野。"毛传："皋，泽也。""九皋"就是"九泽"。"皋比"的"皋"是"虎"，"九皋"的"皋"是"泽"，所以"泽"也是"虎"。

"大泽"的"泽"，上古音可能就念"皋"（《说文》释臭字，云"古文以为泽字"），植物有以"泽兰"为名者，所以"泽兰"原本就应当念"皋兰"。而念成"皋兰"的"泽兰"，还有另一个名字叫"虎兰"，所以"泽"（这个"泽"读为"皋比"的"皋"）就是"虎"。

可见"泽"（皋）与"虎"大有关系，从而夸父意欲"北饮"的"大泽"也就与老虎大有关系了。

2. "大泽"、"大白泽"、"大人"

《说文》："臭，大白泽也。从大、从白。古文以为泽字。"臭字与"皋比"（虎皮）的"皋"字同声韵，又是"泽"字的古文（"古文以为泽字"），"泽"字与作为"泽"字古文的"皋"、"臭"，其古音当然是相同的，这更加说明"泽"与"虎"相关。"大白"则是针对"大人"（下文马上就说到这位"大人"）与月魄说的："大"示意月魄所从出的"大人"，示意月魄的"大人"血脉；"白"示意月魄①；"泽"则直接关乎"北饮大泽"。

"白"是月魄，月亮上有虎，所以月魄就是"虎白"，就是"虎魄"，后来写作"琥珀"。而传说琥珀就是老虎的魄所化，《西阳杂俎·广知》篇可以从侧面证实这个传说："虎初死，记其头所藉处，候月黑夜掘之。……深二尺当得物如琥珀，盖虎目光沦入地所为也。"

夸父急于奔赴的那个"大泽"，其实就是《说文》释"臭"字义的"大白泽"，就是"臭泽"。"臭"就是"皋"，就是老虎，又名"大白泽"，"大白泽"就是"大人"（大）血脉的月魄（白）——老虎（泽）。

《说文》释"臭"字义为"大白泽"，"大白"的"大"是针对"大人"的，"大人"就是遂人氏。遂人氏有很多名号，叫葛天氏②，也叫帝乙，又叫帝俊③。遂人氏是最早的神，遂人氏之前既没有神，当然也就没有人④。遂人氏当时的首要任务是创造日、月，然后缔造人类。遂人氏引领羲和和常羲在雷泽跑过一个太极圆圈，于是羲和生了十个太阳，常羲生了十二颗月亮。再后来华胥氏女子来到雷泽，看到若干年劫之前的太极圆圈遗迹，于是踏着这个遂人氏遗迹跑过一圈，从而"感孕"，生下了人类的共祖伏羲、女娲兄妹二人。

十二颗月亮与夸父都是遂人氏的子女，都有"大人"血统，所

---

① "白"即"魄"之本字，说见本书第三篇《释魃头相关字》。
② 参见本书第十二篇《释大、天、舞》。
③ 《山海经·大荒南经》和《大荒西经》，一则说"有女子名曰羲和者，帝俊之妻，生十日"，一则说"帝俊妻常羲，生月十有二，此始浴之"。二者都说到了"帝俊"，"帝俊"先日月而存在，而有"大人"之称的遂人—葛天氏又是天地两间第一个神，所以这个"帝俊"就是遂人氏。
④ 参见本书第十二篇《释大、天、舞》。

以涉及夸父，涉及十二颗月亮的名称、行为的字，多从"大"，而这个"大"还经常以另一种面貌出现（说见下）。

（四）与嫦娥有关的几个古文字

"噎呜"是嫦娥的另名别号，这个名号可能反映一个已经失传了数千年，而事关嫦娥的重要神话情节。

《说文》释"噎"字："饭窒也。""饭窒"就是吃饭噎着了，"噎"（噎着了）而"呜"，就是俗话说的"打嗝得"（方言"嗝得"音 gedei）。古代神话中的神名，尤其是另名别号，都不是随便起的。作为亘古第一美女的嫦娥以"打嗝得"的"噎呜"为其别号，当然也不是随便所为，所以上古神话里可能原本就有嫦娥"打嗝得"的情节。

跟太阳一样，月亮也是从东向西走。但是月亮又有与太阳不同的表现，它似乎总是习惯性地悄然向东移动，悄然"东行"。每月的前半月，从初二（大月后的那个月份的初二）、初三（小月后的那个月份的初三）开始，月亮出现的时间不断提前，而且出现时的位置不断向东移动。月亮绕地球自东向西转，本来是一昼夜转一周的，但是因为地球自转的方向与月亮绕行方向相反（地球自西向东自转），所以月亮就不是一昼夜绕行一周了。也就是说，由于地球自转方向与月亮绕行方向相反的缘故，月亮一昼夜从东向西没有转足365°，它只转了352°。所以每天在同一个时间看到的月亮，都比昨天东移了13°多一点。这就好像月亮有与其西转大方向逆反的行为，或者说，月亮有与自身转动方向逆向的运动。

月亮与其运行大方向相反的逆行，也就是"东行"，这种天文现象必有其因，史前神话为月亮之"逆行"找到的原因，就是嫦娥"打嗝得"的生理特征：月亮之所以"逆行"，是因为他们也秉承了母亲的仪范，从嫦娥那里继承了"打嗝得"的生理特征。

1. 铺垫嫦娥"打嗝得"的几个古文字

古人认为月亮有生有死。《孙子兵法·虚实篇》明确说："日有短长，月有死生。"《楚辞·天问》还专门有此一问："夜光何德，死则又育？"阴历月分大月、小月，大月三十天，旧时叫"大尽月"，小月二十九天，叫"小尽月"。每月最后一天叫"晦"，古人认为这一天就是月亮死去的日子。所以《说文》释"晦"字，云："月尽也。""尽"就是"死"的委婉说法，"月尽"就是说月亮死了，"大尽月"、"小尽月"的"尽"也是此意，"大尽月"好比说寿限大一天的月，"小尽月"好比说寿限小一天的月。

现在来看几个古文字，这些古文字是认识嫦娥"打嗝得"的基础。

《说文》释屰字云："不顺也。从干下中，屰之也。"许慎释屰字本义为"不顺"，是正确的，但是释其字形就差之甚远了，而字形说不清楚，其字形之意当然也就无从谈

图二　　　图三

起。甲骨文屰字作 （图二），象首足倒置的"大人"（这就是笔者前面说的、另一种面貌出现的"大"），金文屰字作 （图三，见于某爵），则更为形象。"大"是示意其"大人"血统，倒置则是示意死去或者逆行。只看"屰"字形的"大人"倒置，就是示意月亮之有生有死，而特别强调其能死而还魂。再参照《说文》释屰字本义的"不顺"，则倒置的"大人"也有可能是示意月亮的"逆行"特点。总之，甲骨文、金文屰字的字形之意是死去活来或者"逆行"的月亮。十二颗月亮，还有夸父，都有"逆行"的特点，而"逆行"与"打嗝得"在"通感"上具有一致性。

屰字既然示意死去活来或者逆行的月亮，可见凡从"屰"（以

254

"屰"为形符）的字，其字形之意或者本义皆当与月亮的死去活来或者逆行有关。

《说文》释朔字为"月一日始苏"，而以为朔字"从月、屰声"。其实朔字更可能是会意兼形声——从月、从屰，屰亦声。朔字从月，是示意月亮，从屰，则是示意有死有生而侧重朔日的月亮死而待生的特点。朔日（每月初一）的"朔"字从"屰"，证明我们对"屰"字字形之意的解释是完全正确的。

甲骨文逆字作 、作 （图四）。《说文》释云："迎也。从辵、屰声。关东曰逆，关西曰迎。""迎也"就是逆向而行，许慎的解释虽是正确的，但说其字形却不甚恰当。逆字，应当

图四

是从辵、从屰，屰亦声，也就是说，"屰"在"逆"字中是参与会意的。前面说过，月亮有与其自身运转方向逆向的运动，"屰"字的字形之意是死去的或者逆行的月亮。现在看逆字：从屰，是示意死去活来的月亮；从辵，则是示意月亮沿其"九行"轨道行走（《汉书·天文志》云"月有九行"），不过，既然与"屰"字会意，那么逆字所从的"辵"就不是一般意义上的沿轨道行走了。晦日而后是朔日，从朔日的第二天开始，月亮出现的时间将一天比一天提前，而且出现的位置将一天比一天更加向东，所以逆字从辵是示意月亮之"逆行"的。也就是说，逆字的本义固然是逆行，而其字形之意则是专指冥冥之中悄然由西向东逆行的月亮。

溯字，异体作泝或作遡。《说文》释泝（溯）字："泝，逆流而上曰泝洄。泝，向也，水欲下，违之而上也。从水、斥声。溯，泝或从朔。"

《说文》释斥（席）字为"邸屋"，而谓斥字"从广、屰声"。根据《说文》，斥字应当隶定为席，所以泝字之从斥（席）声，归

根结底就是从屰声。屰字、逆字、斥（席）字的古音肯定极为相近。

以"向也"释"溯"（泝），与以"迎也"释"逆"，其实是一回事："迎也"就是"向也"，所以"逆"就是"溯"，"溯"就是"逆"。"逆流而上"、"水欲下违之而上"云云，虽然是解释"泝"（溯）字，其实却是与解释逆字的"迎也"，与解释屰字的"不顺"，并无二致。只不过泝字是从水、从斥（席），也就是从水、从"厂"下"屰"，而逆字是从辵、从屰而已。

逆字从辵，泝字从水，这两个字所从的"辵"与"水"也互相贯通。逆字从辵，是示意月亮逆行，而且是示意月亮逆行的道路本身——月亮之逆行是"迎"着他原来走过来的轨道逆行。泝字从水，也是示意月亮溯行，而且同样是示意月亮溯行的道路——月亮之溯行是"向"着月亮轨道的开端方向，而这条轨道是从漫漫水路开端的。

我们知道，神话里的太阳是从"孽摇頵羝"山的"汤谷"里爬上扶桑树，面临九条道路自然有序地踏上既定的一条启程的。我们不太知道的是：在原生态的神话里，月亮也是从那里出发的。也就是说，太阳与月亮原本走的是相同的九条道（《汉书·天文志》："月有九行"）。太阳和月亮都是从"孽摇頵羝"山的"汤谷"出发，开始走的是一段很长的水路①。

2. 嫦娥"打嗝得"的证明及其神话原型

先来分析"打嗝得"的表层示象。"嗝得"是模拟声音的，是象声词。产生"打嗝得"俗话的时间可能已经很晚了，古人可能没

---

① 参见本书第十九篇《对陵阳河陶文的再认识》、第二十篇《论"五行"：日躔相关字试释》。

有"打嗝得"这个说法，但是必然有"打嗝得"的生理现象，也就是说，"打嗝得"的声音从古到今并没有多大变化。

《说文》有瘚字，异体作欮，释其本义为"屰气"。欮字从屰，说明欮字的"屰气"是针对月亮的。"屰气"就是"逆气"，也就是气不顺，而人体最典型的"屰气"就是"打嗝得"，所以"欮"之"屰气"可能就是"打嗝得"。

欮字，上古见纽、月部韵，与"嗝"字双声，而韵尾与"得"字的声母相同。所以上古音的欮字其实就是对"嗝得"的拟音（欮字的上古音近似英语的 cat，或者 cut），换句话说，以上古音念"欮"，听起来就像是打了一个"嗝得"。欮字象声"嗝得"，证明"欮"之"屰气"表现确实就是"打嗝得"。

"屰"的字形之意只针对月亮，所以以"屰气"释之的"欮"肯定是针对月亮的，而且是针对整个月亮家族的。

可见嫦娥的别号不是随便起的，原始神话里确实有嫦娥（及月神家族成员）"打嗝得"的情节。

那么嫦娥（及月神家族成员）为什么要"打嗝得"呢？

羲和生育十颗太阳，嫦娥生育十二颗月亮，这都是天地两间的首次生育，是极为神圣的事业，所以她们的生育方式不可能平庸无奇。羲和究竟怎么生的太阳，尚说不准，而嫦娥生月亮却可以推论——她是将这十二只老虎、也就是十二颗月亮，用"打嗝得"的方式一个一个吐出来的。十二颗月亮逐月当值，后来发现十二个月只有 354 天，比一年 365.25 天少 11.25 天，所以嫦娥又打了一个"嗝得"，吐出来一个闰月当值的夸父。

原始神话里月亮上只有老虎，后来这只老虎（"於菟"）被世俗误解成了兔子。而随着"於菟"被误解为兔子，原本属于"於菟"的一个重要特征便逐渐转移到兔子身上。

民间传说，"兔子"之名是从它特殊的生育方式来的：兔仔是兔妈妈"吐"生的（吐字读上声，下同）。这个关于兔子"吐"生的民间传说，来源颇早，汉代王充著《论衡》，就曾说过"兔舐毫而孕，及其生子，从口而出"①。分娩期的野生动物处境十分危险，它们必须选择隐秘的地方。尽管如此，亲历过狩猎，并且豢养野生动物的先民肯定也目验过兔子（野兔）分娩，甚至对老虎的分娩也不会全然无知，所以这个奇怪的兔子"吐"生的民间传说可能另有被错置了的情节和被遗忘了的秘密。

先民当然没有目验过嫦娥的生育，而嫦娥所生的老虎儿女却有"於菟"之方言别名，所以可以推断：兔子"吐"生的传说是从一个特定意义上的老虎传说而来，是从嫦娥先后生育十二颗月亮和闰月当值的夸父，也就是生育十三只"於菟"而来。兔子"吐"生的传说其实是嫦娥"吐"生十三只"於菟"的讹传，从中可以想见嫦娥以"打嗝得"的方式生育十三颗月亮的神话情节。

这才是嫦娥别号"噎鸣"的底蕴，嫦娥神话的最深层文化内涵。

再回过头来看刚刚解释过的古文字，无论是《说文》释屰字的"不顺"，释欮（瘷）字的"屰气"（还有误释为"发石"的厥字，其实也是欮字的异体字，也应当释为"屰气"），还是释逆字的"迎也"，释溯（泝、遡）字的"向也"，其实都与月亮的"东行"有关，当然也就都与从嫦娥继承来的"打嗝得"有关。

"欮"字义为"屰气"（逆气），后来为了表示这是病态，就有了分化字"瘷"。"欮"字又写作"厥"，中医经典如《素问》常见这个"厥"字，曰"气厥"、"痛厥"、"臂厥"，甚至曰"厥阴"，可能都是"逆气"或者"不顺"之义。欮字、厥字、瘷字，是古今字关系。

----

① 转引自《广韵》去声十一暮"兔"字释义。

顺便说及阙字。《说文》释阙字为"门观",似乎与我们的月神话题无关,但是《说文》释月字:"月,阙也,太阴之精。"以"阙"释月字,是声训(阙字从"欮"声,所以以"阙"释月字,其实就是以"欮"释月字),而声训的目的在于探源,所以阙字与月字,两者意义应当是相关的。阙字的本义有可能是专指"月门"——月亮之门。

《楚辞·九歌》有《东君》篇,笔者考证是祭祀月神的巫歌[1]。《东君》开篇云:"暾将出兮东方,照我槛兮扶桑。""暾"就是团团圆圆的月亮("暾"读为"敦",进而读为"团"),"槛"就是"门槛"[2]。月神所居之处既然有门槛,当然也就有月门,而"阙"字本义就是"月门"。"月门"是专供月亮出入的大门,其特点是没有门楣,为的是方便月亮出入。后世宫门前常设这种没有门楣的"宫阙",就是仿照神话中的"月门"而造的。

(五)与夸父有关的几个古文字

1. 释𤈦、𤠔、𤲞、⿴字等字

甲骨文有𤈦字(图五),象"大人"持杖而大张其口。这个张大嘴巴的"大人"手持之杖或稍微脱离其手,如𤠔字(图六),或干脆丢弃其仗,如𤲞字(图七)。《甲骨文编》作为不识字列入《附录》。

图五 　　　　图六 　　　　图七

---

① 国光红:《九歌考释》,齐鲁书社,1999 年。
② "门槛"就是后来的"门限",现在多改称"门坎"。

金文有从亚、从的字（图八），又作（图九），还有的作、作、作（图十），另有外围亚字的形（图十一，见于妃盘）。这些字形中皆有"大人"形象，且这些"大人"皆大张其口，所持之杖皆已脱离其手，若即若离。清朝学者对这些经常出现在青铜器上的字形敷衍释为"於"，却是不足信的。

图八　　　　　图九　　　　　　　　图十　　　　　　图十一

笔者认为这就是夸父形象：这些字皆从"大"，是示意夸父的"大人"血统（他是嫦娥所生，帝俊之子）；这些字形中的"大人"都是张大嘴巴，示意夸父一路追赶太阳，还可能不断地打着"嗝得"；还有，这些字形中的"大人"都与手杖有关，而据《山海经·海外北经》的记载，在逐日的行程中，夸父是挂着手杖的，夸父死后，丢弃的手杖变成了一片"邓林"①。

详审甲骨文字形：字是持杖形，字是意欲弃杖形，字是已经弃杖形。金文字、字、字，这些字亚形下的人物作，多数字形里的"大人"倾斜其杖，很明确所持之杖已经脱离手掌，说明此时夸父已经"弃其杖"了。

外围亚字的，与顶戴亚字的，两者的字形之意应当是完全相同的；两者字形中与"亚"相关的字，其字形之意与独体的字也完全相同。

持杖的神话人物不多见，张大其口、丢弃其杖的神话人物更是

---

① 夸父逐日，"弃其杖，化为邓林"。一说是"桃林"。

260

不多见，可见甲骨文⽂字，以及金文亚形之下、之中的⽂字，只能是夸父形象。

甲骨文中还有从辵的⽂字异体，作⽂（图十二），金文则作⽂、作⽂（图十三，分见于 ⽉ 遘盉，康侯簋），其字从辵，除示意夸父奔跑，也强调其奔跑并非不择阡陌、漫无目的，而是顺着月亮的"九行"，也就是太阳的大黄道，一路追赶太阳。⽂字、⽂字、⽂字形都表示已经丢弃手中之杖。

图十二　　　　　图十三

至于⽂字、⽂字从亚，也就是夸父头顶、外围的"亚"，则是示意对夸父的厌胜①，以制约他的"逐日"行为。

古人通过置闰以调节阴历与阳历的矛盾，安排三年一闰，五年二闰，直到八年三闰，就使得滞后的月亮赶上太阳的脚步了。调历的人事反映到神话，就是夸父逐日，就是让作为第十三颗月亮的夸父三年一次接力，五年两次接力，八年三次接力。经过八年三次接力，月亮就追上太阳了。

八年三次执勤是接力助跑的极限，在八年三次执勤的基础上还可以做些微调，但是步子不能太大。这时候就有必要对夸父的助跑加以约束了，而本义为厌胜的"亚"字就能起到约束的作用，于是就有了从亚、从夸父形象的⽂字、⽂字。

青铜器上的⽂字、⽂字，示现对夸父有所制约，有所限制，可

---

① 亚字本义为厌胜，说见本书第三篇《释魁头相关字》。

能与作器人的身份有关。作器人或许就是出自世代负责历法的家族，甚至可能就是"冯相氏"家族。《周礼·春官》有"冯相氏"："掌十有二岁，十有二月，十有二辰，十日，二十有八星之位。辨其叙事，以会天位。""冯相氏"既然负责"十有二月"，自然应当负责闰月，所以需要对夸父逐日有所制约。

《说文》释旡字："饮食气逆不得息曰旡。从反欠。"下出古文旡，作兂。"饮食气逆不得息"与释饐字的"饭窒也"，两者的意义差不多是一样的：旡是饮食气逆"不得息"，饐是吃饭饐着，也是"不得息"。

夰、夰、夰诸字与旡（旡）字都象人形，而且都是突出张大嘴巴，不过一个是神，另一个则是凡人罢了。由此可见，夰、夰、夰诸字与旡字的本义并无多大区别。

旡字，居未且；壹字从吉声[①]，吉字，居质且。以上古音论，旡、吉二字双声（见纽），而韵相旁转（旡字物部韵，吉字质部韵），读音很接近（可能只是开、合口的区别）。旡、吉二字古音相近，可见旡字与从"吉声"的壹字，从而与从"壹"声的饐字，三者的古音亦相近。

张口、持杖或弃杖的夰、夰、夰诸字，更兼一路奔跑的夰、夰、夰诸字，以及夰字、夰字，字形均与夸父神话情节吻合，意义也与饐字、旡字大致相同，而饐字、旡字的古音又如此相近，可见以上列举诸字，就是饐字的本字。

这些示意"打嗝得"的字，都是从夸父逐日的神话情节取其字形的。

---

① 《说文》释壹字："专壹也。从壶、吉声。"

2. 释"夸父"的夸

以上、、、诸字，以及、、诸字，以"大人"张大其口表现夸父追日，这个神话情节，在其他金文字里也有体现，譬如夸父的夸字。

《说文》释夸字："奢也。从大、于声。"夸字固然"从大、于声"，但是未必不是会意兼形声："从大、从于（吁），于（吁）亦声。"金文夸字从大、从吁，

图十四

作、作、作（图十四）。金文"夸"字形中的"大"往往表现得四肢发达，孔武有力，而且居高临下，对其下的""或"于"成跨越之势。需要注意的是，夸字自来就是上下结构，而且只能是"大"上、""下，绝不见颠倒措置，也极少见左右结构者。这说明那些在青铜器上描画"夸"字的殷商人和有周人是倾向视夸字为会意字的，而且这个会意字的两个偏旁是以固定的上下位置参与会意的。夸字从大，示意他的"大人"血脉；"大"字居上，则是示意这位"大人"家族后生明确做跨越奔跑的姿态；从（吁），则是示意张大嘴巴①。

夸字从（吁）还有另外一番意义。"于"为风声②，古人认为风与老虎的行止相伴生，所以《易·乾·文言》说"（云从龙）风从虎"。可见夸字从"于"（风声），还有声明夸父为虎的作用。而且作为风声的"于"，古音匣纽、鱼部韵，本来就与"虎"字的声韵十分相近（"虎"字晓纽、鱼部韵，与"于"字同为喉擦音，

---

①　吁字常用义是"吁嗟"，《说文》释吁字为"惊也"，而无论是"吁嗟"，还是"惊也"，都是要张大嘴巴的。

②　参见本书第十一篇《释》。

而有清浊之分），所以这个古老的"风从虎"的文化内涵还是相当丰富的。

　　⾏字、⾷字、夸字，皆有张大嘴巴的示意，张大的嘴巴固然可以示意气喘吁吁，但是这些字示现张大嘴巴却主要不是表示气喘吁吁，而是示意逐日的夸父一路打着"嗝得"——夸父从他母亲那里继承了"打嗝得"的生理特征。

附　卷

魌头上的历史文化信息^①

汉代人把一种形制奇特的巫事用面具叫作"魌头"。在"魌头"上集中了许多上古文化及历史信息，本文即为破译这些上古信息而作。

（一）魌头诸名及功用

《周礼·夏官·方相氏》职云："掌蒙熊皮，黄金四目，玄衣朱裳，执戈扬盾，帅百隶而时难，以索室驱疫；大丧先柩，及墓入圹，以戈击四隅，驱方良。"郑玄注云："蒙，冒也。冒熊皮者，以惊驱疫疬之鬼，如今魌头也。"据《周礼》及郑玄注，是古代巫觋方相氏头戴外蒙熊皮的面具以行巫事（郑玄释"蒙"为"冒"，冒即古帽字，用如动词，戴也），这种面具汉代人称为"魌头"。而魌头之所以作，一是为了大傩驱疫，一是为了驱方良（一种传说中的专食死人肝脑的恶鬼）。

《太平御览》卷五五二引《风俗通》："俗说亡人魂气浮扬，故作魌头以存之，言头体魌魌然盛大也。或谓魌头为'触圹'，殊方语

---

① 本文曾发表于《山东教育学院学报》1998 年第 1 期，此次收入本书略有修改。

也。"应劭以"头体魌魌然"为"魌头"释名，此解犹未解，但是根据他提供的信息，可以得知魌头的另一个作用：寄存亡人之魂气；且知汉代方言又有把魌头称之为"触圹"的。"触圹"本是方相氏的行当之一，即《周礼》所谓"及墓入圹，以戈击四隅，驱方良"的行为，而汉代方言则移以为魌头之别名。

魌字，《说文》作"顛"，释云："顛，醜也……今逐疫有顛头。"魌头也单以"魌"称，而字或作"倛"。《荀子·非相》云："仲尼之状，面如蒙倛。"杨倞注："倛，方相也，其首蒙茸然，故曰'蒙倛'。"从《周礼·方相氏》职"掌蒙熊皮"，郑玄以"冒"释"蒙"来看，"蒙倛"之"蒙"并非"蒙茸"，而是顶戴于头、遮蔽于面之意，故王筠《说文句读》云："蒙倛，盖谓蒙之以倛也。"魌头又名"皮倛"。《慎子·威德》云："毛嫱、西施，天下之至姣也，衣之以皮倛，则见者皆走。"可见"皮倛"的名堂是因为"倛"之蒙"皮"而云然。

魌头又名"胡头"，《荆楚岁时记》云："十二月八日为腊日……村人并击细腰鼓，戴胡头，及作金刚力士，以逐疫。"上古魌字牙音溪纽，胡字喉音匣纽，上古喉、牙音为一类，故魌、胡一声之转，"胡头"就是魌头。

《颜氏家训·书证》云："或问：俗名傀儡子为'郭秃'，有故实乎？答曰：《风俗通》云：'诸郭皆讳秃。'当是前代人有姓郭而病秃者，滑稽戏调，故后人为其象，呼为'郭秃'，犹文康象庾亮耳。""傀儡"原本是丧乐之名，《后汉书·五行志》刘昭注引《风俗通》云："傀儡，丧家之乐，挽歌执绋相偶和之者。"可见"傀儡"原为助丧歌舞，参与其歌舞的人皆头戴面具，也是从方相氏"大丧先柩"发展而来。方相氏参与天子、王后之丧事，走在棺柩之前，原是开路先导的意思，后世民俗则把开路先导的任务让"执绋"

者担当——"执绋"就是在棺柩前拉绳前引。"执绋"者一路唱着助丧哀歌，这哀歌（大概还得有伴舞）就叫"傀儡"。后来就用"傀儡"、"傀儡子"、"郭秃"称面具，再后来，"傀儡"、"傀儡子"、"郭秃"又从面具发展为木偶戏、皮影戏。

这样说来，魁头还曾经有过"傀儡"、"傀儡子"、"郭秃"诸名。汉末应劭及北齐颜之推已经不知道"郭秃"之语源，故颜氏从俗而曲为解。其实"郭秃"即"魁头"之声转（郭字见纽，魁字溪纽，双声；秃字透纽，头字定纽，双声），"郭秃"就是魁头，与姓"郭"的"秃子"毫无关系。

爰逮有唐，"郭秃"又讹为"郭公"。《西阳杂俎·黥》记唐代有"镂身"者，"右臂上刺葫芦，上出人首如傀儡戏郭公者。""郭公"而云"傀儡戏"，可见"郭公"就是"郭秃"，是人们不知"郭秃"原是由"魁头"转来，而在对"郭秃"望文生训的基础上创造的新名。但是唐代的"郭公"似乎就是傀儡戏，与魁头面具虽然有语源上的联系，却是判然有别了。

《周礼·夏官·序官》说"方相氏狂夫四人"，由此方相氏又获得了"狂夫"这个别名。《诗经·齐风·东方未明》："折柳藩圃，狂夫瞿瞿。不能辰夜，不夙则莫。"这"狂夫"就是方相氏。"辰夜"是挈壶氏之职司①，并非方相氏所职，所以《东方未明》篇才说这个瞪着大眼睛（"瞿瞿"）的愣怔小子（"狂夫"），因为从未干过"挈壶氏"的营生，所以不能准确司时报时（"不能辰夜"），不是早了就是晚了（"不夙则莫"）。

方相氏又名"狂且"，《诗经·郑风·山有扶苏》："不见子都，

---

① 挈壶氏亦《周礼·夏官》之一官，郑玄注《夏官·序官》之"挈壶氏"："世主挈壶水以为漏。"

乃见狂且。"子都"为"世之美好者"（毛传），与之对比的"狂且"自然是面貌丑陋的，而方相氏又是在某种意义上以"醜"出了名的①，所以这"狂且"也是方相氏。

《西阳杂俎·尸岁》云："魌头，所以存亡者之魂气也。一名苏衣被，苏苏如也，一曰狂阻，一曰触圹。""狂阻"即"狂且"，原为方相氏的别名，这里则是移方相氏之别名以名魌头。"触圹"原是方相氏的行当，所谓"及墓入圹，以戈击四隅，驱方良"的就是，这里则是移方相氏之行当行为以名魌头。方相氏指巫觋，魌头指面具，二名原有界畔，而后世缘借代而往往二名混称，《西阳杂俎》以"狂阻"名魌头，与上引《荀子·非相》杨倞注以魌头为方相（"供，方相也"），就是这个原因。

从上引典籍传注可知，魌头是汉代称古代巫觋方相氏所戴之面具，也作"䫏头"，尚有"供"、"皮供"、"胡头"、"苏衣被"、"触圹"、"狂且（阻）"、"鬼脸儿"（说见下节）诸名，也曾称为"傀儡"、"傀儡子"、"郭秃"。

从上引典籍可知魌头之功用有三：驱疫（傩祭），驱方良，存亡人之魂气。为了行文的方便，以上资料之征引偏重于证明魌头诸名，而于证明魌头的功用的资料则有所忽略。其实魌头的功用并不止以上所说的三条，至少本文还将涉及它的另一个重要作用——赠恶梦。

（二）魌头形容特征

四只眼睛是魌头最重要的特征，这是《周礼·夏官》明确记载的（方相氏"黄金四目"）。而古文字适可证明《周礼》的记载。

---

① 《说文》释䫏字为"醜"，此"醜"未必只是说相貌丑陋，但是毕竟与"醜"沾边。

甲骨文鬼字象人戴"田"，所从之"田"（隶定为甶），《说文》释为"鬼头"。陈梦家先生说："卜辞鬼……象头上魆魆然盛大，即方相氏之蒙魁头。"[①] 可见"鬼头"就是魁头，后世则缘"鬼头"而称面具为"鬼脸儿"。梁山好汉杜兴诨号"鬼脸儿"，这"鬼脸儿"就是魁头，就是"鬼头"。卜辞鬼字乃是象方相氏顶戴四目魁头之形："田"就是魁头面具，"口"象其外廓，中间之"十"则是示意四目。

古人以"十"示意四目，尤其是脸面上的"十"形，必是四目之示意。此说颇有数证。

比簋有人物图形（图一），其人左手执戈，右手扬盾，于方相氏之特征（四目、执戈、扬盾）三居其二，而当其头脸的"田"与"鬼头"略同，其为方相氏形象盖无可疑。

《说文》释盾字："瞂也，所以捍身蔽目。"是干盾于"捍身"之外尚可用以"蔽目"，"蔽目"盖用于巫事（战争之盾也当有孔洞以窥测敌情，目的却不是为了"蔽目"，此可想而知）。且己簋有人物脸谱图形（图二），四纵目宛然，上有角，四纵目之间插画干盾之干字。且己簋形象由四目而及"蔽目"之盾，因为是脸谱，故不见其戈，但是方相氏之特征三有其二，其为方相氏形象盖亦无可疑。

✶爵亦有人物脸谱图形（图三），与且己簋图形之示意相同而趋于抽象——角抽象为菱形图案，四目则抽象为"艹"。古文字单线与双线虚廓其意每无别，四目既然可以示之以"艹"，自然也就可以示之以"十"。所以甲骨文鬼字之"鬼头"（田），以及比簋人物形象之头面"⊕"，都是魁头形象，而这些魁头形象皆以"十"示意四目。

---

① 陈梦家：《商代的神话与巫术》，《燕京学报》第 20 期。

图一　　　　图二　　　　图三

　　当年陈梦家先生释鬼字为"方相氏之蒙魌头"，而未作论证。以上青铜器上的方相氏形象可以证明陈先生此说不误，也可以证明《周礼·夏官》所谓方相氏"黄金四目"虽就周礼而言，而实有殷礼之渊源。

　　四目，此魌头形容特征之一。

　　且己簋之四目纵画，此《周礼·夏官·方相氏》所不载；且己簋及某爵图形于四目之上皆有角，此亦《方相氏》所不载，可据以补《周礼》之未备。

　　甲骨文有字，于省吾先生识其字为"曾之初文"，又有从上下二臣（）的字（图四），于先生识其字为字异体，云："甲骨文言，金文言曾，《周礼》言赠，此殷礼与周礼可资互证者也。"① 于先生慧眼卓识，唯于其字形之所以然则当说而未说，令人不无遗憾。

图四

　　今谓甲骨文字乃取形于魌头，唯上出双角，与鬼字之"鬼头"不同，但大段未改，其为"鬼头"尚可识。字异体从上下二臣（），且同向，正是魌头四目且纵画的绝好证明：二臣即二纵目，二纵目上下且同向者，说明这不是一副脸面上的左右双目，而是半边嘴脸上的上下两目（另外尚有与之方向相反的上下两纵目在另半边嘴脸上）。

---

　　① 于省吾：《释》，《甲骨文字释林》，中华书局，1979 年。

有了以上证据，那么且己簋之四纵目以及上出之角就不是孤证了。唯且己簋图形上出一角，与𦥑字之上出双角者似嫌不类。但是设想如果且己簋图形出两角于四纵目之上，必当使画面拥挤不堪，所以且己簋乃基于画面协调的考虑省略一角，这就好比汉字偏旁之双目可以省为一目，双足可以省为一足（止），双耳可以省为一耳，是十分正常的现象，不足为奇。

纵目、双角，此魌头形容特征之二、三。

魌头不仅有四目，而且有四面，就是四副脸面，此亦《周礼》失载而可以证之以其他典籍及古文字者。

《酉阳杂俎·梦》："方相氏四面，逐送恶梦至四郊也。"段成式此说肯定有典籍或者传说的根据，因为"方相氏四面"的说法可以与甲骨文字以及典籍互相印证。

甲骨文鬼字多作侧身形，或左侧身（𦥽），或右侧身（𦥾），而皆以正面的"田"示人；又有正身作者（𦥿），也是以"田"示人。侧身、正身的魌头皆以正面的"田"示人，且每个"田"形脸面上皆有四目（十），证明魌头之面目并非一副（至少是三副）。

甲骨文另有鬼字异构𦥻，从跪（坐）人戴"田"，"田"之四周各有一短画，《甲骨文编》作为不识字收入《附录》，李孝定《甲骨文集释》识为鬼字异构，但没有说明"鬼头"四周何以各有一短画，是于此字得形之因由尚不十分了然。今谓此字与一般鬼字之不同处在于：后者只以"鬼头"之一面示人，此则于以一面示人外，又以上下两横及左右两竖示意"鬼头"原有前后左右四副嘴脸。甲骨文𦥑字异体又有从上下二𦥑者（𦥼），也是以二𦥑示意"鬼头"并非一面，两者可以互证。

佛教之护法金刚，职掌护法降魔，与方相氏"惊驱疫疠之鬼"的职分有相似之处，所以佛教传入中国之后，护法金刚就在某些场合取代方相氏，上引《荆楚岁时记》云"作金刚力士以逐疫"，就是证明。护法金刚取代方相氏后，有的也接受了方相氏四面的特征，唐吴道子所画《送子天王图》，图中多处"金刚力士"形象都是四副面目（图五）。护法金刚形象之四副面目，可以作为方相氏之魌头原是四副面目之旁证。

图五

四面，此魌头形容特征之四。

尚有《周礼·方相氏》职云"掌蒙熊皮"，可证魌头外蒙熊皮，此魌头形容特征之五。

（三）魌头仿效诸神

魌头形容乃是仿效在天诸神。

四目可能是仿效蚩尤。

《述异记》云："涿鹿今在冀州，有蚩尤神，俗云人身牛蹄，四目六手。"可见蚩尤有四目。《春秋元命苞》云："仓帝史皇氏名颉，姓侯岗，龙颜侈哆，四目灵光。"这是说仓颉也有四目。《史记·五帝本纪》张守节《正义》谓舜："目重瞳子，故曰重华。""重瞳子"即变相的四目，那么舜可能也有四目。曾经与蚩尤作战的女魃，沦落为旱魃后大概也是四目。《北齐书·后主纪》云：后主武平五年，"夏五月，大旱。晋阳得死魃，长二尺，面、顶各二目。"此必是神话原有旱魃四目之传说，故愚民以头顶斑纹若二目形的稀见野兽当之。

四目之神甚夥，但从方相氏驱疫、驱方良的行当特征看，魃头之有四目应当是仿效蚩尤。

双角也是仿效蚩尤。

《述异记》云："秦汉间说，蚩尤氏耳鬓如剑戟，头有角，与轩辕斗，以角抵人，人不能向。今冀州有乐名'蚩尤戏'，其民两两三三，头戴牛角而相抵。汉造角抵戏，盖其遗制也。"蚩尤殒命于冀州，故冀州盛传

图六

"蚩尤戏"。古文字可以证明此风俗来源甚古：《令簋铭》冀字像人四目，上出双角，正是蚩尤之形象（图六）。金文冀字（🐃）之上体与甲骨文🐃字之另一体（🐃）同形，可以证明笔者释🐃字形无误：🐃字确为上出双角（牛角）之四目魃头形。冀字尚可证明魃头之四目、双角乃是仿效蚩尤，毫无疑问。

竖目则是仿效穷奇。

《后汉书·礼仪志》说"伯奇食梦"，又说"穷奇、腾根共食蛊"，食蛊就是食疫。《周礼·春官·男巫》职："冬，堂赠无方无算。"杜子春云："堂赠谓逐疫也。"郑玄注："冬，岁终，以礼送不祥及恶梦皆是也，其行必由堂始。"

根据以上所引经、传，则所谓"堂赠"就是逐疫、逐梦之祭，因其"必由堂始"，故云"堂赠"。"堂赠"行于"岁终"，与《占梦》职所云"赠恶梦"之行于"季冬"者时令吻合，可见逐疫、逐梦乃是一并行之。参与"堂赠"其事的有方相氏，也有伯奇、穷奇。方相氏负责逐疫、逐梦，伯奇、穷奇则是负责"食蛊"（食疫）、"食梦"。可见伯奇、穷奇乃是方相氏的帮手：对待"蛊"（疫）与"梦"，是由方相氏以驱赶为主，而个别试图反抗的以及未能及时逃

跑的"蛊"（疫）和"梦"，便被伯奇、穷奇吃掉。

虽然说是"伯奇食梦"，"穷奇……食蛊"，而其实"食梦"、"食蛊"（食疫）事相类。而且在古人看来，"恶梦"就是心灵上的"蛊"，而"蛊"（疫）也就是现实中的"恶梦"，所以"食蛊"（食疫）、"食梦"其实是一回事，"食梦"之"伯奇"与"食蛊"之"穷奇"有可能是同一个人。

《左传·文公十八年》："少暤氏有不才子，毁信废忠，崇饰恶言，靖谮庸回，服谗蒐慝，以诬盛德，天下之民谓之穷奇。"《史记·五帝本纪》张守节《正义》引《神异经》，说这穷奇的秉性，云："闻人斗辄食直者，闻人忠信辄食其鼻，闻人恶逆不善辄杀兽往馈之。"穷奇之奖惩皆据其所"闻"而举措颠倒，这说明穷奇所见之示象，肯定是与一般人所见之示象横直相反，可见穷奇大概就是纵目之神。恶梦本不该为喜恶憎善的穷奇所食，但是穷奇的纵目影响了他的判断，穷奇之食恶梦，乃是"误"将恶梦当吉梦看待了（穷奇以纵目所见之吉、凶，与正常横目之民、正常心理的人之所见，肯定是相反的）。

《吕氏春秋·孟秋纪》云："其神蓐收。"高诱注："少暤氏裔子曰该，实①有金德，死，托祀为金神。"《左传·昭公二十九年》："少暤氏有四叔……该为蓐收。"是说蓐收为少暤氏之少子（叔，少子也），名该。《楚辞·大招》："西方流沙，漭洋洋只，豖首纵目，被发鬤只。"王逸注："此盖蓐收神之状也。"这说明蓐收是纵目之神。

神话中的纵目人物不多见。《华阳国志·蜀志》云："有蜀侯蚕丛，其目纵。"但广汉三星堆出土的蚕丛神像已经证明蚕丛之"目

---

① "实"原作"皆"，据毕沅改。

纵"是眼珠之耸出，与竖立之目（正宗的"臣字目"）无关，可见正宗"臣字目"的纵目之神典籍所载者只有蓐收。同为少皞之子，血脉相承，枝叶衍射，形象或有相似，所以蓐收之纵目适可作为穷奇纵目的旁证。

穷奇纵目，则且己篡方相氏脸谱之四"臣字目"就有了着落；《后汉书·礼仪志》之"伯奇食梦"也就有了着落。"伯"者，长子也，"叔"者，少子也，所以此"伯奇"可以与蓐收之为少皞"四叔"之一参看（"少皞氏有四叔"）。可见"伯奇"与穷奇实为一人，方相氏纵目所仿效之神非穷奇莫属。

四面则是仿效黄帝。

《尸子》云："子贡问孔子，曰：'古者黄帝四面，信乎？'孔子曰：'黄帝取合己者四人，四方不计而耦，不约而成，此之谓四面也。'"《尸子》欲借孔圣人改神话为历史（或以历史解释神话），却无意保存了上古神话，使我们得以重新认识上古历史和神话，至少，它使我们得知上古神话中的黄帝原本有四张脸面。上古神话中的四面人物只有黄帝，所以魅头之四面只能是仿效黄帝了。

魅头之"蒙熊皮"也是仿效黄帝。

《史记·五帝本纪》《集解》引徐广云：黄帝"号有熊"。黄帝就是远古以熊为图腾的部落首领，所以才号"有熊"的。

汉代画像石有"应龙、熊、女魅阉割蚩尤图"（见图七）[①]，笔者认为这是反映的史前黄帝、蚩尤战争神话内容：牛就是蚩尤（请联系"头戴牛角而相抵"的"蚩尤戏"），蚩尤就是以牛为图腾的远古部落；熊就是"号有熊"的黄帝，处中间，招呼应龙斗牛，以转

---

① 此图转自王建中、闪修山《南阳两汉画像石》图216（文物出版社，1990年），原作者目为《阉牛图》。

移牛的注意力；阉牛者即黄帝女魃。《山海经·大荒北经》："蚩尤作兵伐黄帝，黄帝乃令应龙攻之冀州之野。应龙畜水，蚩尤请风伯、雨师纵大风雨。黄帝乃下天女曰'魃'，雨止，遂杀蚩尤。魃不得复上，所居不雨。"可见应龙、黄帝女魃是黄帝战胜蚩尤的关键人物：正是因为起用此二神，黄帝才终于转败为胜的。我们注意到这样一个神话情节：黄帝女魃助黄帝灭蚩尤之后，却落了个"不得复上"的结局，而沉沦下土为患。这是为什么？汉画像给我们作了明确的回答：作为"黄帝女"的魃，是因为阉割蚩尤而蒙受了亵渎，这才沦落下界"不得复上"天庭的。

图七

汉画像说明，直到汉代人们还在直接以熊的形象画黄帝。

黄帝的"有熊"之号（黄帝部落以熊为图腾），以及汉画像以熊画黄帝，说明黄帝就是某种意义上的熊。可见魃头之"蒙熊皮"，也是仿效黄帝。

（四）魃头所反映的史前部落融合模式

魃头仿效黄帝，当然是体现对祖先神的崇拜，这不难理解，但是魃头仿效蚩尤、穷奇，就不好理解了。而魃头形容体现黄帝与蚩尤、穷奇这类凶神共体，就更不好以传统思路理解了。

弗洛伊德在他的《图腾与禁忌》（《Totem and Taboo》）一书中曾经说到过东南亚毗邻大洋洲诸岛的某些开化滞后的部落，这些部落直到很晚近尚保存着一种古老的"猎人头"风俗：猎人头者须对所猎获的人头举行一种"息怒"仪式，包括向人头奉献牺牲祭品，为之歌舞以示哀悼，并乞求他的宽恕。而"某些民族则盛行着一种将死去敌人的灵魂转变为守护神、朋友或恩人的方法……当沙劳越（Sarawak，北婆罗洲之一邦）的 Sea Dyak 族在猎人头的远征中带着敌人的头颅回来后，其后的数月里这个人头将得到最优先的照顾……这个人头继续不断地为他们所恳求去憎恨它从前的朋友而爱护它的新主人，因为它现在已变成他们的人了。"

弗洛伊德称这些"最落后、最不幸的部落"为"原始人的直系后裔或其典型"，所以以上所引的这些资料足可以用来作为远古民风之证明。

黄帝子孙对待蚩尤的态度可以使我们窥见类似弗洛伊德所说的那种古风。《史记·封禅书》："于是始皇遂东游海上，行礼祠名山大川及八神……八神：一曰天主，祠天齐。……二曰地主，祠泰山梁父。……三曰'兵主'，祠蚩尤……""兵主"就是战神、守护神，蚩尤居然成了我们的战神、守护神，这与弗洛伊德所说的那种传自古代的土风十分吻合。

《史记·五帝本纪》张守节《正义》引《龙鱼河图》云："蚩尤没后，天下复扰乱，黄帝遂画蚩尤形像以威天下，天下咸谓蚩尤不死，八方万邦皆为弭服。"神话传说透露出黄帝利用蚩尤"形像"的历史消息，而"画蚩尤形像以威天下"，与揉蚩尤形象于魁头以逐疫、逐梦，两者是有共同之处的。

当然，画其"形像"与以其形象特征为魁头面具，虽然说是相去不远，但毕竟还不是一回事。迄今我们还没有见到野蛮民族的胜利者从敌酋头颅取形以为面具的直接记载，但是与之类似的现象却又见诸史书。《魏书·僚传》云："其俗畏鬼神，尤尚淫祀。所杀之人美鬓髯者，必剥其面皮，笼之于竹，及燥，号之曰'鬼'，鼓舞祀之，以求福利。""剥其面皮笼之于竹"，这已经与魌头之象相去只有咫尺间隔了。

我们从"剥其面皮笼之于竹"而必取"美鬓髯者"的情节，联系《述异记》所云"蚩尤氏耳鬓如剑戟"，也许就能够看到古代亿佬人的一个心理情结，一个"蚩尤情结"。

蚩尤与黄帝战于涿鹿之野。涿鹿，或作"浊鹿"，而其本字应当就是"髑髅"：上古浊、髑同音（定纽、屋韵），鹿、髅双声（来纽）对转（屋、侯对转），所以"浊鹿"、"髑髅"一声之转。《述异记》云："今冀州人掘地得髑髅如铜铁者，即蚩尤之骨也。"可见浊鹿（涿鹿）就是髑髅，因蚩尤埋首于此而得名。地名涿鹿，说明蚩尤埋首之时就只剩髑髅，并不具面皮。蚩尤的面皮很有可能是在蚩尤的头颅享受过类似弗氏《图腾与禁忌》所说的"息怒"祭礼之后，被剥制之而"笼之于竹"了。

"面皮"容易变形失色，不便长久保存，于是随着蚩尤这一历史人物形象在神话中日渐丰满多彩，日渐远离历史，便有了仿蚩尤四目及双角形象的魌头。

蚩尤而外，浑沌（或作浑敦）、穷奇、梼杌、饕餮诸神大概也有与蚩尤相似的经历。《左传·文公十八年》："舜臣尧，宾于四门，流四凶族：浑敦、穷奇、梼杌、饕餮。投诸四裔，以御螭魅。""四凶"各有其"族"，都被舜赶到"四裔"去"御螭魅"了，而"四凶"则被"宾于四门"。在国之四门，"四凶"被砍下脑袋，他们的头颅接受了舜为之举行的"息怒"祭礼，灵魂则变成了舜及其臣民部落的"宾"，用弗洛伊德的话说，就是转变为舜及其部落臣民的"守护神、朋友或恩人"了。既然为"宾"了，"四凶"就应当为其主人效力，"四凶"的其他成员姑且不说，穷奇的确是曾在逐恶梦、时疫的傩祭中发挥过作用，其纵目形象出现于魌头就是证明。

魌头上的蚩尤、穷奇都是以黄帝及其后裔的"宾"的身份出场的，这两位尊神的"宾"的身份，必须待有其"主"方能显示，所以魌头又引入黄帝的内涵，从黄帝取其四面，并外蒙熊皮以表示他的"有熊氏"出身，也就是表示黄帝部落的熊图腾。这样，以"主"摄"宾"，化敌为友，共弃前嫌而一致对敌——这就是魌头的深层历史文化内涵。

魌头仿效诸神反映了史前部落融合的模式。炎、黄战争是传说中很早的一次大规模部落战争，以蚩尤被杀而宣告结束（以后尚有对抗，规模就小多了）。这场大规模部落战争就发生在互相通婚的两大亲戚部落之间，不能不说是令后人遗憾的事，但是作为后人，我们没有理由责备先民为争夺生存空间而进行的那些战争，甚至，即使我们完全明确了那些战争的是非曲直，我们也没有办法去追究那些战争双方该负的历史责任，因为我们的血脉里流淌的是炎帝、黄帝两大部落交融的血液。但是我们知道那些战争及战争之后的化干戈为玉帛的措施造就了中华民族。蚩尤的灵魂作为黄帝及其臣民子孙的"宾"、"兵主"，受到人们的按时把节的祭礼。在后人回顾炎、黄两大部落融合的时候，"九黎"之君的炎帝（《史记·五帝本纪》张守节《正义》引孔安国："九黎君号蚩尤"）和黄帝竟然成了一母同胞，《国语·晋语四》说"昔少典娶于有蟜氏，生黄帝、炎帝"，就是证明。

亲戚→敌人→朋友→兄弟，这应当就是史前部落融合的模式。

在黄帝和蚩尤身上，都体现了中华民族魂。

论假借、转注为造字法

许慎对六书的每个定义都限定了字数，并且限定了韵语，要在四言两句的韵文里完成一个造字法定义，很难保证示意完全准确，即使示意完全准确，也不能保证不发生歧义，不被后世读者作不同的理解。假借、转注的定义就遇到了这种尴尬局面。《说文·叙》论六书之转注、假借云："转注者，建类一首，同意相受，考老是也。""假借者，本无其字，依声托事，令，长是也。"作为转注例字的考、老，同部首（考在老部）而又互训（《说文》云："老，考也""考，老也"），后世学人各执一端而求与定义吻合，则或以为同部首者为转注，或以为可以互训者为转注。作为假借例字的令、长二字，又凑巧各有县令、县长之引申义，缘此以核对定义，则以引申为假借；以例字与定义核对而不得其解，则有更换例字、重新定义之举。

清代的学者们虽然对转注、假借众说纷纭，却是比较一致地倾向视二者为用字之法。戴震认为指事、象形、形声、会意，四者为造字法，转注、假借，二者为用字法。这就是所谓"四体二用"说①。戴震的见解代表了清代学者的普遍认识，譬如段玉裁、王筠，

---

① 陈澧《书江艮庭徵君六书说后》："戴东原谓指事、象形、形声、会意，四者为字之体，转注、假借，二者为字之用。"

都是这样认识。段玉裁在《说文·叙》中说:"指事、象形、形声、会意者,造字之法也;转注、假借者,用字之法也。"王筠在其《说文释例》中也说:"(象形等)四者为经,造字之本也;转注、假借二者为纬,用字之法也。"这一观点又为现今学人普遍接受,举凡讲汉语言文字的教科书大多都倾向认同此说。但是"六书"之名见诸《周礼》,"转注"、"假借"之名三家(许慎、班固、郑玄引郑众)认同,古人逻辑或不及今人严密,却也不至于错将用字法混同于造字法,将不同逻辑层面的概念放在一个"六书"锅里烹炒。所以有必要对"转注"、"假借"之法重新审视。

笔者认为,所谓"四体二用"说并不可靠,转注、假借确实是与象形、指事、会意、形声四者并立的造字法,古人的逻辑没有出错,倒是后人误解了古人。古文字及《说文》的内证完全可以证实笔者的这一说法。

(一) 字形之意

要进行转注、假借的讨论,首先必须弄清楚这样两个重要术语:一是"同意",二是"字形之意"。

《说文》释羋字云"与牟同意",段注:"凡言某与某同意者,皆谓其制字之意同也。"《说文》释工字云"与巫同意",释巫字云"与工同意",释壬字亦云"与巫同意",段氏于工字注云:"凡言某与某同意者,皆谓字形之意有相似者。"许慎所说"同意"的"意",段玉裁以"制字之意"、"字形之意"注释,说明许慎的"同意",是就造字者灌注于所造字形之中的"意"而言的。

"字形之意有相似者"强调的是"意",并非仅就字形偶然相似而言。《说文》于单纯的字形相似(或相同)另外有专门措辞,曰"某与某相似"、"某与某同"、"某象某",如鱼字下云"鱼尾与燕尾相似"，龟字下云"龟头与它头同"，虎字下云"虎足象人足"，这些都仅就字形偶然相似而言（如鱼字形与燕字形的"枝尾"之类），与工、壬、巫之间的"同意"显然不同。"字形之意"与字本义关系密切，却又并不等同于字本义，在下面的论证中我们可以清楚地看到"字形之意"与字本义之间的区别。

汉字是表意文字，它与表音文字究竟有什么不同？表意文字、表音文字应当如何定义？这是许多教科书说不清楚的、却又十分重要的问题。

作为记录语言的符号，表意文字和表音文字都是通过记录语言中的词（或语素）从而获得了我们通常所说的"字音"、"字义"的，而所谓"字音"、"字义"，其实就是文字所记录的词音、词义。这就是孙常叙先生提出来的"记词说"① 理论。

根据"记词说"理论，可以清楚地看到表意文字区别于表音文字的本质特征：如果文字不再记录语言，表音文字就会失去所有声音和意义，因为那些声音和意义原本就归语言中的词所有，而不属于文字；表意文字虽然也失去了所记录的词的声音和意义，但是它仍然有文字自身的符号意义。比如甲骨文目字、木字、虎字、鹿字、鱼字，在它们不再记录语言中的眼睛、树木、老虎、鹿、鱼诸词之后（事实上，它们现在已经不再记录现代汉语中的这些词了），仍然具有自身符号的意义，人们（包括并没有古文字知识的人们）可以清楚地看出这些文字符号本身所表现出来的眼睛、树木、老虎、鹿、鱼之类意义。汉字符号的这种意义就是"字形之意"，"字形之意"是表音文字所不具备的。

---

① 孙常叙：《假借形声和先秦文字的性质》，《古文字研究》第十辑，中华书局，1983 年。

很显然，汉字之所以被称为表意文字，表意文字之所以不同于表音文字，原因就在于汉字有"字形之意"，而表音文字没有"字形之意"。也就是说，表意文字是字形本身有意义的文字，表音文字则是字形本身没有意义的文字。

"字形之意"与字本义并不是一回事。"字形之意"是由字形决定的，譬如虎字的"字形之意"是由虎字形决定的，鹿字的"字形之意"是由鹿字形决定的，等等。字本义则是由词本义决定的，字本义就是字形记录的词本义，它与词本义是一回事。

在多数情况下，"字形之意"与字本义是吻合的，甚至可以说是"完全"一致的（如虎字的"字形之意"与字本义都是老虎，鹿字的"字形之意"与字本义都是鹿），所以"字形之意"的存在往往被忽略。但是在"字形之意"与字本义相去甚远的时候，"字形之意"就显示出来了。比如甲骨文及金文的臣字，作竖目之形（ ），但卜辞及古代典籍并不见臣字有"竖目"义，这说明"竖目"只是臣字的"字形之意"，而不是本义或者引申义。《说文》释臣字："牵也，事君也。象屈服之形。"古文字学家释臣字本义为奴隶而官者（由奴隶升任为官），奴隶而官的意义与"竖目"形相去甚远，说明"字形之意"确实存在，而且有的"字形之意"与字本义很不相同。

其实从严格意义上说，"字形之意"是不可能与字本义完全相同的，前者总是比后者更为生动具体，但是这种生动具体的表现却往往被用字的人忽略。

当"字形之意"与字本义并不一致，但是又相去不远的时候，人们又往往把"字形之意"误认作字本义。从许慎屡言"某与某同意"的情况看，他显然知道"字形之意"与字本义是两个不同的概念，但是他对这点并不能始终保持清醒的认识，《说文》释血字，就是证明。

《说文》释血字为"祭所荐牲血"。血字的本义无疑是一般意义的血液，它泛指流在血脉中的，盛在器皿中的，洒在原野上的，涂在建筑物、鼓、旗及青铜器上的人或动物的血液。而作为字形，作为在诸多的可能选项中最终被古人选中而以之记录以上泛指的血液意义（血的词本义）的字形，其符号本身（脱离词义）所反映的意义（字形之意），却是盛在器皿中用作供祭的血液，即《说文》所谓"祭所荐牲血"。古人不可能在字形有限，因而使用大量通假字的情况下专门为"牲血"的意义造字。而且从认知规律来看，人们认识"祭所荐牲血"（用于祭献的血液）不会早于认识从自身流出的血液（原始人类随时都会发生内部争斗及与野兽的搏斗）以及猎获野兽的血液（所谓茹毛饮血）。也就是说，人们认识泛指意义的血液要早于专门用作供祭的"牲血"，因此泛指的血液不可能是"牲血"意义的引申。许慎显然是把血字的"字形之意"误认作字本义了。

《说文》释五字也是典型一例："五行也。从二，阴阳在天地间交午也。"① 五字的字形是"五行"之意，许慎解释的也正是五字何以具有"五行"的字形之意。而五字的本义不是"五行"，而就是数字五。

同样道理，牛字、羊字的本义显然是一般动物意义的牛、羊，而不可能是牛头、羊头（卜辞及古代典籍中牛字、羊字多见，而皆非牛头、羊头义），但是甲骨文牛字、羊字确实是作牛头、羊头之形。《说文》释牛字为"大牲也……象角、头三，封、尾之形"，虽然解释字形与甲骨文之牛头形相违，但是"大牲"②的释义却与甲骨文之牛头形吻合，所以殷商人是以用作牺牲的牛头字形记录了一般意义的"牛"（词）。可见"大牲"并非牛字之本义，而是"字形

---

① 今本皆如此，以理度之，当是"从二、乂，阴阳在天地间交午也"。
② 许慎解释牛字的"大牲"是说牺牲品之大者，并非现在说的"大牲口"。

之意"。许慎大概是根据了口耳相传的古训，知道牛字形意与"大牲"有关（较之羊头、猪头，牛头是牺牲品之大者），却不知"大牲"原非牛字本义，而是牛字的"字形之意"。

在以上论证中，我们都是举的独体字形为例以说明"字形之意"。其实段玉裁注释《说文》"同意"的"字形之意"，所谓"字形"，并不限于完整的独立字体，也包括字的部分构件，而这个部件甚至有可能是不能独立成字的。

如寁字，段注本《说文》以为"从宀，此与牵同意"。寁字与牵字形中都有"宀"，许慎是就这两个"宀"说"同意"的，但是"宀"并不是独立字体①。

有时候，有的"字形"可以独立成字，也可以作为字形构件，但是它们的示意却并非我们熟知的常规意义，而是另有特殊寄托。这种"字形"的特点是"图形"性很强，但是其本质仍然是"字形"。如单线的"十"，是甲骨文独立的"甲"字、"七"字，双线虚廓的 𠦝、𠦚，可以独立成为"行"字，但是在特殊情况下，它们不是"甲"字、"七"字、"行"字，而是以其"字形之意"作为字形构件而示意四目（四只眼睛）或者其他意义：譬如胖字，从十，从骨，所从之"十"示意向四面八方分布；再譬如丈字，"从又持十"，所从之"十"乃是圆规象形。

"同意"尚指两个构字部件之间的会意关系相同而言。如《说文》释晨字云："臼、夕为夙，卪ʒ、辰为晨，皆同意。"《说文》以晨、夙二字为"同意"，就是指构成晨字的卪ʒ、辰之间，与构成夙字的臼、夕之间，有相同的会意关系。这就纯粹是指两个字的构字

---

① 《说文》虽然有训"覆也"的"宀"字，但寁字、牵字形中的"宀"乃是示意绳索，与"覆也"无关。

部件之间的关系而言，而与"字形"本身反而关系不大，甚至无关。

总之，所谓"字形之意"，所谓"字形之意有相似者"，其适用范围包括：两个不同的字之间；两个不同的构字部件之间；两组不同构字部件之间的关系之间。

有了以上认识，就可以进行下面的讨论了。

（二）假借——别有用"意"的象形

1. 不同寻常的"象形"字：假借"另外"一个"字形之意"的"象形"

"象形者，画成其物，随体诘诎。"一般说来，我们理解的象形与许慎的理解是吻合的，在许慎以四言两句的韵文给"六书"下的六个定义中，唯有这个定义是无可挑剔的。为了便于讨论，我们在与许慎原意毫无违背的前提下对该定义做进一步的限制，这条限制是：象形字的字形与字本义必须一致。这一条限制能够保证日字象日形，月字象月形，而排除日字象月形或者月字象日形，这当然与许慎"画成其物，随体诘诎"的定义不相违背。而根据这条限制，则牛字象牛头，羊字象羊头，血字象"牲血"，以及臣字象竖目，就不能算是正宗的象形：因为牛字、羊字、血字、臣字虽然也是"画成其物"，但是所画物（字形）之明确示意（字形之意）并不是牛、羊、血液、奴隶而官者。

我们显然面临两种很不相同的"象形"字：一种是字形之意与字本义一致的象形字；一种是字形之意与字本义不一致，甚至距离甚大的"象形"字（《说文》以"象形"释之）。对于此类字形之意与字本义不一致的"象形"字的认识，应当包括识读（如识读甲骨文 𢀖 字为臣），以及对字形之意与字本义之所以沟通的解释（如解释"竖目"的 𢀖 字形何以能够记录"牵也，事君也"的意义）。这类特殊的"象形"字为数不少，而我们在这方面的研究尚未达到令人满意的程度。

下面仅就几个典型的特殊"象形"字作初步探讨。

甶字，本义为巫觋的四目面具，汉代人称之为"魌头"；字形之意则是天上的舆鬼星，即南方朱鸟七宿中的鬼宿。也就是说，殷商人依照鬼宿的样子造了"魌头"甶字。

巫字，卜辞所反映的本义是一种祭名，字形之意则是巫觋之四面面具。也就是说，殷商人以四面示人的"魌头"面具形写了巫祭的巫字。

亚字，本义为厌胜，字形之意与巫字相同①。

𢼸字，本义为逐疫、逐梦之祭，《周礼》作"赠"；字形之意则是四目、戴双牛角的巫觋面具。

冀字，本义为冀州，字形之意则是头戴双角、闪烁四目的蚩尤形象②。

臣字，本义为奴隶而官者（以战争中捉来的俘虏作为奴隶，驯服之后选拔为官员），字形之意则是穷奇的竖目③。

大字，本意为大，字形之意则是一个具体的有名有姓的"大人"，即遂人氏（所以《说文》释大字云"大象人形"）。

天字，本义为天地之天，字形之意却是遂人—葛天氏（示意其硕大的脑袋，或者示意其以首顶天）④。

乙字，本义为玄鸟。古文及字，本义为男女相风相诱，相逐相

---

① 甶、巫、亚三字的解释参见本书第三篇《释魌头相关字》。

② 𢼸、冀二字的解释参见本书第五篇《释蚩尤相关字》。

③ 臣字的解释参见本书第四篇《释臣》。

④ 大、天二字的解释参见本书第十二篇《释大、天、舞》。

及。而乙字与古文及字的字形之意则是太极图中界分阴阳的那条正弦曲线，而归根结底则是太阳光点投射地球南北回归线之间的那条正弦曲线，甚至就是所谓"日躔"（太阳一年间在黄道上走过的那条正弦曲线）。

五字，本义为数字，字形之意则是太阳黄道（太阳的五条道路，也就是通常说的"五行"）。

王字，本义为帝王，字形之义则是斧钺。

卒字，本义为"隶人给事者"（段注本《说文》释卒字云"隶人给事者为卒"），字形之意却是有题识标记的上衣（大徐本《说文》云"卒，衣有题识者"）。

以上所举自、巫、亚、𐎠、冀、臣、大、天、乙、古文及、五、王、卒诸字，以及前面论及的牛字、羊字、血字，它们的共同特点，就是字形之意（由字形决定）与字本义（字形记录的词本义）之间有较大的距离，字形之意为此而字本义为彼，由字形之意向字本义的过渡需要进行一番曲折达"意"的思考。

在"画成其物，随体诘诎"这个象形造字法定义里，"画成其物"之"其"（定语），是用以对所画之"物"，以及对"随体诘诎"所"随"之"体"进行限制的。以上所举的这类字，其基础也是"象形"，却与"画成其物，随体诘诎"的定义有些出入。对一般象形来说，实际上是"画成此物"，随"此"物之体而诘诎；而对特殊"象形"字来说，却是"画成彼物"，画成与字本义相区别的另一种物，而字形之意与字本义各有彼此。

我们可以把这种特殊的"象形"字理解为字本义假借了"另外"一个字形之意，或者说，词本义是借用了一个别有用"意"的字形来记录的。很显然，把这种造字方法视为"假借"，要比对六书意义上的"假借"的其他各种解释都要合理得多。虽然《说文》没有确认以上例字为假借字，但是毫无疑问，这就是两千多年来学者们苦苦寻觅而不得的假借造字法。

2. 造字假借与词义引申的区别

作为造字法的假借，其字形之意与字本义之间可能会有较大的跨度，但是两者之间仍然存在某种意义上的可以寻绎的联系。譬如𦥑字的四目、戴双牛角的巫觋面具形决定的字形之意与其赠祭本义，可以通过驱除恶梦、时疫的赠祭必须由巫觋顶戴这种面具（𦥑）出场而联系沟通；又如冀字之取形于蚩尤形象（字形之意）与冀州义（字本义），可以通过蚩尤战死于冀州的历史而联系沟通；再如五字之取形于太阳黄道、取形于"五行"的字形之意与字本义数字五，可以通过"五行"原本就是太阳行天的五条道路而联系沟通。

字形之意与字本义之间的联系，跟词义之引申有相似之处，故而有许多属于词义引申的关系被误认为是造字假借。如《说文》释西字："鸟在巢上，象形。日在西方而鸟栖，故因以为东西之西。"段注："此说六书假借之例……古本无东西之西，寄托于'鸟在巢上'之西字为之。凡许云'以为'者，类此。"笔者认为许慎与段玉裁的理解皆有问题：西字的"鸟在巢上"（鸟栖）义应为本义，东西之西其实是引申义。

造字假借与词义引申的本质区别是：

词义引申是两个意义的由此及彼，两个意义都是词义。如西字，本义是鸟栖、鸟宿窝（《说文》说"鸟在巢上"，更贴近字形之意，但是与字本义的鸟栖、鸟宿窝已经十分接近，在一般情况下没有必要严格区分），后来"鸟栖"的意义写作"棲"（如《诗经·王风·君子于役》"鸡棲于埘"，现在又简化作栖）。所以在"鸟栖（棲）"的意义上，西、棲是古今字关系。由"鸟栖（棲）"引申出西方的意义，这是词义引申，"鸟栖（楼）"和"西方"都已经进入语言层次，这两个意义都是词义。

造字假借是两个"意义"的借此为彼，是字本义假借了别有用"意"的字形（字形之意），字形行之于书面，而字形之意却未能进入语言层面（它不是词义）。如臣字的"牵也"的本义（词本义）借用了穷奇竖目的字形，而臣字并没有穷奇竖目的词义，行之于字面的"臣"字的穷奇竖目之意并没有进入语言层面。

3. 造字假借与用字假借不同

造字假借与用字假借也不同，其不同表现有三：

首先，两者虽然都是借此代彼，但是用字假借是假借现成的字形，如假借女（女子）为女（尔汝），假借其（簸箕）为其（代词），并没有因此而产生新字；造字假借则是就新造字形而言，如假借牛角、四目的字形而造赠祭、冀州意义的字，𧁣、冀二字由此而生，却并不是借用的现成字形。

其次，用字假借只是借字形以寄托词的意义，而与所借字形的意义无关，因此用字假借涉及的两个意义（字本义与假借义）之间毫无关系（如女子之女与尔汝之汝毫无意义联系）；造字假借的实质是通过假借字形而假借字形之意，而字形之意是天然向字本义渗透的，不可能与字本义绝缘，因此，造字假借的两个"意义"（字本义与字形之意）之间是存在某种联系的（如冀字的冀州本义毕竟与四目闪烁、犄角犀利的蚩尤形象有关）。

第三，从文字记录语言的功能上讲，用字假借是用一个字形记录了两个词，如用女字记录了女子之女和尔汝之汝；造字假借则是用一个字形记录了一个词，如𧁣字记录了赠祭，冀字记录了冀州，而𧁣、冀二字都没有记录牛角、四目面具的"魌头"或者"蚩尤"这个词。

《说文》于确认的假借字所用的术语是"借以为"、"以为"、"以……为"。如释韦字:"相背也。……兽皮之韦可以束,枉戾相违背,故借以为皮韦。"释西字:"鸟在巢上,象形。日在西方而鸟栖,故因以为东西之西。"许慎对这两个字的说解,错就错在"以为"上:韦字的本义为围绕,引申为违背,"借以为皮韦"是用字假借,而非造字假借;西字的本义的确可以说是"鸟在巢上",但西方之义的产生,并非因为造字假借,而是缘于词义引申。

由此可见,"用字说"("四体二用"说)论者其实是把用字假借(如韦字的"皮韦"之义)误认为是六书意义、亦即造字法意义上的假借,或者是把字义引申(如西字的"西方"之义)错当成六书假借了。段注《说文》释止字云:"此引申、假借之法。"这个相提并论的"引申"、"假借",足以说明"用字说"论者错误的根源。

4. 关于"假借"造字法的定义

"本无其字,依声托事"的定义已经远离古传,后来朱骏声拟改为"依声托字",却是令人更加不得要领,因为真正"六书"意义(六种造字法)的"假借",本来是与"依声"毫无关系的。既然是造字法,为一词造一字便只有这个词的一"声",哪来的另外一"声"可"托"(依托、寄托)?此必是心目中另有一字(也就等于另一词),以书之于笔的这个字与心目中的那个字(也就等于另外的那个词)作比较,作参照,所以才另有一"声"可以"依托"、"寄托"。这自然就是用字假借了。

故欲为"假借"造字法重新定义,既要仿效许慎措辞,又要不违于古音韵,则不如说:

假借者,假此为彼,别有用义,牛、羊是也。

（三）转注——以不同于字本义的"字形之意"参与造字

1. "同意相受"和"同意"

许慎为"转注"下的定义是："建类一首，同意相受"。我们注意到这个定义中也用了"同意"二字。

《说文》多见"同意"之注，如羿字云"与爵同意"，皿字云"与豆同意"，朵字云"与采（穗）同意"，勺字云"与包同意"，善字云"与义、美同意"，苟字云"从羊省：从羊，与义、善、美同意"①，等等。一人笔下的同一本书中的"同意"，不应当各行其是而指意不同。如果《说文》中多见的"同意"之注与"转注"定义中的"同意"指向不同，许慎在"转注"定义中就应当回避"同意"这一措辞，以免发生误解。也就是说，许慎用以定义"转注"的这个"同意"，与他屡屡用以说解文字的那个"（某与某）同意"，应当是一致的。因此，从许慎的"同意"之注出发，就有可能揭示"同意相受"的"转注"造字法的实质。

当然，一是因为转注造字法失传既久，二是因为我们不敢保证《说文》释义中的"同意"标签就都能尽传古意，因此也就不敢保证这些"同意"标签全与"同意相受"的转注造字法相关，所以，为了揭示转注造字法的真谛，还应当对《说文》中打着"同意"标签的字重新进行审慎的甄别遴选。

2. 两种不同的"会意"字

许慎以"比类合谊，以见指撝"定义的造字法是"会意"，并举武、信二字为例。既然从"转注"造字法的定义里看到"同意"，从《说文》的训释里也看到"同意"，而且可以推论这两个"同意"

的"意"所指都是"字形之意"的"意"，那么也就应该重新考虑作为造字一法的"会意"：这个由两个（或者三个）偏旁"会"之的"意"究竟是何用意呢，是否也与"字形之意"有些关系呢？

在较长的一段时间里，我们对字形之意并没有给予足够的重视，因此，人们可能会对会意字中参与"会"其"意"的两个偏旁的作用认识不清，具体说，是对会意字的两个偏旁的"身份"估计不充分。人们可能很容易、很习惯地想到，"会意"就是以两个偏旁字的本义相"会"，这个认识可能是不错的，因为有大量的例证可以证明这个认识：譬如"省视也"的相字，从目以示"省视"，从木以示"省视"对象；再譬如许慎举以为例的武字，从戈以示意兵戈，从止以示意脚步向前，参与会意的木、目、戈、止都可以认为是本义用法。但是有些字就不是这样了，譬如望字，从人、从臣、从月，而不管望字本义是远望，还是满月之望，其字之所以从臣，都不是因为臣字有"牵也"的本义，而是因为臣字有眼睛其形①。相类似的例子，譬如卧字，《说文》释其义为"休"；临字，《说文》释其义为"监临"；监字，《说文》释其义为"临下"，这些字之所以从臣，也是因为臣字有眼睛其形，而不是因为臣字有"牵也"其义。可以肯定，望字、卧字、临字、监字形中之臣，与宦字形中之臣，两者作用是不一样的：前者是取其字形之意，后者则是取其字本义（《说文》释宦字为"仕也"），而字形之意与字本义相去较远。

正如我们曾经面对两种很不相同的"象形"字一样，我们现在也面对两种很不相同的"会意"字：有以本义参与会意者，有以与字本义相去较远的字形之意参与会意者。而前者也可以理解为以与

---

① 参见本书第四篇《释臣》。

字本义相同的字形之意相"会"，所以作为造字法的"会意"，其实是强调字形之意相"会"。

3. 从羊而不从羊字本义取义的字例

从臣的那一系列字使我们想到从"羊"的那些字。《说文》以善字归誩部，义字归我部①，美字归羊部，而皆云"从羊"。释善字云"与义、美同意"。美、善、义之所以"同意"，当然是由于三字皆从羊。另外还有一个"从羊省"的苟字，即敬字的古字，亦云"与义、善、美同意"。但是从羊之字甚多（羊部有25个字），何以群、羔、羌、羝诸字不云"同意"？可见善、义、美、苟之从羊，与群、羔、羌、羝之从羊，两者是有所不同的。

我们可以看到，善、义、美、苟等字的本义皆与作为动物的羊没有多大关系。譬如《说文》训善为"吉"，训义为"己之威仪"，训美为"甘"（其实美字的本意是美好，而不是"甘"，"甘"只是美字的引申义），训苟为敬，这些字之从羊，并不是取其本义，乃是取羊字的字形之意。羊字形为供作牺牲的羊头，由这颗供作牺牲的羊头表示的字形之意则比较复杂：首先当然是供祭的羊头，进而涉及供祭羊头以祈求吉祥，以及因供祭羊头必然获得的吉祥。《说文》错把羊字的字形之意当本义，故释羊字为"祥也"，而善、义、美、苟诸字从羊，就是取的羊字的字形之意"祥也"。

而群、羔、羌、羝诸字，其本义皆与"祥也"无关，而是与作为动物的羊密切相关，这些字之从羊，乃是取的羊字的本义。

可见善、义、美、苟诸字是以羊字的不同于羊字本义的字形之意参与造字，而充当了会意字的一个偏旁（善、美、苟），或者充当了形声字的形符（义），《说文》于诸多从羊的字中独谓此三字"同

---

① 《说文》释义字云"从我、羊"，其实义字是从羊、我声，当在羊部。

意"（加之"从羊省"的苟字，则共有四个从羊的字"同意"），就是这个原因。也就是说，善、义、美、苟之从"羊"，是取的不同于字本义的"字形之意"，就这个不同于字本义的"字形之意"而言，它们是"同意"的。

4. 从乙而不从玄鸟取义的乾字和乱字

从"乙"的字有许多，这些字有的是会意字，有的是形声字（以乙字为形符）。乙字的本义是燕子，就是每年"春分至"而"秋分归"的玄鸟；其字形之意则是太阳在黄道上走的一条正弦曲线形轨迹，也就是太阳从黄道的不同位置投射到地球南北回归线之间的那条正弦曲线。以乙字的本义玄鸟参与造字，充当会意字的一个偏旁，或者充当形声字的形符，这是通常可以想到的；取乙字不同于玄鸟本义的字形之意参与造字，也是充当会意字的一个偏旁，或者充当形声字的形符，却是通常想不到的。

以乙字的本义（玄鸟）参与造字的例子，有《说文》十二篇"玄鸟"乙部诸字，此篇作为部首的乙字只领了两个字：孔字和乳字。孔、乳二字之从乙，一是因为乙是"请子之候鸟也"，一是因为乙是"春分来，秋分去，开生之候鸟"，可见孔、乳二字所从的"乙"是本义。

以乙字的不同于本义（玄鸟）的字形之意参与造字的例子不容易识别，因此也就很容易被忽略。《说文》十四篇释天干乙字之字形，云"象春草木冤曲而出，阴气尚强，其出乙乙也"。此说原本就牵强，因为春天的草木"冤曲而出"，固然可能困难重重，但是"冤曲而出"的表现却不一定就得像"乙"字形那样。天干字乙部领三个字：乾字、乱字、尤字。《说文》释乾字本义为"（乾）上出也"，而乾字之所以从乙，是因为"乙，物之达也"，这与"其出乙乙"还算是勉强沾边；释乱字本义为"治也"，而乱字之所以从乙，是因为"乙，治之也"，这就与"其出乙乙"以及"冤曲而出，阴气尚强"云云毫无关系了。总之，《说文》释天干乙字形意已经勉强，说乾字、乱字之所以从乙的原因，就更加难以令人信服。

其实乾字的本义应当是两个意义的乾卦：一是三画乾卦，也就是八卦乾卦；一是六画乾卦，也就是六十四卦的乾卦。

以后天八卦方位言，乾卦对应西北方位的"天门"，"天门"是阴阳所从出入的门户（还有一个东南方向的"地户"，对应巽卦）。六十四卦的乾卦，其六爻都是阳爻，阳气满盈，而且对应四月，四月则是"阳气已出，阴气已藏，万物见，成文章"（《说文》释巳字）的月份。而无论是阴阳所从出入的"天门"，还是"阳气已出，阴气已藏"的四月，都与太阳黄道有关："（乾）上出也"的乾字，是表示太阳在黄道上走到西北"天门"方位了（也就是后天八卦方位的乾卦方位），在黄道上处于"天门"位置的太阳正好将阳光正射到北纬大约 11°43′（我国北方交立夏），这时候正是北半球"阳气已出，阴气已藏"的四月，而四月正好对应六十四卦的乾卦，所以乾字从乙。

古代传注经常以"治之"释乱字，训诂学家把这种现象叫作"反训"。《说文》以"治之也"释乱字的本义，就是"反训"的一个范例。

《尚书·泰誓》："予有乱臣十人，同心同德。"孔安国传："我治理之臣虽少而心德同。"孔颖达《正义》引《尔雅·释诂》："乱，治也。"这"同心同德"的十个"乱臣"自然是"治臣"，所以《说文》以"治之"训"乱"，看来是有根据的。

但是一般训诂是一回事，《说文》的"说解"是另一回事，因为《说文》的"说解"必须是字本义，所以许慎还得告诉我们，这两个看来词义截然相反的字，其本义为什么会是相同的。

其实"乱，治也"的古训也是从太阳黄道来的。

太阳行天的黄道是一条正弦曲线，太阳沿着这条正弦曲线依次走过两条青道、两条赤道、两条白道、两条黑道，连同黄道，就是太阳的九条道路。九条道路归纳为五条道路，就是"五行"。太阳所走的"五行"，形势错综变化纷纭，这就是"乱"；再加上走在黄道上的太阳是将阳光交错射向地球南北回归线之间的，这就使得本来就错综纷纭的局面更加纷乱。但是这种"乱"的局面是无需治理而自然有序的，这就是"治"。所以"乱，治也"的训诂是就太阳黄道的"五行"说的。这样认识"乱"字之从"乙"，就好理解了：乙字的字形之意就是太阳行天的黄道，就是看似"乱"而自有章法秩序、自有"治"绩的"五行"。

可见《说文》以玄鸟乙字领孔字、乳字，以天干乙字领乾字、乱字，都是颇费心思的：许慎知道孔字、乳字所从的"乙"与乾字、乱字所从的"乙"有所区别，而且知道孔、乳从"乙"是用的乙字的字本义（玄鸟），但是他大概不知道，乾、乱从"乙"是用的不同于本义的字形之意（太阳黄道），而与其所释天干"乙"字的"其出乙乙也"丝毫无关。

以不同于字本义的字形之意参与造字而充当会意字的一个偏旁或形声字的形符，这显然也是一种独具特色的造字方法。既然是造字之一法，就不限于一个字。两个或两上以上的字用了同一个不同于字本义的字形之意造字，互相比较，《说文》便以"同意"说之。基于"同意"而可以援例推行以造字，这便是《说文·叙》为"转注"这一造字法下定义所说的"同意相受"。

值得注意的是："转注"这种造字方法的特点，不在于以偏旁的字形之意参与造字，而在于以不同于偏旁字本义的字形之意参与造字。一般的会意字的两个偏旁以及一般的形声字的形符，都好像是以字本义参与造字，其实应当理解为取其字形之意，只不过参与造字的这个偏旁的字形之意与字本义相同罢了。可见关键在于参与造字的形符，或者说参与造字的偏旁的字形之意是否与其字本义相同。

多数情况下，以其自身意义参与造字的偏旁，其意义只能是两种情况：一是用其本义（这种情况意味着字本义与字形之意一致），一是用其字形之意（这种情况意味着字本义与字形之意不相一致）。但是也有例外：当一个字的本义逐渐淡出人们记忆的时候，用这个字作为形符造字，就可能是用的引申义或者假借义。如白字的魂魄本义被忘却后，人们以其引申义（白色）当本义，于是就有了"皤"字；韦字的围绕本义被忘却后，人们以其假借义（皮韦）当本义，于是就有了"韧"字。

5. 关于"建类一首"

关于转注定义，"同意"而外，尚涉讼"建类一首"。

"建类"这个措辞的"建"就是构建，"类"则比较复杂。"类"之词义有二，一是类同（类相同），一是类别（类不同，《论语·卫灵公篇》说"有教无类"的"类"就是此意）。"类别"的意义往往被忽略，其实却是很重要的。具体到"建类"的"类"，则又有文章："建类"的"类"是指在不同字里（所谓"类别"）的相同字形（所谓"类同"）而言。我们尽可能贴近许慎的意思，把用以构建（"建类"的"建"）的"类"叫作"字类"，而这个"类"是兼具类同、类别两方面意义的。所以"建类"是说用相同的"字类"（类同）造不同的字（类别）。

许慎为会意字下的定义是"比类合谊，以见指撝"，说明许慎所用的"类"有"字类"之义："比类"就是把不同类别的"字类"比并在一个字里，"合谊"就是汇合其意义，从而表现造字者灌注于字形其中的思想，即"以见指撝"。"指撝"就是"指挥"，许慎因为"挥"字不能跟"谊"字押韵，所以用了"指撝"（谊字与撝字同为上古歌部字）。

许慎为"转注"造字法所下的定义是"建类一首，同意相受"。用不同的"字类"造成一系列字，这就是"建类"；在不同的"字类"造成的一系列字里，有的部分结构相同（结构相同也就决定了其示意、也就是其字形之意相同），这就是"一首"（"一"是相同，"首"是指文字之面目形容）。所以"建类一首"其实是说纳于一个系列中的、具有相同的面目轮廓的那些字。

在所造的这些不同的字里面，因为有相同或者类似的"字类"，也就有了相同或者类似的面目（"一首"）；相同"字类"具有相同的字形之意（同意），所以尽管出现在不同的字里面，它们的字形之意仍然是互相贯通的（"相受"）。

可见许慎为"转注"造字法所下的定义以及所举例字（考、老）都是正确的。

后 记

　　这本书收入笔者研讨古文字形意的文章，计二十三篇。业已发表的约占三分之一，仿佛颇有知闻者。写成而任其沉寂箱底十几年者亦有三分之一，盖因中道趣味转移，一时无暇顾及也。虽然，我视古文字研究为此生责任所在，亦毕生兴趣所钟，故一直待时返我初服。年前，在京学生商量将我历年所写古文字研究的文章付梓，且列入近期日程，于是我把近年写的几篇文章，凑足下卷交稿，取名《古文字形意研究》。

　　十多年后将以往所为文章垒叠成书，当然需要做些改动。这些改动主要表现在内容上的增添、删减，以及观点上的深化、提高，另外，读者还可能看到笔者倾注在措辞和表述方法上的推陈出新意愿。本书与以往文章对比或有出入，当以本书观点、说法为准。

　　责编许海意、王媛，将这本类似中世纪占星术的书稿修理得有条不紊，安排得熨帖整齐，弥缝得滴水不漏，有化蹙眉为解颐之效。我从寄回的校稿看到了他们的精神愿力投入，令人感动不已，无以言表。但愿他们在编辑过这本书后，能有一个休假的机会。

　　孙学峰为本书题签，笔墨古朴端庄，潇洒俊逸，经眼此书封面者定然谓我非虚誉。

　　我与许海意、孙学峰是师生之谊，虚垂绛帐，借口杏坛，可以不言谢矣；王媛女士并非学生，而为本书补遗裁赘，荒目费心者良多，亦可以不言谢乎？

语言是符号，汉字是汉语的符号，甲骨文、金文是古代汉语的文化符号。笔者探讨古文字形意，实即为了把试最古老的国脉寸口。或许不知借助永远和谐"旦复旦兮"的哪个一朝契机，本书价值能被知识贤达、同仁友好认可。

笔者希望，这本《古文字形意研究》能够有益于古文字研究领域的拓展；笔者甚至奢望，这本书能够凭借其本身的符号学价值，而推进哲学，以及古中医学、古代文学、历史学、社会学、心理学的研究。这些话忘记在序言里说了，补记于此，有心者或能从中受到些许启发，则笔者与有幸焉。

大言不当之处，祈方家有以教我。

癸巳年中秋，写于大明湖畔税居楼台